옮긴이

김다봄

한국외국어대학교에서 불문학을 공부하고 동 대학 통번역대학원
한불과에서 국제회의 통역 석사학위를 받았다. 프리랜서 번역가로
기술 통번역과 출판 번역을 넘나들며 일하고 있다. 크리스틴 델피의
『가부장제의 정치경제학』시리즈를 공역했다.

이민경

연세대학교에서 불문학과 사회학을 공부했다. 한국외국어대학교
통번역대학원 한불과에서 국제회의 통역 석사학위를, 연세대학교에서
문화인류학 석사학위를 받았다. 지은 책으로『탈코르셋: 도래한 상상』
『우리에겐 언어가 필요하다』등이 있고 옮긴 책으로『워드슬럿: 젠더의
언어학』『임신중지』등이 있다.

KB058443

cultish

cultish

컬티시

광신의 언어학

어맨다 몬텔 지음
김다봄·이민경 옮김

arte

The Language of
Fanaticism

낙관주의자인 나의 아버지에게

차례

정보원의 사생활 보호를 위하여 고유명사와 세부 사항은 일부 수정했다.

일러두기

— 국립국어원의 한글맞춤법과 외래어표기법을 따르되, 일부 표현은 시대와 맥락을 고려해 살려
두었다.
— 책은 겹낫표(『』), 정기간행물은 겹화살괄호(《 》), 단편소설, 논문 등 짧은 글은 홑낫표(「」),
음악, TV 프로그램 등은 홑화살괄호(〈 〉), 기사는 작은따옴표(' ')로 묶었다.
— 저자가 이해를 돕기 위해 추가한 내용은 대괄호([ ])로 표기했다.
— 주석은 대부분 원주로, 옮긴이 주일 경우 문장 앞에 '역주'로 표기했다.
— 원문에서 이탤릭으로 강조한 부분은 이탤릭으로, 대문자로 강조한 부분은 볼드로 표기했다.

1부

따라 해 봅시다

I

시작은 기도였다.

그들의 황홀한 목소리를 처음으로 들었을 때, 타샤 사마르는 열세 살이었다. 처음엔 터번에서 발끝까지 하얗게 입은 차림새와 명상용 묵주가 타샤의 눈길을 사로잡았지만, 문턱을 넘도록 이끈 건 그들이 말하는 방식이었다. 타샤는 매사추세츠주 케임브리지 쿤달리니 요가 스튜디오의 열린 창을 통해서 그들의 기도 소리를 들었다.

"그 기도는 너무 이상했어요. 모두가 다른 언어로 기도하고 있었어요." 이제 스물아홉이 된 타샤는 서부 할리우드에 있는 한 야외 카페에서 마카다미아 라테를 앞에 두고 그때를 회상했다. 우리는 그가 3년 전까지 유지했던 어둠의 생활의 진원지에서 고작 몇 마일 떨어져 있었다. 빳빳한 버튼다운 셔츠와 윤기 나게 손질한 머리를 보면 그가 여느 젊은 여성들이 머리를 묶듯이 터번을

자연스레 묶었던 사람이라고는 결코 상상하지 못할 것이다. "맞아요. 할 수 있어요. 지금도 해야 한다면 할 수 있죠." 타샤는 머그잔을 톡톡 두드리며 말했다.

유년기 내내 소속감을 갖지 못해 고통받은 러시아계 미국인 유대인 타샤는 요가 그룹에서 느낀 친밀감에 충격을 받아, 로비로 고개를 들이밀고 저들이 무엇을 하고 있는 건지 접수처에 물어보았다. "프런트에 앉아 있던 여자가 기본을 설명해 주었어요. '마음의 학문'이라는 문구가 많이 등장했어요." 타샤는 회상했다. "무슨 뜻인지 몰랐어요. 그저 와, 정말 해 보고 싶다, 하고 생각했죠." 타샤는 다음 요가 수업이 언제냐고 물었고, 부모님은 타샤를 수업에 다니게 해 주었다. 수업을 듣기 위해 평생회원이 될 필요는 없었다. 유일한 준비물은 '열린 마음'이었다. 배우고 암송한 낯선 기도문은 전부 한 남자를 향해 있었다. 빛이 희미한 스튜디오를 도배하다시피 한 사진 속의 그는 긴 수염이 희끗희끗한 모습이었다. 기도는 타샤를 매료하는 주문을 걸었다. "고대로 돌아간 느낌이었어요." 타샤는 말했다. "마치 제가 신성한 무언가의 일부가 된 느낌이었죠."

이 새하얀 집단은 뭐였을까? 시크교에서 유래한 '대안 종교'로 1970년대 세워진 이 단체는 '건강하고Healthy, 행복하고Happy, 거룩한Holy 조직'이라는 뜻에서 3HO라고 불리며, 미국 전역에 쿤달리니 요가 교실을 운영하고 있다. 수염 난 이 남자는 누구일까? 매력적이고 영성 가득한 그들의 리더, 하르바잔 싱 칼사Harbhajan

Singh Khalsa(요기 바잔이라고도 불린다)다. 자신이 종교적으로나 행정적으로 모든 서구 시크교도의 공식 지도자라고 주장했던 그는 1993년 사망 당시 재산을 수억 달러 보유하고 있었다.[1] 사용하는 언어는? 근대 펀자브어와 시크교 경전의 문자인 구르무키 문자. 이념은? 요기 바잔의 엄격한 뉴에이지 가르침을 따르는 것. 여기에는 육류와 알코올 섭취 금지*, 요기 바잔이 정해 준 상대와 결혼하기, 매일 아침 네 시 반에 일어나 경전을 읽고 요가 수업에 참석하기, 추종자가 아닌…… 혹은 곧 추종자가 되지 않을 사람과는 어울리지 않기 등이 포함된다.

　　타샤는 열여덟 살이 되자마자 3HO의 근거지 중 하나인 로스앤젤레스로 이사했다. 그리고 8년 동안 자신의 삶을, 시간과 돈 전부를 3HO에 쏟아부었다. 고된 훈련이 이어진 끝에 타샤는 풀타임 쿤달리니 요가 강사가 되었고, 수개월 만에 그의 말리부 수업은 데미 무어, 러셀 브랜드, 오웬 윌슨, 에이드리언 브로디 등 영적 호기심으로 충만한 셀러브리티들을 끌어모았다. 비록 추종자가 되지는 않았지만, 이들이 수업에 참석하는 것만으로도 3HO로서는 좋은 홍보가 되었다. 타샤의 스와미(스승)들은 타샤가 벌

---

*　3HO에서 술은 이단이나 다름없었다. 그래서 모두 해피 아워를 즐기는 대신 엄청난 양의 차를 들이켰다. 구체적으로는 '요기 티'를 마셨는데, 미국 내 대다수 슈퍼마켓에서 볼 수 있는, 수백만 달러 규모 브랜드의 음료다. 우연은 아니다. 요기 바잔이 바로 요기 티의 창립자이자 소유주였으니까. 3HO에서 시도한 사업은 이뿐만이 아니다. 5억 달러 규모의 아칼 시큐리티Akal Security는 교단의 많은 기업 중 하나인데, 나사에서 이민자 수용소까지 온갖 파트너들과 계약을 맺고 있다(구르무키 문자로 '후기 자본주의'는 어떻게 쓰나?).

어들인 돈과, 부유하고 유명하고 뜻을 구하는 이들의 충성심을 칭송했다. 카페에서 타샤는 짙은 잉크색 클러치에서 휴대전화를 꺼내 데미 무어와 함께 찍은 예전 사진을 보여 주었다. 조슈아 나무를 배경으로 새하얀 반바지와 터번 차림의 두 사람이 사막 휴양지를 빙빙 돌고 있는 사진이었다. 타샤가 인조 속눈썹을 천천히 깜박였고, 떨떠름한 미소가 그의 얼굴에 퍼져 나갔다. 이렇게 말하는 것 같았다. *알아요, 나도 내가 저러고 있었다는 게 믿기지 않아요.*

타샤 같은 충성심은 커다란 보상을 받게 되어 있었다. 옳은 말을 배우기만 하면, 보상은 따라온다. "소울 메이트를 찾기 위한 만트라가 있었어요. 돈을 많이 벌기 위한 만트라, 최고로 멋져 보이기 위한 만트라, 더 높은 진동vibration을 가진, 더 나은 아이를 갖기 위한 만트라도요." 타샤가 털어놓았다. 복종하지 않으면? 다음 생에서 낮은 진동의 존재로 되돌아가고 만다.

3HO의 비밀스러운 만트라와 암호를 익히면서 타샤는 그 누구와도 다른 존재가 된 것 같았다. 선택받은 사람. *더 높은 진동을 지닌 사람.* 집단 구성원 모두가 새로운 이름을 부여받으면서 연대감은 한층 더 강해졌다. 요기 바잔이 임명한 작명가 일명 탄트라 수비학數秘學이라는 알고리즘을 활용해 추종자들에게 특별한 3HO 이름을 지어 주고 수수료를 받았다. 여성은 모두 카우르Kaur, 남성은 싱Singh이라는 중간 이름을 받았다. 성은 모두 칼사Khalsa였다. 하나의 대가족처럼. "새 이름을 받는 게 제일 중요한

일이었어요." 타샤가 말했다. "운전면허증의 이름을 바꾸는 사람이 대부분이었죠." 작년까지만 해도 타샤 사마르의 캘리포니아 신분증에는 '다야 카우르 칼사'라고 적혀 있었다.

평화로운 요가 수업과 저명한 후원자들만 봐서는 뚜렷하게 드러나지 않았지만, 3HO의 바닥에는 어두운 물결이 흐르고 있었다. 요기 바잔의 심리적·성적 착취, 강제 단식과 수면 부족, 집단을 떠나려는 사람에 대한 폭력 위협, 자살, 심지어는 미결 살인 사건까지. 추종자들이 집단의 은어를 완전히 익히고 나면, 상급자들은 이를 무기로 삼았다. '물고기자리 의식' '부정적인 마음' '도마뱀 뇌' 같은 문구를 통해 구조적으로 위협이 이루어졌다. 고기가 든 친구의 햄버거를 한 입 베어 물거나 요가 수업을 빼먹으면, 머릿속에서 끝없이 *도마뱀 뇌, 도마뱀 뇌, 도마뱀 뇌*라는 말이 울리는 거다. 일상적인 영어에서 긍정적인 의미를 띠는 말이 위협적인 의미로 전복되어 쓰이는 경우도 많았다. "'애어른old soul' 같은 거요." 타샤가 말했다. 일반적인 영어 구사자에게 '애어른'은 나이에 비해 지혜로운 사람을 가리키는 칭찬이다. 하지만 3HO에서 이 단어는 두려움을 유발한다. "몇 번이고 다시 사는 사람, 환생하고 또 환생해도 제대로 살지 못하는 사람을 뜻해요." 3HO를 탈출한 지 3년이 지난 지금도 타샤는 이 표현을 들을 때마다 몸서리친다.

2009년 타샤가 3HO에 인생을 바치러 남부 캘리포니아에 도착하고 얼마 뒤, 또 한 사람이 새로운 인생을 위해 로스앤젤레스로 이주했다. 대학 입학을 위해 오리건주에서 온 열여덟 살 얼리사 클라크였다. 숱한 신입생처럼 살이 찔까 두려웠던 얼리사는 체육관에 등록하기로 했다. 항상 몸매에 고민이 많았던 데다, 로스앤젤레스의 환상적인 피트니스 세계가 얼리사를 압박해 왔다. 그래서 방학 중 새로운 운동 프로그램 덕에 살을 쫙 빼고 갓 자리 잡은 근육이 뿜어내는 광채로 반짝이던 가족 구성원을 만났을 때, 얼리사는 생각했다. *세상에, 나도 저걸 해 봐야겠어.*

새로운 운동의 이름은 '크로스핏'이었고, 마침 얼리사의 기숙사 근처에도 체육관이 있었다. 방학이 끝나자마자 얼리사는 남자 친구와 함께 초보자 워크숍에 등록했고, 땀범벅에 근육질인 강사들은 남성적인 열정을 발산하며 얼리사를 듣도 보도 못한 용어의 세계로 인도했다. 체육관은 체육관이 아니라 '박스'라고 불렸다. 강사는 선생님이나 트레이너가 아니라 '코치'였고, 운동 프로그램은 '기능적 움직임'으로 이루어졌다. 모두 각자의 WoD(와드, Workout of the Day), 즉 그날의 운동을 수행하는데, 스내치snatch나 클린앤저크clean-and-jerk 등의 동작이 포함됐다. 각자의 BP(벤치프레스, bench press), BS(백 스쿼트, back squat), C2B(체스트투바, chest-to-bar), 그리고 빼놓을 수 없는 DOMS(지연성 근육통, delayed-onset muscle soreness)도 있다. 누군들 눈에 쏙 들어오는 약어를 싫어하겠는가? 얼리사는 마치 문화를 공유하듯 끈끈한 크로스피터들의 유대에 매혹되었고, 그들의 은어를 낱낱이 익히는 데 온 힘을 쏟았다.

얼리사가 다니던 박스의 벽에는 크로스핏의 창시자 그레그 글래스먼$^{Greg\ Glassman}$(당시 크로스피터들에게는 '와드파더', 혹은 단순히 '코치'라고 불렸다)의 초상화가 걸려 있었다. 바로 옆에는 그의 어록 중 가장 유명한 말이 붙어 있었는데, 운동에 대한 이 격언은 곧 얼리사의 뇌리에 새겨졌다. "고기와 채소, 견과류와 씨앗, 약간의 과일을 섭취하고, 전분은 약간, 설탕은 피하라. 체지방이 아니라 운동을 위해 필요한 수준으로만 섭취를 유지하라. 주요 리프트를 연습하고 훈련하라. (…) 체조의 기본을 마스터하라. (…) 자전거, 달리기, 수영, 줄넘기 등을 높은 강도로 빠르게, 주 5일에서 6일 동안." 크로스핏은 박스 내에서뿐 아니라 모든 곳에서 회원들의 사고방식을 규정하고자 했고, 얼리사는 이를 따랐다. 회원들을 채찍질하기 위해 코치들은 외치곤 했다. "비스트 모드!"(동기부여를 위한 이 문구는 학교와 일터에서도 얼리사의 머릿속에 메아리쳤다.) 회원들이 크로스핏의 철학을 내재화하도록 코치들은 "EIE"를 반복해서 말했다. '모든 것이 모든 것이다$^{Everything\ is\ everything}$'라는 뜻이었다.

얼리사는 박스의 모든 사람이 룰루레몬을 입고 있다는 걸 깨닫고 명품 운동복 쇼핑에 400달러를 쏟아부었다. (룰루레몬에도 독자적인 캐치프레이즈가 있다. 고객들은 다음과 같은 만트라로 도배된 쇼핑백을 들고 가게를 나서게 된다.[2] "중독자와 광적인 운동선수 사이에는 별 차이가 없다" "당신의 궁극적인 종말을 상상하라" "친구는 돈보다 더 중요하다". 모두 소위 '부족' 지도자인 룰루레몬의 창립자 칩 윌슨^{Chip}

Wilson이 만든 말이다. 나이 든 지아이조 요원처럼 보이는 그 역시 그레그 글래스먼처럼 헌신적인 신봉자들을 거느리고 있다. 피트니스가 이처럼 종교나 다름없어지리라는 걸 누가 알았을까?)

얼리사는 크로스피터 대부분이 팔레오 식단을 따른다는 걸 알게 되자 곧장 글루텐과 설탕을 끊었다. 잠시 로스앤젤레스를 떠날 일이 있어 정해진 시간에 운동하러 가지 못하게 되면, 얼리사는 재빨리 다른 박스 회원에게 알렸다. 회원들이 페이스북 그룹에서 공개적으로 얼리사의 노쇼를 거론하며 면박을 주지 않도록 하기 위해서였다. 코치들과 회원들은 서로 시시덕거렸고, 얼리사는 남자 친구와 헤어진 뒤 트레이너 플렉스(진짜 이름은 앤디다. 그는 박스에 가입하면서 이름을 바꿨다)와 사귀기 시작했다.

여기서 중요한 질문은 이거다. 얼리사와 타샤의 이야기에는 어떤 공통점이 있을까?

바로 둘 다 컬트의 영향을 받았다는 점이다. 당신이 3HO와 크로스핏에 똑같이 '컬트'라는 논쟁적인 이름표를 붙이는 데 회의적이라도 괜찮다. 당연한 일이다. 우선은 이 점에 동의하고 넘어가자. 우리의 주인공 중 한 명은 결국 파산하고, 친구도 없고, PTSD(외상후스트레스장애)에 시달린다. 다른 한 명은 햄스트링에 좌상을 입었고, 의존적인 FWB^friends with benefits와 값비싼 레깅스 한 무더기를 얻었다. 그러나 타샤 사마르와 얼리사 클라크 사이에는 반박할 수 없는 공통점이 있다. 어느 날 로스앤젤레스의 서로 다른 곳에서 눈을 뜬 두 사람이, 깊디깊은 수렁에 빠진 나머지 이제 알아들을 수도 없는 영어를 구사하고 있다는 걸 깨달았다는 점이다. 각 집단의 성격과 그 결과는 크게 달랐지만, 공동체와 연대감을 조성하고, '우리'와 '저들'을 구분하고, 공동의 가치를 확립하고, 의심스러운 행동을 정당화하고, 이데올로기와 두려움을 유발함으로써 상당한 영향력을 행사하는 기이한 방식은 컬트적으로 흡사하다. 가장 강력한 기술은 마약이나 섹스, 삭발, 외딴 코뮌, 길고 헐렁한 카프탄, 혹은 '쿨에이드Kool-Aid'*와는 별 상관이 없다. 사실, 모든 건 언어의 문제다.

II

컬트 집단은 미국인의 집착 그 자체다. 2010년대 가장 폭발적 인기를 끌었던 데뷔 소설 중 하나인 에마 클라인Emma Cline의 『더 걸스The Girls』는 1960년대 말 찰스 맨슨Charles Manson** 류의 컬트에 흠뻑 빠져 여름을 보낸 한 십 대의 이야기다. 2015년 방영된 HBO의 사이언톨로지 다큐멘터리 〈고잉 클리어Going Clear〉는 "결코 무

---

* 역주: 미국 크래프트 푸드의 분말 음료. 사이비 교주 짐 존스Jim Jones가 극약을 탄 과일 맛 음료를 신도들에게 마시게 한 존스타운 자살 사건 이후, '쿨에이드를 마신다'는 표현은 '위험한 생각에 심각하게 빠져 있는 상태'를 의미한다.

** 역주: 악명 높은 미국의 범죄자. 소위 맨슨 패밀리라고 불리는, 주로 젊은 히피로 이루어진 추종자 집단을 이끌었다. 최소 35명을 살해한 것으로 알려진 맨슨 패밀리는 로만 폴란스키 감독의 집을 습격해 그의 아내와 친구들 총 5명을 살해했다. 찰스 맨슨은 해당 사건의 배후로 지목되어 사형을 선고받고 수감되었으나 2017년 자연사했다.

시할 수 없다"라는 평가를 받았다. 마찬가지로 선풍적인 인기를 끈 2018년 넷플릭스 다큐멘터리 시리즈 〈오쇼 라즈니쉬의 문제적 유토피아Wild Wild Country〉는 논란의 중심에 있는 구루 오쇼 바그완 슈리 라즈니쉬와 그의 라즈니쉬푸람 코뮨을 다룬다. 거부할 수 없게 힙한 배경음악과 빨간 옷을 입은 추종자들을 촬영한 오래된 영상으로 화려하게 치장된 이 프로그램은 에미상을 거머쥐고 수백만 뷰를 기록했다. 내가 이 책을 쓰기 시작한 그 주에, 친구들은 온통 2019년 개봉한 민속적인 공포영화 〈미드소마 Midsommar〉이야기뿐이었다. 영화에 등장하는 (가상의) 스웨덴 디오니소스 살인 컬트의 특징은 사이키델릭한 섹스 의례와 인간 제물이다. 그리고 이 책을 편집하고 있는 2020년 현재, 주위는 온통 자기계발 사기단에서 성매매 조직으로 탈바꿈한 NXIVM(넥시움)을 조명한 다큐멘터리 〈서약The Vow〉과 〈세듀스드Seduced〉 이야기뿐이다. 컬트에서 영감을 받은 예술과 음모론의 샘은 마르지 않는다. 구루와 그 추종 집단에 관한 이야기라면, 우리는 눈을 떼지 못한다.

사고 현장을 지나치는 운전자가 현장에서 눈을 떼지 못하는 현상이 매우 실제적인 생리학적 반응이라는 심리학자의 설명을 들은 적이 있다.[1] 자동차 사고를 비롯한 어떤 사고를 목격하거나 헤드라인에서 소식을 접하기만 해도, 감정과 기억, 생존 전략을 제어하는 뇌의 편도체가 문제를 해결하는 전두엽 피질에 신호를 보내 해당 사건이 직접적인 위험이 되는지 판단하도록 한다. 그럼 당신은 가만히 앉아 있는 상태에서도 투쟁-도피 반응 모드에 진입하게 된다. 많은 이들이 컬트 다큐멘터리를 탐닉하거나 존스 타운에서 큐어넌^{QAnon*}까지 온갖 집단을 샅샅이 조사하느라 시간 가는 줄 모르는 이유가 우리 안에 왠지 모르게 어둠에 이끌리는 뒤틀린 관음증이 있어서가 아니라는 말이다. 우리 모두 자동차 사고나 컬트 폭로 기사는 충분히 보았다. 단순히 오싹한 긴장감을 느끼고 싶었던 거라면 진작에 지루해했을 거다. 하지만 아직은 아니다. 여전히 우리는 왜 '멀쩡해' 보이는 사람들이 극단적인 이념에 기반을 둔 비주류 집단에 가입하고, 더 중요하게는 왜 그 집단에 머무르는지에 대한 만족할 만한 해답을 찾아 헤매고 있기 때문이다. 어떤 위협이 있는지 살피다 보면 어느 순간 고민하게 된다. *모든 사람이 컬트의 영향을 받을 수 있는 건가?* 너한테도 일어날 수 있는 일일까? 나한테는 일어날 수 있는 일일까? 만약 그렇다면, 대체 어떻게?

우리 문화는 컬트의 영향력에 대해 대체로 꽤 얄팍한 대답을 내놓는다. 대부분 '세뇌^{brainwashing}'와 관련된 불분명한 이야기다. 왜 존스타운에서 그 많은 사람이 죽었을까? "쿨에이드를 마셨잖아!" 일부다처 남편에게 학대당하던 두 자매는 왜 당장에 탈출하지 않았을까? "세뇌당했으니까!" 이런 식이다.

---

* 역주: 미국에서 시작된 극우 음모론 단체. 이들의 주장에는 정·재계 엘리트 인사들로 구성된 소위 딥 스테이트^{Deep State}가 세계를 장악하고 있으며, 이들이 사탄을 숭배하고 아동 성매매 조직을 운영한다는 등 여러 음모론이 혼재되어 있다.

하지만 그렇게 간단한 문제가 아니다. 사실, 내가 인터뷰한 심리학자 대부분은 세뇌가 비과학적 개념이라고 비판했다(곧 더 자세히 이야기하겠다). 컬트의 영향에 대한 질문에 더 옳은 답을 얻기 위해서는 옳은 질문을 해야 한다. 카리스마 있는 리더들은 공동체와 의미를 추구하는 사람들의 기본적인 욕구를 착취하기 위해 어떤 기술을 쓰는가? 어떻게 그런 힘을 기르는가?

모두가 화환을 쓰고 태양 아래서 춤을 추는 외딴 코뮌에서 일어나는 기괴하고 혼란스러운 마법은 물론 그 답이 아니다(이 마법의 이름은 바로 코첼라*다. 누군가는 이 역시도 '컬트'라고 말하겠지만). 진정한 해답은 바로 말에 있다. 전달하는 것, 기존 단어를 교묘하게 재정의하는 것(혹은 새로운 단어를 만들어 내는 것)부터 강력한 완곡어법, 비밀 암호, 개명, 유행어, 성가와 만트라, '방언이 터지는 것', 강요된 침묵, 심지어 해시태그까지, 컬트는 언어라는 핵심 수단을 통해 다양한 수준으로 영향을 미친다. 착취를 일삼는 영성 구루는 이 점을 잘 알고 있다. 피라미드 설계자, 정치인, 스타트업 CEO, 온라인 음모론자, 트레이너, 심지어 SNS 인플루언서들도 마찬가지다. 사실 우리는 매일같이 '컬트 언어'를 듣고 거기에 휩쓸린다. 그 방향은 긍정적일 수도, 위험할 수도 있다. 직장에서, 스피닝 수업에서, 인스타그램에서 우리가 일상적으로 하는

---

* 역주: 코첼라 밸리 뮤직 앤드 아츠 페스티벌. 미국의 록 페스티벌로, 줄여서 코첼라라고 불린다.

말이 곧 다층적인 '컬트' 멤버십의 증거다. 우리는 그저 무엇을 들을지 선택하기만 하면 된다. 사실, 우리는 맨슨 패밀리의 기괴한 의상*과 여타의 화려한 '컬트' 아이콘에 정신이 팔려, 사람들이 극단적으로 복종하게 만들고 그 상태를 유지하도록 하는 가장 중요한 요소는 눈에 보이지 않는다는 사실을 잊고 만다.

'컬트 언어'는 다양한 형태를 띠지만, 짐 존스Jim Jones에서 제프 베이조스Jeff Bezos, 그리고 소울사이클** 강사까지 모든 카리스마 넘치는 지도자들은 기본적으로 같은 언어학적 도구를 사용한다. 이 책은 내가 (영어, 스페인어, 스웨덴어처럼***) '컬티시Cultish'라고 부르는, 다양한 형태의 광신의 언어를 다룬다. 1부에서는 우리가 컬트 집단에 관해 이야기할 때 사용하는 언어를 살펴보면서, '컬트'라는 단어 자체의 의미에 관해 널리 알려진 신화를 파헤칠 것이다. 2부에서 5부까지는 컬트 언어의 주요 요소들을 살펴볼 것이다. 그리고 이 요소들이 어떻게 헤븐스 게이트나 사이언톨로지처

---

* 컬트 의상에 대한 열망은 날이 갈수록 깊어진다. 1997년, 2부에서 다루게 될 비주류 UFO 종교 집단 '헤븐스 게이트'의 신도 39명이 대규모로 자살하는 사건이 있었다. 사망자는 모두 검정과 흰색의 '93 나이키 디케이드 스니커즈를 신고 있었다. 살아남은 두 추종자는 헤븐스 게이트의 지도자가 해당 모델을 선택한 이유는 그저 대량으로 싸게 구매할 수 있었기 때문이라고 주장했다. 이 끔찍한 사건 이후 나이키는 급히 모델을 단종시켰지만(컬트 자살 사건만큼 제품의 명성에 먹칠하는 일은 없으니까), 그 덕에 '93 디케이드는 순식간에 수집가의 아이템이 되었다. 헤븐스 게이트 사건 이후 22년이 지나 이 글을 쓰고 있는 지금, 1993년 생산된 12사이즈 나이키 디케이드 한 켤레가 이베이에 6600달러로 등록되어 있다.

** 역주: 2006년 미국에서 설립된 실내 스피닝 피트니스 회사.

*** 역주: English, Spanish, Swedish. 모두 -sh로 끝나는 언어명.

럼 파괴적인 집단의 추종자들을 은폐해 왔는지, 그리고 어떻게 우리의 일상 어휘에 스며들어 있는지 밝혀낼 것이다. 이 책을 통해, 당신은 과거부터 지금까지 무엇이 사람들을 좋은 쪽으로든 나쁜 쪽으로든 광신도가 되도록 부추겼는지 알게 될 것이다. 한번 '컬티시' 언어에 귀가 뜨이고 나면, 더는 알아차리지 못하고 지나칠 수 없을 거다.

언어가 곧 지도자의 카리스마다. 지도자들은 언어를 통해 가치와 진리 체계인 작은 우주를 구축하고, 추종자들에게 그 규칙을 강제한다. 프랑스 철학자 모리스 메를로퐁티Maurice Merleau-Ponty는 1945년 인간에게 언어는 곧 "물고기에게 물"과 같은 요소라고 말했다. 타샤의 외국어 만트라나 얼리사의 약어가 두 사람의 '컬트' 경험에서 차지하는 비중은 결코 소소하지 않다. 오히려 두 사람의 광신주의는 만트라와 약어 없이는 애초에 불가능했을 것이다. 말이야말로 신념 체계가 만들어지고, 풍부해지고, 강화되도록 하는 매개체이기 때문이다. "언어가 없다면 신념도, 이데올로기도, 종교도 없습니다." 에든버러대학교 응용언어학 교수 존 E. 조지프John E. Joseph가 스코틀랜드에서 보낸 편지에 적혀 있는 말이다. "언어는 이러한 개념이 존재하기 위한 필수 조건입니다." 언어가 없다면, '컬트'도 없다.

물론 명시적으로 표현하지 않고도 신념을 가질 수 있다. 또 타샤나 얼리사에게 지도자들의 메시지를 받아들이고 싶은 마음이 전혀 없었더라면 그 어떤 말로도 두 사람을 강제할 수 없었으리라는 것도 사실이다. 그러나 아주 조금이라도 의지가 있다면 언어는 어떻게든 독립적인 생각을 억누르고, 진실을 가리고, 확증 편향을 조장하고, 경험에서 오는 감정을 증폭시켜 다른 형태의 삶이 불가능해 보이도록 만든다. 한 사람이 소통하는 방식을 보면 그가 누구와 어울리는지, 누구로부터 영향을 받는지를 알 수 있다. 충성심의 정도도 마찬가지다.

컬트처럼 들리는 언어가 전부 불온한 의도를 지니는 건 아니다. 때로는 연대감을 강화하거나 인도주의적 프로젝트를 위해 사람들을 모으는 등 건강한 목적일 때도 있다. 암 퇴치 비영리 기구에서 일하는 친구가 해 준 재미있는 이야기가 있다. 기금 마련 행사를 널리 알리기 위해, 직원들이 사랑이 흘러넘치는 문구나 거의 종교적인 주문을 끝없이 반복한다는 거다. "오늘이 그날입니다" "승리의 주간" "더 높이 더 멀리 날아갑시다" "당신 세대는 암 치료라는 임무를 부여받은 가장 훌륭한 전사이자 영웅입니다." 친구는 말하곤 한다. "무슨 다단계 마케팅 직원 같다니까." (메리케이나 암웨이 같은 컬트적인 직판 회사를 암시하는 말인데…… 나중에 자세히 설명하겠다.) "컬트적이긴 하지만, 좋은 뜻으로 그러는 거지. 게다가 그게 먹힌다니까." 책의 5부에서 우리는 '컬트 피트니스' 스튜디오에서 활용하는 온갖 "우우$^{woo-woo}$"* 구호와 찬가에 대해

---

* 역주: 에너지 워크, 극단적인 식이요법 등 뉴에이지 이론이나 동양 사상에 뿌리를 두고 있으나 서양에서 왜곡된 사이비 초자연, 초현실, 심리적 현상을 과하게 신봉하는 사람을 묘사하는 형용사.

서도 다를 것이다. 회의적인 외부인들에게는 극단적으로 들릴 수도 있지만, 잘 들어 보면 사실 그렇게 파괴적인 내용은 아니다.

의도가 선하든 악하든 간에, 언어는 공동체의 구성원이 같은 이데올로기를 공유하도록 하는 방식이다. 구성원들이 뭔가 중요한 곳에 속해 있다고 느끼도록 하는 거다. "언어는 공유된 이해 문화*를 가능하게 합니다." 런던정치경제대학교에서 신흥종교 운동을 연구하는 에일린 바커Eileen Barker가 말했다. 하지만 광신적으로 추앙받는 지도자와 신념으로 뭉친 파벌이 있는 곳이라면, 어느 정도의 심리적 압력이 뒤따를 수밖에 없다. 당신도 흔히 겪는 FOMO**처럼 일상적일 수도 있고, 폭력 범죄를 저지르도록 강요받는 것처럼 위험천만한 수준일 수도 있다. "솔직히 말해서, 전부 언어를 통해 이루어져요." 전 사이언톨로지스트가 인터뷰 중 내게 속삭였다. "사람을 격려하는 거예요. 남과 다른 언어를 가지고 소통할 수 있으니까 당신이 특별하고 깨달음을 얻었다고 느끼게 되는 거죠."

컬트 언어를 요모조모 따져 보기 전에, 우선 한 가지 짚고 넘어가야 할 점이 있다. 대체 '컬트'라는 단어가 정확히 무슨 뜻일까? 사실 단 하나의 최종적인 정의를 내리는 건 여간 까다로운 일

---

* 역주: 구성원의 참여와 협동, 개인 지식의 교환을 통해 형성되는 새로운 지식 문화. 개인의 시각이 조직의 시각으로 전환되는 계기가 된다.

** 역주: fear of missing out. 고립공포감. 다른 사람들이 누리는 혜택이나 즐거움에서 소외되었다는 두려움을 일컫는다.

이 아니다. 여러 가지를 조사하고 이 책을 쓰면서, 내게 이 단어의 의미는 오히려 더 흐릿하고 불명확해졌다. '컬트'를 정의하는 데 혼란을 겪은 건 나만이 아니다. 최근에 로스앤젤레스 집 근처에서 행인 수십 명을 상대로 '컬트'의 의미를 묻는 소규모 설문조사를 해 보았다. "너무 많은 권력을 가진 기만적인 인물이 이끄는 소수의 신봉자 그룹"부터 "뭔가에 매우 열성적인 사람들이 모인 집단" "흠, 무엇이라도 될 수 있지 않나요? 커피 컬트나 서핑 컬트 같은 거요"까지 답변은 다양했지만, 어디에도 확신은 없었다.

이런 의미론적 모호함에는 이유가 있다. '컬트'라는 단어의 흥미로운 어원(곧 연대적으로 설명하겠다) 그 자체가 바로 우리 사회가 영성, 공동체, 의미 그리고 정체성과 맺는 끝없이 변화하는 관계, 즉 점점 더…… *이상해지*는 관계를 지칭하기 때문이다. 언어의 변화는 항상 사회 변화를 반영한다. 지난 수십 년 동안 소셜미디어나 세계화 확산, 전통적인 종교의 쇠퇴와 같은 현상으로 인해 우리가 타인과 연결되는 방식뿐 아니라 존재론적 목적도 변화했고, 이로 인해 다수의—위험하거나 위험하지 않은—대안 하위집단이 생겨났다. '컬트'는 이 모든 집단을 묘사하기 위해 발전한 단어다.

나는 '컬트'가 대화 상황이나 발화자의 태도에 따라 완전히 다른 의미를 지닐 수 있는 용어가 된다는 걸 깨달았다. '컬트'는 죽음과 파괴를 암시하는 저주를 의미할 수도 있고, 커플룩이나 열정을 일컫는 발칙한 비유일 수도 있고, 혹은 그 사이의 무엇이라도 의미할 수 있다.

현대 담론에서 '컬트'라는 말은 신흥종교, 온라인 급진주의자 집단, 스타트업, 화장품 브랜드를 동시에 지칭할 수 있다. 몇 년 전 뷰티 매거진에서 일할 때, 나는 화장품 회사들이 새 제품을 출시할 때 이목을 끌기 위한 마케팅 용어로 '컬트'를 자주 사용한다는 걸 알아차렸다. 예전 직장 메일함에서 단어를 검색해 보니 수천 건의 결과가 쏟아졌다. 어떤 최신 메이크업 라인 보도자료에는 다음과 같이 적혀 있었다. "새로운 컬트 현상을 맛보세요." 소위 '컬트 랩'에서 개발한 신제품 파우더가 "뷰티 중독자와 메이크업 광신도들을 미쳐 날뛰게" 만들리라는 호언장담도 함께였다. 또 다른 스킨케어 회사 프레젠테이션에서 장담한 바로는, 150달러짜리 CBD(대마에서 추출한 칸나디비올) 앰플 '컬트 페이버릿 세트'는 "스킨케어 그 이상"이며 "삶에서 마주치는 그 어떤 것에도 흔들리지 않기 위해 스스로 사랑하고 긴장을 완화할 기회이자 가치를 매길 수 없는 선물"이었다. 가치를 매길 수 없는 기회라고? *어떤 것에도 흔들리지 않기 위해?* 이 아이크림이 보장하는 효과는 영성 사기꾼의 말과 별다를 바 없어 보인다.

'컬트'의 수많은 정의가 혼란스럽게 들리긴 하지만, 우리는 별 문제 없이 이 말을 쓰고 있는 듯하다. 사회언어학자들은 청자가 대화 중에 친숙한 단어를 들으면 대체로 그 의미와 의도를 문맥에 따라 능숙하게 추론해 낸다는 걸 밝혀냈다. 우리는 일반적으로 존스타운의 컬트를 이야기할 때 그 의미가 CBD 스킨케어나 테일러 스위프트 팬들의 '컬트'와는 다르다는 걸 추론할 수 있다. 물론, 언어가 늘 그렇듯이 오해의 소지는 있다. 하지만 일반적으로 대화 경험이 많은 사람이라면 헬스클럽의 친구를 '컬트 신봉자'라고 묘사하는 것은 그의 열렬한, 거의 종교적인 헌신을 가리키기 위함이지 그가 재정적으로 파산하거나 가족과 대화를 단절할까 봐 (적어도 그게 멤버십 조건일까 봐) 걱정해서가 아니라는 걸 이해한다. 스위프티*나 소울사이클 회원에게 '컬트'는 비유적 표현에 가까울 것이다. 진짜 창살이 있어서가 아니라 억압적인 환경이나 냉혹한 상급자를 묘사하기 위해 학교나 직장을 '감옥'에 비유하는 것처럼 말이다. 스탠퍼드대학교의 심리인류학자이자 비주류 종교 분야의 저명한 학자 타냐 루어만Tanya Luhrmann에게 인터뷰 요청을 보냈을 때, 그는 다음과 같은 답장을 보냈다. "친애하는 어맨다, 함께 이야기 나누면 좋겠네요. 저도 소울사이클이 컬트라고 생각합니다. :-)" 하지만 나중에 타냐는 자신이 한 말이 농담이었으며 절대 공식적인 발언이 아니라는 점을 명확히 했다. 물론 나도 그 점을 이해하고 있었다. 타냐에 관해서는 이후에 좀 더 이야기하겠다.

소울사이클과 같은 집단에서, '컬트'는 문화적으로 배타적인 집단 구성원의 강력한 충성심을 나타내기 위해 사용된다. 여기에는 분명 시간과 금전적 헌신, 순응주의, 강력한 리더십(모두 어느

---

* 역주: 테일러 스위프트의 팬덤. 열성적인 팬덤으로 유명하다.

순간 치명적인 수준이 될 수 있다) 등 맨슨 수준의 위험한 집단을 떠올리게 하는 부분이 있지만, 그렇다고 외부와의 완벽한 단절이나 생명을 위협하는 거짓말, 혹은 학대를 암시하지는 않는다. 드러나게 명시하지 않더라도, 우리는 이 경우 죽을 위험에 빠지거나 물리적으로 집단을 떠나는 것이 불가한 상태를 이야기하는 게 아니라는 걸 안다.

하지만 인생이 늘 그러하듯이, 좋은 컬트와 나쁜 컬트를 명확히 구분할 수는 없다. 컬트는 스펙트럼이다. 심리상담가이자 『트럼프 컬트The Cult of Trump』의 저자 스티븐 하산Steven Hassan은 미국에서 가장 탁월한 컬트 전문가이기도 한데, 그는 건강하고 건설적인 집단에서부터 불건전하고 파괴적인 집단까지 걸쳐 있는 영향력의 스펙트럼을 기술한 바 있다. 하산은 파괴적 성향을 가진 집단은 세 가지 속임수를 쓴다고 말한다. 사람들이 알고 있어야 하는 사항을 누락하고, 자신들의 이야기가 더 잘 받아들여지도록 왜곡하며, 명백한 거짓말을 한다는 것이다. 소위 윤리적인 컬트(하산은 그 예로 스포츠와 음악 팬들을 언급한다)와 유해한 컬트 사이에 중요한 차이점이 있다면, 윤리적인 집단은 집단의 신념과 구성원에게 바라는 점, 구성원의 합류로 얻고자 하는 것을 솔직히 밝힌다는 점이다. 또한 집단을 떠난다 해도 심각한 결과가 초래되는 경우는 거의 없다. "당신이 '더 나은 밴드를 찾았어'라거나 '이제 농구 재미없어'라고 말해도, 다른 이들이 당신을 위협하지는 않겠지요." 하산의 설명이다. "곧 미쳐 버리거나 악마에 사로잡히게 될 거라는 비이성적인 두려움을 느끼지도 않을 테고요."*

아니면 이전 3HO 신도 타샤의 경우처럼 바퀴벌레로 변할지도 모른다는 두려움이거나. 구루와 동침하거나 자살하는 등의 심각한 잘못을 저지르면 가장 비천한 존재인 벌레로 다시 태어나게 된다는 3HO의 가르침을 진심으로 믿었냐고 묻자 타샤가 대답했다. "뼛속까지요." 타샤는 성스러운 누군가의 곁에서 죽으면 더 위대한 존재로 환생한다는 말도 믿었다. 한번은 공중화장실에서 발견한 바퀴벌레가 전생에 끔찍한 짓을 저지르고 더 높은 진동의 존재로 환생하려고 애쓰는 스와미라고 생각하기도 했다. "저는 '세상에, 내가 상급 스승이라 이 근처에서 죽으려고 안간힘을 쓰는구나'라고 생각했어요." 타샤가 몸서리쳤다. 바퀴벌레가 세면대 안으로 기어들자, 타샤는 벌레가 자기 근처에서 익사하는 영광을 누리지 못하도록 마개를 열었다. "저는 기절초풍해서 화장실에서 뛰쳐나왔어요." 타샤가 회상했다. "그게 아마 제 광기의 정점이었을 거예요."

반면, 우리의 크로스피터 얼리사 클라크는 자기에게 일어날

---

* 그러나 테일러 스위프트나 레이디 가가, 비욘세 등의 가수를 종교에 가깝게 숭배하고 옹호하는 온라인 악성 팬들의 모임을 뜻하는 '스탠 컬처stan culture'는 이전 세대의 스타 팬덤보다 훨씬 위험해졌다. 2014년, 한 정신과 연구는 셀러브리티 스탠들이 신체이형장애나 성형 중독, 대인관계 경계 판단 오류 등의 사회심리학적 문제와 불안 및 사회성 기능장애 등의 정신 질환을 겪을 가능성이 크다고 밝혔다. 또한 이들은 자아도취나 스토킹, 해리 등의 특성을 보이기도 한다. '팝 문화 컬트'의 명암에 관해서는 6부에서 더 자세히 이야기하겠다.

수 있는 가장 무서운 일이 운동을 하루 건너뛰었다고 페이스북에서 게으름뱅이로 낙인찍히는 것이었다고 내게 말했다. 만약 그가 박스를 그만두거나 크로스핏 대신 스피닝을 시작하기로 마음먹었다면(하느님 맙소사), 오랜 친구들과 애인들은 서서히 그의 삶에서 사라졌을 것이다.

여기에서 '컬트를 따르는cult-followed' '컬티한culty', 혹은 (당연히) '컬티시Cultish' 등의 구어체 수식어를 고안해 낸 것은 이처럼 광범위한 (유사) 컬트 공동체를 수식하기 위해서다.

III

'컬트'가 지금 이 시점에서 명성을 떨치게 된 건 전혀 우연이 아니다. 21세기는 사회정치적 불안감과 교회나 정부, 거대 제약회사 및 대기업 등 오래전에 확립된 기관에 대한 불신의 분위기를 조성했다. 이런 사회 분위기는 레딧 인셀incel*부터 '우우' 웰니스 인플루언서까지, 모든 종류의 새롭고 비전통적인 집단이 생겨나기에 완벽한 조건이다. 기존 집단에서 제공하지 못한 해답을 주겠다는 약속은 신선한 매력으로 다가온다. 게다가 소셜미디어의 발달과 결혼의 감소로 문화권을 불문하고 고립감은 역사상 최

---

* 역주: involuntary celibate. 비자발적 독신주의자의 약어. 일반적으로 결혼할 마음이 있으나 상대의 부재 등으로 결혼하지 못하는 남성들의 커뮤니티를 일컫는다.

고 수준이며 사회 참여는 기록적으로 저조하다.[1] 《포브스Forbes》는 2019년 외로움을 '유행병'으로 지정하기도 했다.[2]

인간은 외로움 앞에 맥을 못 춘다. 그냥 그렇게 태어났다. 생존을 위해 긴밀한 집단을 만들어 생활하던 고대 인류 이래로 사람들은 늘 비슷한 생각을 가진 집단에 이끌렸다.[3] 진화 측면의 장점 이외에도, 공동체는 우리가 행복이라는 미스터리한 감정을 느끼게 만든다. 신경학자들은 집단으로 기도문을 외우거나 노래를 하는 등 초월적인 유대 의식에 참여할 때[4], 우리 뇌가 도파민이나 옥시토신처럼 기분을 좋게 하는 화학물질을 분비한다는 것을 밝혀 냈다.[5] 수렵과 채집을 하던 유목민 조상들은 실용적인 용도가 전혀 없었음에도 마을 광장에 가득 모여 춤을 추는 의식을 행하곤 했다.[6] 정부가 (양질의 대중교통과 지역협동조합 등을 통해) 공동체 형성을 장려하는 덴마크나 캐나다 같은 현대 국가의 시민들은 더 높은 만족도와 성취도를 느낀다. 수많은 연구가 인간은 사회적이고 영적인 존재로 설계되었다는 사실에 주목한다. 우리의 행위는 소속감과 목적성에 대한 열망으로 좌우된다.[7] 우리는 태생적으로 '컬트적'인 것이다.

이처럼 타인과 연결되고자 하는 인간의 근본적인 욕구는 꽤 감동적이지만, 잘못된 방향으로 발현될 경우 분별력 있는 사람이 완전히 비합리적인 일을 저지르게 될 수도 있다. 이를 보여 주는 고전적인 연구가 하나 있다. 1951년, 스워스모어컬리지의 심리학자 솔로몬 아시Solomon Asch는 간단한 '시력 테스트'를 위해 학생 여섯 명을 불러 모았다. 그러고는 참가자들에게 수직선 네 개를 보여 주며 길이가 같은 선 두 개를 가리키도록 했는데, 사실 여섯 중단 한 명만이 실험 대상이었다. 볼 수만 있으면 찾아낼 수 있는 명백한 정답이 있었음에도, 아시는 첫 다섯 학생이 노골적으로 오답을 선택하면 참가자의 75퍼센트가 자신의 올바른 판단을 무시하고 다수를 따른다는 사실을 밝혀냈다. 소외에 대한 이런 뿌리 깊은 두려움과 순응하려는 강박 때문에, 집단의 일원이 되는 것이 옳은 일처럼 느껴지는 것이다. 3HO의 요기 바잔에서 크로스핏의 그레그 글래스먼까지, 강력한 지도자들은 바로 이 점을 파고들어 이용한다.

이전에는 소속감과 해답을 필요로 하는 사람이 자연스럽게 기성 종교로 향했다. 하지만 더는 아니다. 매일 점점 더 많은 미국인이 주류 교회를 등지고 뿔뿔이 흩어진다. 내 이십 대 친구 대부분은 자신이 "정신을 중시하지만 종교적이지는 않다"라고 규정한다. 퓨^{Pew} 리서치의 2019년 연구 결과에서는 밀레니얼 세대 열 명 중 네 명이 어떤 종교도 갖고 있지 않다고 답했다.[8] 7년 만에 20퍼센트나 증가한 수치였다.[9] 2015년 하버드 신학대학원 연구 결과는 젊은이들이 여전히 "심도 있는 영적 경험과 공동체 경험"을 추구함으로써 삶에 의미를 부여하고자 한다는 사실을 보여 주지만[10], 이런 욕망을 충족하기 위해 전통적인 신앙을 택하는 사람은 그 어느 때보다 적다.

급증하는 비신앙인 인구를 분류하기 위해 연구자들은 '넌스

Nones'나 '리믹스Remixed' 같은 명칭을 만들어 냈다.[11] 『이상한 의례: 신이 없는 세상의 새로운 종교Strange Rites: New Religions for a Godless World』의 저자이자 이론가, 기자인 태라 이저벨라 버턴Tara Isabella Burton이 만든 '리믹스'는 다수의 (종교 및 세속적인) 믿음과 의례를 믹스 앤드 매치해 개인 맞춤형 영성 루틴을 고안하는 현대 구도 자들을 가리키는 말이다. 예를 들어, 아침에 명상 수업에 다녀온 뒤 오후에는 점성술을 배우고, 저녁에는 친구들과 함께 초超개혁 적인 금요일 저녁 안식일을 보내는 것이다.

영적인 의미에 신이 전혀 개입하지 않는 경우도 많다. 하버드 신학대학원 연구에서는 미국 젊은 층에 현대적인 종교적 정체성 을 부여하는 집단 목록에 소울사이클과 크로스핏을 포함했다. "종교와 같은 역할을 하는 거야. 우리 삶이 의미 있다는 느낌을 주는 거지." 로스앤젤레스에 사는 배우이자 열광적인 소울사이클 러, 스물여섯의 채니 그린이 최근의 운동 열풍에 관해 내게 한 말 이다. "지금 우리가 느끼는 냉소는 거의 반反인간적이야. 그래서 어딘가 연결되어 있다는 느낌, 그냥 죽어 가기 위해서가 아니라 다른 이유가 있어서 이 세상에 태어났다는 느낌을 찾으려는 거 지. 소울사이클을 타는 45분 동안은 그런 게 느껴져."

감히 운동 수업을 종교에 비교하는 데 분노하는 사람도 있을 것이다. 그러나 마치 '컬트'라는 말을 정의하기 어려운 것처럼, 학 자들은 수 세기 동안 '종교'를 어떻게 규정할지 훨씬 더 치열한 논 쟁을 벌여 왔다. 기독교는 종교고 운동은 종교가 아니라고 느낄 수는 있다. 하지만 왜 그런 느낌이 드는지는 전문가들조차도 쉽게 판단할 수 없다. 종교가 무엇인지보다 종교가 무엇을 하는지에 초점을 맞추는 버턴의 관점은 그래서 마음에 든다. 종교의 역할은 의미, 목적, 소속감, 의례를 제공하는 것이다. 그리고 점점더 많은 사람이 더 자주 교회 밖에서 이런 필요를 충족하고 있다.

현대의 컬트적인 집단에서 위안을 받는 또 다른 이유는, 어떤 사람이 될지 너무나 많은 가능성이 있는(적어도 그런 환상으로 가득한) 세상을 살면서 느끼는 불안한 혼란을 덜어 주기 때문이다. 한 테라피스트가 내게 구조 없는 유연성은 유연성이 아니라 그저 카오스라고 말한 적이 있다. 많은 이들이 삶을 그렇게 느끼고 있다. 미국 역사에서 대부분 시간 동안, 한 사람이 선택할 수 있는 직업, 취미, 거주지, 연인, 식단, 취향─즉, 모든 것─은 그렇게까지 다양하지 않았다. 그러나 21세기는 사람들에게(이는 특권이기도 하다) 치즈케이크팩토리 메뉴판만 한 선택지를 선사한다. 이런 어마어마한 선택지 앞에서 젊은이들은 마비된다. 특히 전 세대보다 기본적인 생존이 위태롭고 사기가 저하되었다고 느끼는 동시에 인상적인 '퍼스널 브랜드'를 구축하라고 압박받는 극단적인 자기 정체성 창조self-creation 시대에는 더욱 그렇다. 흔히 하는 이야기처럼, 밀레니얼 세대의 부모들은 자식들에게 원하는 건 무엇이든 될 수 있다고 가르쳤다. 그러나 끝없이 이어지는 '만약에'와 '가능성'의 충격 속에서, 밀레니얼들은 무엇을 선택해야 하는지 짚어 주는 구루를 원하게 되었다.

"매일 아침 뭘 입을지, 뭘 먹을지 누가 말해 줬으면 좋겠어요." 피비 월러브리지가 에미상을 수상한 드라마 〈플리백Fleabag〉 시즌 2에서, 서른세 살 주인공은 (잘생긴) 사제에게 털어놓는다. "뭘 싫어하고, 뭐에 분노하고, 뭘 듣고, 무슨 밴드를 좋아하고, 무슨 티켓을 사고, 무슨 농담을 하고, 무슨 농담을 하면 안 되는지도요. 뭘 믿을지, 누구에게 투표할지, 누구를 사랑할지, 그 사랑을 어떻게 고백할지도 누가 다 말해 줬으면 좋겠어요. 제 삶을 어떻게 살아야 하는지 말해 줄 사람이 필요한 것 같아요."

정치 성향부터 머리 스타일까지, 정해진 정체성 템플릿을 제공하는 구루가 있어서 그를 따른다면 선택의 패러독스는 줄어든다. 사이언톨로지스트나 3HO 신도 같은 영적 극단주의자뿐 아니라, 소셜미디어 셀러브리티나 룰루레몬, 글로시에 같은 '컬트 브랜드'의 열성 팬들에게도 적용되는 개념이다. "난 글로시에 걸이야" 혹은 "나는 조 디스펜자Joe Dispenza 박사(6부에서 만날 수상쩍은 자기계발 스타)를 따를 뿐이야"라고 말할 수 있는 것만으로도, 무슨 생각을 하고 어떤 사람이 될지 수많은 독자적인 선택을 해야 하는 부담과 책임감은 작아진다. 숨이 턱 막히는 가짓수의 선택지가 통제 가능한 수준으로 줄어들기 때문이다. "글로시에 걸이라면 어떻게 할까?"라고 스스로 묻고, 그 틀에 맞추어 향수든 뉴스 채널이든 그날의 결정을 내리면 되는 것이다.

주류 조직에서 비전통적 집단으로 향하는 흐름은 새로운 것이 아니라 인류 역사에서 여러 차례에 걸쳐 전 세계적으로 일어난 일이다. 소위 컬트에 대한 사회의 관심(컬트 집단에 몸담으려는 움직임과 이에 대한 인류학적 매혹 모두)은 특히 존재론적 고민이 널리 이루어지는 시기에 성황을 누린다. 대부분의 대안 종교 지도자는 추종자들을 착취하기 위해서가 아니라 정치·사회적 격변기에 그들을 이끌기 위해 등장한다. (들어 봤겠지만) 나사렛 예수는 중동 역사상 가장 혼란스러운 시기에 나타났다(역사적으로 자명한 사실이다). 사람들이 로마제국의 폭력적인 침략으로부터 자신들을 보호하고 용기를 북돋아 줄 비기득권 지도자를 필요로 했기 때문이다.[12] 그로부터 1500년 후, 격동의 유럽 르네상스 시대에는 가톨릭교회에 대한 반발로 '컬트', 즉 이단 수십 개가 생겨났다. 17세기 인도에서는 농업 국가로의 전환과 영국 제국주의에 따른 사회 불화로부터 비주류 집단이 만들어졌다.

다른 선진국과 비교했을 때, 미국은 유독 '컬트'와 끈끈한 관계를 유지하고 있다.[13] 이런 사실은 그야말로 미국의 상징이라고 할 수 있는 혼란함을 드러낸다. 세계적으로 종교성 수준은 생활 수준이 높은 국가일수록(높은 교육 수준, 긴 기대 수명 등) 낮은 경향이 있다. 그러나 예외적으로 미국은 고도로 선진화된 국가임에도 (넌스와 리믹스를 포함해) 믿는 자들로 가득 차 있다. 이런 불일치는 부분적으로 일본이나 스웨덴 같은 다른 선진국 시민들이 보편의료와 다양한 사회 안전망 등 수많은 상의하달식 자원을 누리는 반면 미국인들은 각자도생한다는 사실에서 비롯된다. "일본인과 유럽인들은 힘든 시기에 정부가 나서서 도와주리라는 사실을 안다."[14] 조지아그위넷컬리지의 언어심리학자 데이비드 루덴David Ludden 박사가 《사이콜로지투데이Psychology Today》에 기고한 내용이다. 이에 반해 미국의 자유방임적인 분위기에서 사람들은 혼자라고 느낀다. 이런 제도적 지원의 부재는 세대를 거듭하면서 초자연적인 대안 집단이 급증할 수 있는 길을 열어 준다. 베트남전쟁, 시민권 운동, 케네디 암살 사건으로 미국 국민이 불안에 떤 1960년대와 1970년대 전반에 컬트의 움직임이 일어난 것도 미국의 불안 패턴 때문이라고 볼 수 있다. 영적 수행은 급증했으나 전통 개신교의 강력한 권력은 쇠퇴했고, 그 문화적 갈증을 채우기 위해 새로운 움직임이 일어났다. 유대인선교회Jews for Jesus, 하나님의 자녀파Children of God 같은 기독교 분파부터, 3HO나 샴발라Shambhala 불교처럼 동양에서 유래한 단체, 여신의 언약Covenant of the Goddess과 아프로디테 교회Church of Aphrodite 같은 이교 집단, 그리고 사이언톨로지나 헤븐스 게이트처럼 공상과학에 가까운 단체도 등장했다. 일부 학자들은 이 시기를 제4차 신앙부흥 운동이라고 부르기도 한다. (앞의 세 차례는 1700년대와 1800년대 미국 북동부를 휩쓴 열렬한 복음주의 부흥 운동을 가리킨다.)

이전의 개신교 부흥 운동과는 달리, 네 번째 부흥 운동의 구도자들은 개인의 깨달음을 추구하기 위해 동양과 오컬트로 눈을 돌렸다. 21세기의 '컬트 신봉자'들과 마찬가지로 이들은 대부분 젊고 반문화적이었으며 기존 권력에 대한 실망에서 비롯한 다양한 정치 성향을 띠고 있었다. 만약 당신이 점성술 앱을 구독하고 있거나 음악 페스티벌에 참석한 적이 있다면(둘 다 1970년대에는 흔한 일이었다), 어떤 종류든 일종의 '컬트'를 맞닥뜨렸을 것이다.

정리하자면, 정체성과 목적, 소속감에 대한 욕구는 오래전부터 존재했으며 이러한 욕구가 완전히 충족되지 않는 문화적 공백기에는 항상 컬트적 집단이 등장해 왔다. 그러나 인터넷이 지배하는 지금 시대에는 과거와 다른 점이 있다. 신 없이도 구루가 존재할 수 있고, 두 번 탭하면 진입 장벽을 통과할 수 있으며, 대안 신념을 가진 이들이 그 어떤 때보다도 서로를 쉽게 찾아낼 수 있는 지금, 맹렬한 피트니스 스튜디오부터 '경영 문화'에 '컬트'를 포함하는 스타트업까지 세속적인 컬트는 민들레처럼 여기저기에서 싹을 틔울 수밖에 없다.

좋든 나쁘든, 이제는 모두를 위한 컬트가 마련되어 있다.

IV

몇 년 전, 나는 장래가 창창한 (그리고 꽤나 컬트적인) 연극 전공을 그만두고 언어학과로 전과하기로 마음먹었다고 어머니에게 알렸다. 그러자 어머니는 내 심경 변화가 별로 놀랍지 않다며 언제나 내가 몹시 '비#컬트적'이라고 생각했다고 말했다. 나도 컬트적인 사람이라는 소리를 듣고 싶지는 않았으니 그 말을 칭찬으로 받아들이려 애썼지만, 그리 쉽지 않았다. 컬트에는 어두운 요소와 더불어 뭔가 섹시한 점이 있기 때문이다. 틀에 얽매이지 않는 것, 신비주의, 공동체 내부의 친밀감. 컬트라는 단어의 의미가 결국 원점으로 돌아온 셈이다.

'컬트'가 항상 불길한 뉘앙스를 띠었던 건 아니다. 17세기 문헌에서 찾아볼 수 있는 최초의 '컬트'는 부정적 의미 없이 '신에게 바치는 존경' 혹은 신의 도움을 받기 위해 바치는 제물을 가리켰다. 컬트와 같은 라틴 단어 'cultus'에서 파생된 '문화culture'와 '경작cultivation'은 '컬트'의 가까운 형태학적 사촌이다.

이후, 미국에 실험적인 종교가 난무했던 19세기 초가 되면서 '컬트'의 의미는 변화했다. 새로운 종교 실천의 자유를 바탕으로 세워진 이 땅은 괴팍한 신도들이 자신이 원하는 만큼 괴팍해질 수 있는 안전한 피난처로 여겨졌다. 그리고 영적인 자유는 대안적인 사회·정치 집단의 쇄도를 초래했다. 1800년대 중반에는 백 개가 족히 넘는 소규모 이데올로기 파벌이 형성되고 또 무너졌다. 프랑스의 정치철학자 알렉시 드 토크빌Alexis de Tocqueville이 1830년대에 미국을 방문했을 때, 그는 "나이, 지위, 성격을 막론하고 모든 미국인이 끊임없이 연합을 형성하고 있는"[1] 데 깜짝 놀랐다. 당시의 '컬트' 집단에는 다음과 같은 단체들이 있었다.[2] 북부 뉴욕의 폴리아모리 공산주의자 캠프(흥미롭군)인 오네이다Oneida 공동체, 인디애나 과학 애호가들의 평등한 펠로십(귀엽기도 하지)인 하모니 소사이어티Harmony Society. 내가 제일 좋아하는 단체는 『작은 아씨들Little Women』의 저자인 루이자 메이 올컷의 아버지이자 노예제 폐지론자, 철학자, 여성인권 운동가였던 아모스 브론슨 올컷

Amos Bronson Alcott이 설립한 프루트랜즈Fruitlands로, 금방 사라지긴 했지만 매사추세츠의 비건 농업 단체였다. 이 시기, '컬트'라는 단어는 '종교'나 '교파'처럼 교회와 관련된 분류 표현에 불과했다. 새롭거나 비전통적이라는 함의는 있었지만, 꼭 사악함을 뜻하지는 않았다.

제4차 신앙부흥 운동이 시작되면서 이 단어는 점점 어두운 의미를 띠기 시작했다. 수많은 비순응적 영성 집단이 우후죽순 생겨났고, 구세대 보수주의자들과 기독교인들은 겁을 집어먹었다. 곧 '컬트'는 사기꾼, 돌팔이, 괴팍한 이단을 떠올리게 하는 말이 되었다. 하지만 아직은 심각한 사회적 위협이나 범죄를 의미하지는 않았다. 1969년 맨슨 패밀리 사건과 뒤이어 1978년 존스타운 대학살이 발생하기 전까지는 말이다(2부에서 더 자세히 다룰 예정이다). 이후 '컬트'라는 단어는 공포의 상징이 되었다.

존스타운에서 900명도 넘는 사람이 끔찍하게 사망한 이 사건은 미국에서 9·11 이전에 가장 많은 사상자를 냈고, 미국 전역은 컬트 착란 상태에 빠졌다. 어쩌면 존스타운 이후 1980년대 '사탄 공황Satanic Panic'을 기억하는 사람도 있을 것이다. 이는 사탄을 숭배하는 아동 학대자들이 건전한 미국 전역을 공포에 떨게 하고 있다는 편집증적 믿음이 널리 퍼졌던 시기를 말한다. 사회학자 로널드 엔로스Ronald Enroth가 1979년 책 『컬트의 유혹The Lure of the Cults』에서 쓴 것처럼, "미디어가 전례 없이 존스타운을 대대적으로 다루면서 겉으로는 선해 보이는 종교 단체가 지옥과도 같은 본색을 숨기고 있을 수도 있다는 사실을 미국인들에게 경고하게 되었다." 그러나 이런 일이 대부분 그렇듯 컬트는 공포의 대상이 되자마자 '쿨'해졌다. 1970년대 대중문화에서는 곧 〈록키 호러 픽처 쇼The Rocky Horror Picture Show〉 같은 언더그라운드 인디 영화가 부상하면서 '컬트 영화'나 '컬트 클래식'과 같은 용어가 등장했다.[3] 피시나 그레이트풀 데드 같은 밴드는 그 뒤를 따르는 '컬트 추종자'들 덕에 명성을 얻었다.

한두 세대가 지나자, 제4차 신앙부흥 운동은 호기심 많은 젊은 이들에게 향수 어린 쿨한 시기가 되었다. 1970년대 비주류 집단은 이제 매혹적인 빈티지 스타일의 왜곡된 상징이 되었다. 이 시점에서, 맨슨 패밀리에 집착하는 것은 어마어마한 양의 히피 시대 레코드판이나 밴드 티셔츠를 수집하는 일과 별반 다르지 않다. 몇 주 전 로스앤젤레스의 미용실에서 나는 어떤 여성이 스타일리스트에게 '맨슨 걸'처럼 중간 가르마를 탄 치렁치렁한 갈색 머리를 하고 싶다고 말하는 걸 엿들었다. 이십 대 지인 중 하나는 최근 컬트를 테마로 생일 파티를 열었는데, 파티 장소가 뉴욕의 허드슨 밸리였다. 역사적으로 수많은 '컬트' 사건(더 패밀리*, NXIVM, 그리고 셀 수 없이 많은 마녀의 등장)이 일어난 장소이자 우드스톡

---

* '더 패밀리'라는 모호한 이름 뒤에 숨은 컬트 집단은 여럿이다. 여기에서 언급한 집단은 앤 해밀턴번Ann Hamilton-Byrne이라는 호주 출신 새디스트 요가 강사가 운영한 1960년대 뉴에이지 종말론 코뮌이다. 해밀턴번은 (알려진 바에 따르면) 자신이 메시아라고 주장했으며, 1980년대 후반 아동 십여 명을 납치하고 의례 중 LSD를 강제 흡입하게 하는 등 학대한 혐의로 체포되었다.

뮤직 페스티벌이 열리는 곳이다. 드레스 코드는 뭐였냐고? 올 화이트. 아이보리 슬립을 걸친 참가자들의 필터 사진과 영혼 없는 "웁스, 내가 귀신에 씐지는 몰랐네" 등의 문구가 내 인스타그램 피드에 넘쳐났다.

'컬트'라는 단어가 수십 년 동안 너무나 극적으로 채색되고 낭만화되어서, 내가 인터뷰한 전문가 대부분이 더는 그 용어를 사용하지 않는다. 그들은 '컬트'의 의미가 너무 광범위하고 주관적이어서 적어도 학술 문헌에서 활용하기에는 적합하지 않다고 여긴다. 1990년대까지만 해도, 학자들은 아무 문제의식 없이 이 단어를 '많은 이들이 일탈적이라고 여기는' 여느 집단을 묘사하는 데 사용했다. 하지만 사회과학자가 아니더라도 이런 표현에 깃든 편견을 충분히 눈치챌 수 있다.

일부 학자들은 '컬트'의 범주를 조금 더 구체적이고 정확하게 규정하려고 노력했다. 강력한 지도자, 정신을 조종하는 행동, 성적·재정적 착취, 구성원이 아닌 사람에 대한 적대감, 결과로서 과정을 정당화하려는 철학 등이 그것이다. 앨버타대학교의 사회학 교수 스티븐 켄트Stephen Kent는 '컬트'가 일반적으로 어느 정도 초현실적인 믿음을 가진 집단에 적용되어 왔지만, 항상 그런 건 아니라고 덧붙였다. (천사와 악마가 화장품 피라미드 사기에 연루될 일은 잘 없을 테니까 말이다. 아예 없는 건 아니지만…… 4부에서 더 자세히 이야기하겠다.) 그러나 켄트는 이 모든 방침의 결과는 결국 같다고 말한다. 바로 책임을 면피하는 지도자가 그 구성원을 착취할 수 있도록 하는, 헌신 위에 구축된 권력 불균형, 영웅 숭배, 그리고 절대적인 신뢰다. 이런 신뢰가 유지될 수 있는 것은 구성원들이 지도자만이 특별하게 초월적 지혜에 접근할 수 있고, 그 힘으로 현세와 내세에서 보상과 형벌을 내릴 수 있다고 진심으로 믿기 때문이다. 내가 진행한 여러 인터뷰를 바탕으로 보면, 대중들이 '진짜 컬트' 혹은 '컬트의 학문적 정의'로 여기는 것은 바로 이런 특성들인 듯하다.

그러나 사실 '컬트'에는 공식적인 학문적 정의가 없다. 샌디에이고주립대학교 종교학 교수 리베카 무어Rebecca Moore는 전화 인터뷰에서 그 이유가 "컬트라는 단어가 본질적으로 경멸의 의미이기 때문"이라고 밝혔다. "마음에 들지 않는 집단을 묘사하기 위해 쓰이죠." 컬트에 관한 논의에서 무어의 위치는 특별하다. 그의 두 자매가 존스타운 대학살 당시 사망했기 때문이다. (사실, 짐 존스는 사건을 마무리 짓는 데 두 사람을 동원했다.) 그러나 무어는 자신이 '컬트'라는 단어를 사용하지 않는 건 그 자체가 이미 명백한 편견을 내포하고 있기 때문이라며 다음과 같이 설명했다. "누군가 컬트라는 말을 쓰면, 우리는 독자로서든, 청자로서든, 혹은 개인으로서든 곧바로 해당 집단에 대해 어떤 관점을 취해야 하는지 알게 됩니다."

마찬가지로, 미디어에서 끊임없이 떠들어 대는 '세뇌'라는 단어도 내가 이 책을 쓰기 위해 인터뷰한 모든 전문가가 피하거나 거부하는 용어다. "군인이 다른 사람을 죽이라고 세뇌당했다 할 수는 없죠. 그건 기본 훈련이니까요." 무어가 설명했다. "남학생 클럽 회원들이 [서약자들에게] 신고식*을 하라고 세뇌당하지도 않고요. 그건 동료 집단의 압력 때문입니다." 사람들은 대개 '세 뇌'를 말 그대로 받아들여 컬트 사상을 주입하는 과정에서 실제 로 신경의 재배치가 이루어진다고 생각한다. 하지만 세뇌는 비유 적 표현일 뿐이다. 어디에도 객관성은 없다.

존스타운에서 무어의 두 자매가 수행한 역할을 보면, 무어야 말로 세뇌를 문자 그대로 믿어도 이상할 게 없다. 그러나 그는 여 전히 그 개념에 반대한다. 그 이유는 첫째, 세뇌가 스스로 생각할 수 있는 인간의 실재하는 능력을 간과하기 때문이다. 인간은 의 사결정 능력이 너무 취약한 나머지 언제든 깨끗이 쓸려 나갈 수 있는 무력한 수벌들이 아니다. 무어의 말에 따르면, 세뇌가 정말 가능하다면 "우리는 훨씬 위험한 사람들이 범죄 계획을 세우며 돌아다니는 걸 보게 될 것"이다. 간단히 말해, 누군가가 절대 믿 을 마음이 없는 대상을 뇌를 '세척'하는 악마적인 기술을 사용해

* 재미있는 일화가 하나 있다. 1959년, 남부 캘리포니아의 한 컬트 집단이 희한한 신 고식을 거행했다. 조직에 가입하려는 남성들은 헌신을 증명하기 위해 돼지 머리, 갓 꺼 낸 뇌, 생간으로 구성된 끔찍한 뷔페 음식을 삼켜야 했다. 리처드라는 젊은 신입은 도 전을 완수하려고 애쓰며 계속해서 입에 든 것을 게워 냈지만, 일원이 되려는 열망으로 마침내 음식을 삼키는 데 성공했다. 그러자 상당한 양의 간 덩어리가 그의 기관지에 끼 어 호흡을 막았고, 병원에 도착했을 때 그는 이미 사망한 상태였다. 그럼에도 그 누구 도 기소되지 않았는데, 사실 이 집단이 '컬트'가 아니라 서던캘리포니아대학교의 남학 생 클럽이었기 때문이다. 남학생 클럽은 그저 수많은 서약자 신고식을 집행하고 있었 을 뿐이었다.⁴ 이들의 신고식은 웬만한 대안 종교보다 훨씬 역겹고, 기이하고, 치명적이 며 상당한 양의 토사물을 (그리고 다른 체액을) 초래한다.

억지로 믿게 만들 수는 없다는 뜻이다.

두 번째 이유는, 세뇌가 검증할 수 없는 가설이기 때문이다.[5] 어떤 가설이 표준의 과학적 방법 기준을 만족시키려면, 논쟁의 여지가 있어야 한다. 즉, 거짓으로 증명될 가능성이 있어야 한다는 말이다. (예를 들어, 물체가 광속보다 빠른 속도로 움직이기 시작하면, 아인슈타인의 특수상대성 이론은 거짓이 된다.) 그러나 세뇌가 존재하지 않는다고 증명하는 일은 불가능하다. 누군가 '세뇌되었다'라고 말하는 순간, 대화는 끝난다. 그 사람이 왜 그런 행동을 했는지 탐구할 여지도 사라진다. 더 중요한 질문을 던질 수 없게 되는 것이다.

선거 후보자 지지자부터 비건 활동가까지, 누군가를 묘사하기 위해 '컬트'와 '세뇌'라는 용어를 쓰는 일은 일종의 심리적 만족감을 준다. 한 무리의 사람들을 '세뇌당한 컬트 추종자'라고 부르는 일이야말로 우리가 놓치고 싶지 않은, 원인은 생각하지 않고 심리적으로나 도덕적으로 우월하다고 느낄 기회이기 때문이다.

이런 부정적인 선입견은 모든 '컬트'가 실제로 타락하거나 위험하진 않기 때문에 특히 유해하다.[6] 사실, 통계학적으로 보면 위험한 컬트는 드물다. (우리의 런던정치경제대학교 사회학자) 바커는 '컬트'로 묘사되었거나 묘사될 수 있는 대안 집단을 수천 개 이상 기록했는데, 이 중 대부분은 어떠한 범죄 활동에도 연루되지 않았다고 밝혔다. 무어와 바커는 비주류 공동체는 존스타운이나 헤븐스 게이트처럼 끔찍한 짓을 저질러야만 명성을 얻는다는 사실에 주목한다. (심지어 이 두 집단도 처음부터 살인과 혼란을 염두에 두지는 않았다.[7] 짐 존스의 권력욕이 커지면서 상황이 악화했지만, 존스타운은 원래 통합주의 교회로 시작했다. 대부분의 '컬트'는 절대 그만큼 파국으로 치달을 일이 없다.) 스캔들의 무한 루프가 만들어지는 것이다. 가장 파괴적인 컬트만이 이목을 끌면 우리는 모든 컬트가 파괴적이라고 생각하고, 동시에 파괴적인 집단만을 컬트라고 인정하고, 그럼 다시 파괴적인 컬트가 더욱 유명해지고, 악명은 높아지고…… 이런 식으로 끝없이 이어진다.

또 다른 문제는 '컬트'라는 표현이 사회가 승인하지 않는 종교를 쓰레기 취급하는 데 너무 자주 이용된다는 점이다. 가장 역사가 깊은 종파 중 많은 것들이(가톨릭, 침례교, 모르몬교, 퀘이커교, 유대교 및 대부분의 토착 아메리카 종교) 미국에서 한때는 신성모독으로 여겨졌다. 이 나라가 종교의 자유 위에 세워졌음에도 말이다. 오늘날에도 (억압적이든 아니든) 여호와의 증인에서 위카Wicca에 이르기까지 미국의 많은 대안 종교들이 대부분 '컬트'로 인식된다. 중국 정부는 인내와 명상을 통한 연민을 추구하는 평화로운 교리에도 불구하고, 신흥 종교인 파룬궁을 불경한 컬트라고 강력히 비난하고 있다. 바커는 또한 대부분 국민이 가톨릭 신자인 벨기에의 공식 보고서에서 (그렇게나 차분한 종교인데도) 퀘이커교를 '컬트'(실제 단어는 'secte'*였다. 프랑스에서 'culte'라는 단어는 중립적인

---

*   역주: 이단을 뜻하는 프랑스어 단어.

의미로 남아 있기 때문이다)라고 비난한 사실을 눈여겨보다.[8]

전 세계적으로 종교 집단이 정당하다고 인식되는 데에는 여전히 문화적 규범성이 지대한 영향을 미치고 있다. 종교가 더 건전한 다른 집단보다 기이하고 해로운 가르침을 설파한다고 해도 말이다. 중요한 영적 지도자 가운데 손에 피 한 방울 안 묻힌 사람이 과연 존재할까? 종교학자 레자 아슬란Reza Aslan의 저 유명한 말처럼, "종교학 연구에서 가장 우스운 점은 컬트+시간=종교라는 점이다".[9]

미국에서 모르몬교와 가톨릭은 우리의 승인 도장을 받을 만큼 오랜 시간 자리를 지켰다. 그렇게 종교의 지위를 얻은 덕에 두 종교는 일정 수준으로 존중받고, 무엇보다도 수정헌법 제1조에 의해 보호받는다. 법적인 보호라는 이 변수 때문에, 무엇인가를 '컬트'로 명명하는 일은 단순한 가치판단이 아니라 실제로 생사를 가르는 척도가 된다. 노스이스턴대학교의 미국 대안 종교 연구자 메건 굿윈Megan Goodwin의 말을 인용하자면, "어떤 것을 이단cult으로 명명하는 일의 정치적 파급효과는 실재하며 종종 폭력적이기도 하다".[10]

어떤 파급효과가 있을까? 존스타운 사례만으로도 충분하다. 언론이 존스타운 희생자들을 '이단자들cultists'이라고 규정하자, 이들은 곧장 인간 이하의 존재로 격하당했다. "이를 통해 대중은 더 쉽게 그 비극과 희생자들로부터 거리를 두며 그들을 유약하고, 어리석으며, 삶을 제대로 살지 못했고 죽은 뒤에도 존중할 가치가 없는 존재라고 일축했다."[11] 존스타운 사건에서 영감을 얻은 소설 『뷰티풀 레볼루셔너리Beautiful Revolutionary』를 출간한 로라 엘리자베스 울레트Laura Elizabeth Woollett는 이렇게 썼다. "시신은 부검조차 되지 않았다. 유족들은 친척의 시신을 제때 인도받지 못했다."

'컬트 추종자' 악마화가 초래한 가장 큰 비극은 악명 높은 1993년 웨이코 포위전 당시 희생된 다윗교 신도들의 사례다. 1959년 창립된 다윗교는 제칠일안식일예수재림교회에서 유래한 종교 단체였다. 교세가 가장 강했던 1990년대 초 신도는 백여 명이었는데, 이들은 텍사스 웨이코에 있는 은신처에 모여 살면서 예수 그리스도의 재림을 대비하고 있었다. 지도자였던 데이비드 코레시David Koresh는 (유아론적인 신흥종교 지도자들이 대개 그러하듯) 자신이 예언자라고 주장했으며, 추종자들을 가혹하게 다스렸다. 당연히 걱정에 휩싸인 가족들은 FBI에 급히 도움을 요청했고, FBI는 1993년 2월 다윗교 건물을 습격했다. 소총과 탱크, 최루탄으로 무장한 요원 수십 명이 '세뇌당한 컬트 추종자들'을 '구출'하기 위해 속속 도착했으나, 진압 작전은 계획대로 흘러가지 않았다. 51일 동안 대치가 이어졌고, FBI 요원 수백 명이 추가 투입되어 최루가스로 타깃들을 은신처 밖으로 몰아낸 다음에야 상황이 마무리되었다. 혼란 속에서 불길이 번졌고, 80명가량의 다윗교 신도가 사망했다.

코레시에게 잘못이 없다는 게 아니다. 그는 광적이고 폭력적이었으며(그가 불을 질렀을 가능성도 있다), 그의 독선은 수많은 사상자를 내는 데 일조했다. 그러나 '컬트'라는 단어를 둘러싼 공포도 마찬가지 역할을 했다. 만약 FBI가 수정헌법 제1조의 수호를 받는, 사회적으로 인정받는 종교를 대상으로 그처럼 과도한 폭력을 행사했다면 후폭풍은 훨씬 더 거셌을 것이다. 반면, 다윗교 은신처에 대한 FBI의 공격은 법적으로 승인되었을 뿐 아니라 사회적으로도 용인되었다. "종교는 헌법으로 보호되는 범주입니다. (…) 웨이코의 다윗교를 이단으로 규정함으로써 국가의 보호 바깥에 둔 것이죠." 뉴올리언스 로욜라대학교의 종교학자 캐서린 웨싱어Catherine Wessinger의 설명이다. 다윗교 신도를 '구출하러' 간 FBI가 대신 그들을 사살했을 때도 대다수 미국인은 상관하지 않았다. 다윗교는 교회가 아니라 '컬트'였기 때문이다. 아, 독실한 체하는 의미론이여.

1999년의 고전적 연구에서, 스탠퍼드의 저명한 심리학자 앨버트 반두라Albert Bandura는 인간 피험자들에게 '동물'과 같은 비인간적 명칭이 부여되었을 때 실험 참가자들이 전기 충격을 가하는 등 피험자들을 해칠 의향이 더 커진다는 것을 밝혀냈다. '컬트'라는 명칭도 비슷한 역할을 하는 듯하다. 컬트라고 불렸거나 불릴 수 있는 집단이 전부 위험하지 않다는 의미가 아니다. 많은 컬트 집단이 실제로 위험하다. 그러나 '컬트'라는 단어 자체가 다양한 감정을 불러일으키고 해석의 여지가 많으므로, 그 명칭 자체로서는 해당 집단이 위험한지 판단할 수 있는 충분한 정보를 제공하지 않는다는 말이다. 그러므로 더 자세히 들여다보고, 더 구체적으로 접근해야만 한다.

비주류 영성 공동체를 덜 편향된 방식으로 논하기 위해, 많은 학자가 '신흥종교'나 '신진emergent 종교', 혹은 '소외marginalized 종교'처럼 중립적인 명칭을 사용해 왔다. 이런 표현은 학문적 맥락에서는 문제없이 쓰이지만, 크로스핏이나 다단계 마케팅 회사, 대학 연극 과정을 비롯해 영향력 스펙트럼 속에서 명확히 분류하기 어려운 대상을 묘사하기에는 충분하지 않다. 우리에게는 어떤 면에서 컬트와 비슷하면서도 반드시 초자연적이지는 않은 공동체를 설명하기 위한 더 다양한 표현이 필요하다. 내가 '컬트적cultish'이라는 단어를 좋아하는 이유다.

V

나는 어릴 때부터 모든 '컬트'에 매혹되었다. 주로 아버지의 영향이었다. 아버지는 어릴 때 강제로 컬트 집단에 가입해야만 했다. 나의 아버지 크레이그 몬텔이 열네 살이던 1969년, 그의 계모와 늘 부재했던 아버지는 당시 꽃피우던 반문화 운동에 몸담기로 마음먹었다. 이에 따라 어린 크레이그와 갓난아이였던 두 이복동생은 샌프란시스코 외곽에 멀리 떨어진 사회주의자 코뮌 시나논으로 보내졌다. 시나논은 1950년대 후반 중증 마약 중독자*

---

* 역주: 이들은 심각한 마약 중독자를 뜻하는 'dope fiend'라는 이름으로 불렸다.

재활 센터에서 출발했으나 이후 비중독자 '라이프스타일'을 추구하는 이들을 수용하는 곳으로 확대되었다. 시나논에서 아이들은 부모와 떨어져서 수 마일 떨어진 막사에 살았고, 누구도 밖에 나가 일을 하거나 학교에 갈 수 없었다. 일부 구성원은 강제로 삭발해야 했고, 많은 기혼 커플이 분리되어 새 파트너를 배정받았다. 무엇보다도, 시나논 정착촌의 모든 사람은 예외 없이 '게임'을 해야만 했다.

게임은 매일 저녁 회원들이 소그룹으로 모여 동료로부터 몇 시간이고 악의적인 인신공격을 당하는 일종의 의식이었고, 시나논의 핵심이었다. 사실 시나논에서의 삶은 두 가지 의미론적 범주로 나뉘었다. *게임 안의 삶과 게임 밖의 삶*. 이처럼 구성원들을 대립시키는 일은 마치 그룹 치료처럼 포장되었지만, 사실상 사회 통제 방식이었다. 즐거운 점은 전혀 없고, 적대적이고 굴욕적이었음에도 '게임'이라고 불린 것이다. 컬트 집단에서 이처럼 극단적인 '진실 게임' 활동은 그리 드물지 않다. 짐 존스 역시 '패밀리 미팅' 혹은 '카타르시스 미팅'이라고 이름 붙인 비슷한 의식을 주관했다. 모든 구성원이 수요일 밤마다 모母교회에 모였고, 어떤 식으로든 집단에 해를 입힌 사람이 무대 위로 불려 나왔다. 가족과 친구들은 대의를 향한 더 높은 충성심을 증명하고자 그를 격렬히 비방했다. (2부에서 더 자세히 다룬다.)

아버지가 이야기해 준 시나논 이야기는 나의 심지에 불을 붙였다. 아버지는 열일곱에 탈출해 왕성히 활동하는 신경과학자가 되었고, 지금은 어려운 질문을 던지고 매 순간 증거를 찾아내는 일을 하고 있다. 아버지는 늘 주저 없이 이야기를 들려주었다. 아버지가 시나논의 암울한 거처와 순응적인 환경, 그곳에서 만난 열다섯 살 아버지에게 코뮌 의학연구실을 운영하는 일을 맡긴 생물학자 이야기를 반복하고 또 반복한 덕에 나의 끝없는 호기심이 충족될 수 있었다. 시나논 외부의 또래들이 풋사랑 다툼과 SAT 준비로 전전긍긍하고 있을 때, 아버지는 면봉으로 구성원들의 목구멍을 긁고 식료품 담당자의 손가락을 찔러 결핵균을 검사하고 있었다. 경험 논리의 규칙이 적용되는 시나논 근거지에서, 연구실은 아버지의 유일한 안식처였다. 역설적이지만 바로 이곳에서 아버지는 과학에 대한 열정을 발견했다. 폐쇄적인 시스템 바깥 교육에 대한 갈망과 대학 진학에 필요한 합법적 학위 취득의 열망으로, 아버지는 흰 실험실 가운을 입고 있지 않을 때면(혹은 게임에 참여하지 않을 때면) 몰래 정착촌을 빠져나가 샌프란시스코에 있는 인가받은 고등학교에 다녔다. 시나논에서 그렇게 한 아이는 아버지뿐이었다. 아버지는 조용히 지내다가 레이더망을 피해 도망쳤으며, 스스로 모든 것을 파헤쳤다.

어린 시절부터 아버지의 시나논 이야기에서 유독 나를 사로잡은 건 집단의 특수한 언어였다. '게임 안'이나 '게임 바깥' '러브 매치(결혼)' '그런 것처럼 행동하라(Act as if, 절대 시나논에 의문을 제기하지 않아야 하며, 진정으로 그렇게 하게 될 때까지는 그런 것처럼 행동해야 한다)' '시범자demonstrators'와 'PODs'(parents on duty, 아이들의 '학교'와 막사를 돌보기 위해 무작위로 순환 근무하는 성인들)를 비롯한 수많은 용어. 이 흥미로운 어휘들은 시나논 세계를 들여다볼 수 있는 가장 명확한 창이었다.

과학자 부모 밑에서 자란 나는 기질과 양육 방식, 시나논 이야기가 혼재되어 나를 의심 많은 사람으로 만들었다고 생각한다. 아주 어릴 때부터, 나는 컬트적으로 들리는 수사법에 매우 민감한 동시에 그 힘에 매혹되었다. 중학교 때 가장 친했던 친구의 어머니는 거듭난 기독교인이었는데, 나는 때때로 히브리 주일학교를 빼먹고 친구네 가족을 따라 대형 복음주의 교회에 갔다. 그 교회의 교인들이 말하는 방식만큼 나를 황홀하게 만드는 건 없었다. 건물 안에 발을 들여놓자마자, 모두가 복음주의 방언에 빠져들었다. 그건 킹제임스 성경의 영어가 아니었다. 현대적이고 독특한 언어였다. 나는 신도들이 나를 대하는 방식에 차이가 있는지 알아보기 위해 예배에 참석할 때마다 그 교회에서 통용되는 용어들을 활용하기 시작했다. 나는 '심장으로('마음으로'와 같은 말이다)' '누군가를 끌어안다(사랑을 표현하다)' '말씀 안에(성경을 읽는 것)' '거짓의 아버지(사탄, '세상을 지배하는' 악)' 그리고 '선고받은(뭔가를 행하도록 거룩한 감동을 받다)' 등의 표현을 익혔다. 마치 회원제 클럽하우스의 암호 같았다. 이런 특별한 용어들은 모두 평범한 영어로도 전달할 수 있는 의미를 지녔지만, 적재적소에 사용하기만 하면 집단의 승인을 얻을 수 있는 열쇠의 역할을 했다. 나는 곧장 그들의 일원으로 여겨졌다. 언어가 곧 암호이자 연막, 진실의 물약이었다. 실로 강력한 힘이었다.

사람들의 행동과 신념에 영향을 미치기 위해 특별한 언어를 고안하는 일이 그토록 효과적인 이유는 꽤 단순하다. 말은 우리가 가장 먼저 바꿀 준비가 되어 있으면서도…… 마지막으로 포기하는 대상이기 때문이다. 삭발하거나, 코뮌으로 이주하거나, 하다못해 옷차림을 바꾸는 것과 비교해도 새로운 용어를 사용하는 일은 더 즉각적이며 (겉보기에는) 큰 헌신이 필요하지 않다. 당신이 궁금증을 못 이겨 영성 행사에 참석했다고 생각해 보자. 주최자가 사람들에게 반복적으로 주문을 외우라고 시킨다. 아마 당신도 틀림없이 따라 하게 될 거다. 처음에는 어색하고 주위의 압박 때문이라고 느끼겠지만, 평생 모은 재산을 내놓으라거나 다른 사람을 살해하라고 요구한 것도 아니지 않은가. 위험해 봤자 얼마나 위험하겠나? '컬티시' 언어는 매우 효율적으로 (눈에 보이지 않게) 작동해 우리의 세계관을 구루의 틀에 맞추기 때문에, 한번 우리 안에 인식되면 꼼짝하지 않는다. 다시 머리를 기르든, 집으로 돌아가든, 앱을 지우든, 무슨 짓을 해도 특별한 단어들만은 사라지지 않는다. 2부에서 우리는 1990년대 '자살 컬트' 헤븐스 게이트의 생존자 프랭크 라이퍼드를 만날 것이다. 그는 헤븐스 게이트에서 탈출하고 그 신념 체계를 부정한 지 25년이 지난 지금도 전 지도자 두 명을 그들이 부르던 수도자명 시Ti와 도Do로 지칭하고, 집단 자체는 '교실'이라고 부르며, 구성원들의 끔찍한 운명을 '지구를 떠난다'라는 완곡어법으로 표현한다. 20년도 전에 배운 그대로다.

이 책을 쓰겠다고 마음먹은 건 제일 친했던 대학 친구가 술을 끊겠다고 'AA(Alcoholics Anonymous, 익명의 알코올 중독자들)'이란 모임에 가입한 뒤의 일이다. 당시 3000마일 떨어진 곳에 살던 우리는 한 해에 몇 번 만나지 못했다. 그래서 나는 그가 AA에 얼마나 열중해 있는지는커녕 어떻게 지내고 있는지도 잘 몰랐다. 술을 완전히 끊은 그를 처음으로 방문할 때까지는. 그날 저녁, 식사를 어떻게 할지 고민하고 있는데 다음과 같은 문장이 그의 입에서 쏟아져 나왔다. "종일 *HALT* 상태야! 직장에서 *분노를 얻었지만,* *미래 여행*은 하지 않으려고 노력 중이야. 으으, 그냥 식사에나 집중하자. AA에서 말하는 것처럼, *중요한 것부터 먼저*First things first!"

나는 그가 머리 셋 달린 괴물이라도 되는 것처럼 바라보았다. "HALT?" "미래 여행?" "분노를 얻어?" 대체 뭔 소리를 하는 거야?* AA에서 3개월을 보내고 나더니, 들숨 날숨의 의미도 알아차릴 만큼 나와 가까웠던 사람이 갑자기 외국어를 하고 있었다. 나는 거기에 즉각 반응했다. 타샤 사마르가 사막에서 찍은 옛 사진을 봤을 때 느낀 그 직감, 시나논 정착지에 첫발을 디딘 아버지

---

* 나는 곧 다음과 같은 사실을 배웠다. 'HALT'는 배고프고Hungry, 화나고Angry, 외롭고Lonely 피곤한Tired 상태를 말한다. '미래 여행'은 자신이 통제할 수 없는 잠재적인 사건에 대해 스트레스를 받는 것을 말한다. '분노를 얻다'는 타인에 대한 경멸에 휩싸인 상태를 일컫는다. "중요한 것부터 먼저"는 소위 AA의 클리셰로, 보는 그대로의 뜻이다. 확실히 이런 용어들은 상당히 효과적인 표어다(AA의 영리한 단어사전에 들어 있는 다른 많은 말장난처럼).

가 보인 그 반응과 같은 것이었다. 존스타운 생존자 한 명이 내게 말한 적이 있다. "컬트가 포르노와 같다고들 말하죠. 보면 바로 알게 된다고요." 당신이 나와 같다면, 보는 게 아니라 듣는 순간 알게 된다. 독자적인 언어가 가장 중요한 단서였다. AA는 물론 시나논이 아니고 친구의 삶은 더 나은 방향으로 나아가고 있었지만, AA가 그의 어휘를 정복했다는 사실을 모른 체할 수는 없었다.

그러나 직감은 사회과학이 아니다. 게다가 당시 나는 AA가 실제로 '컬트'라는 걸 '알지' 못했다. 하지만 뭔가 강력하고 신비로운 일이 일어나고 있는 건 분명했다. 더 자세히 살펴야만 했다. 이해해야만 했다. 어떻게 AA의 언어가 그처럼 빠르게 내 친구를 사로잡았을까? 선하든 악하든 검증되지 않은 지도자가 이끄는 열성적인 이데올로기 집단에 사람들이 푹 빠지는 데 언어는 무슨 역할을 할까? 어떻게 사람들이 그 소용돌이 속에 남아 있도록 하는 걸까?

내가 이 프로젝트를 시작한 건 여느 사람들처럼 컬트 도시 전설을 수집하려는 비뚤어진 마음 때문이었다. 하지만 곧 언어와 권력, 공동체, 신념을 가로지르는 관계성을 찾아내면 이 불안한 시대를 살아가는 사람들이 보이는 광적인 행동의 합당한 원인을 밝혀내는 데 도움이 될 거라는 명백한 사실을 알게 됐다. 다단계 사기가 페미니스트 스타트업 행세를 하고, 가짜 무속인들이 잘못된 건강 정보를 퍼뜨리고, 온라인 증오 단체가 새 회원에게 급진적인 생각을 주입하고, 아이들이 좋아하는 브랜드를 변호하겠다고 문자 그대로 서로 죽이겠다는 위협을 전송하는 이런 시대에 말이다. 스물여섯 살 소울사이클러 채니는 로스앤젤레스 하이프 비스트 샘플 세일에서 마지막 남은 스니커즈 한 켤레 때문에 한 십 대가 다른 십 대에게 총을 겨누는 장면을 목격한 이야기를 해 주었다. "다음 십자군전쟁은 종교가 아니라 소비지상주의 때문에 일어날 거야." 채니가 말했다. 우버 vs 리프트. 아마존 vs 아마존 불매운동가. 틱톡 vs 인스타그램. 태라 이저벨라 버턴이 한 말이 딱 맞다. "컬트와 종교 사이의 경계선이 이미 매끈해졌다면, 종교와 문화 사이의 경계에는 아직도 구멍이 많다."[1]

아름다운 동시에 속이 뒤틀리는, 잊을 수 없는 사실은 당신이 스스로 얼마나 컬트포비아라고 정의하든, 우리가 어딘가에 속하면 그 사실이 우리를 정의한다는 점이다. 당신이 방언으로 대화하는 오순절파 가정에서 태어나, 열여덟에 집을 떠나 쿤달리니 요가에 심취했다가 대학을 졸업하자마자 영혼까지 빨아먹는 스타트업에 끌려가고 작년에는 AA 정회원이 된 사람이든, 그저 5초 전에 단순한 스킨케어 제품이 아니라 "순환의 일부"가 되기 위한 "가치를 매길 수 없는 기회"라는 타깃 광고를 클릭한 사람이든 관계없다. 집단에 소속되는 것은—때로는 심오하고 영속적인 의미가 있는 일이다—우리가 삶을 살아 나가는 기반을 구성한다. 다시 말하지만, 우린 그렇게 태어났다. 우리가 자주 간과하는 사실은 그 기반을 이루는 재료, 우리의 현실을 직조해 내는 바로 그 재료가 언어라는 점이다. "우리는 언제나 이미 알고 있는 것을 설명하기 위해 언어를 사용했다." 2007년 저서 『위험한 말Dangerous Words』에서 영어학자 게리 이벌리Gary Eberle가 말했다. "하지만 더 중요한 사실은, 아직 모르거나 이해하지 못한 것에 닿기 위해서도 언어를 사용한다는 사실이다."[2] 우리는 말로 현실에 숨을 불어넣는다.

수행성 이론이라는 언어학 개념에 따르면, 언어는 단순히 우리가 어떤 사람인지 묘사하거나 반영하기만 하는 게 아니라 우리 존재를 형성한다. 말 자체에 행동을 완성하는 능력이 있어서 어느 정도 내재적 힘을 지니기 때문이다. (수행적 언어의 가장 쉬운 예는 약속, 웨딩 서약, 혹은 법적 선고를 발화하는 것이다.) 몇 번이고 반복되면서, 말은 우리의 현실을 구축하고 제약하는 유의미하고 중대한 힘을 발휘한다. 다행히도 대부분 사람의 현실 인식은 논리에 바탕을 두며 서로 비슷하다. 그러나 에일린 바커가 언급한 '공유된 이해 문화'를 형성하기 위해 주문, 기도, 특정한 표현 등 언어적 의식을 사용하는 집단에 소속된다면, 현실 세계로부터 유리될 수 있다. 알아차리지도 못하는 사이에 우리 자신에 대한 이해와 우리가 진실이라고 믿는 것이 집단 혹은 지도자에 의해 결정되는 것이다. 모두 언어 때문에 일어나는 일이다.

이 책에서는 다양한 컬트와 그 미심쩍은 어휘의 넓은 스펙트럼을 탐구해 볼 것이다. 악명을 떨칠 만큼 끔찍한 것부터 겉으로는 무해한 공동체까지(어쩌면 우리는 이들이 얼마나 컬트적인지 깨닫지 못하고 있는지도 모른다) 말이다. 이야기의 범주를 통제할 만한 수준으로 유지하기 위해(안 그랬다가는 각양각색의 '컬트'에 관해 인터뷰하는 데 내 평생을 바쳐야 할 수도 있으니까 말이다), 미국 내 집단을 주로 다룬다. 각 부는 서로 다른 '컬트' 분야를 다루는 동시에, 컬트적 수사가 어떻게 우리의 일상에 스며드는지 살펴볼 것이다. 2부는 존스타운이나 헤븐스 케이트처럼 악명 높은 '자살 컬트'를, 3부는 사이언톨로지나 하나님의 자녀파처럼 논쟁적인 종교를, 4부는 다단계 마케팅 회사[MLM], 5부는 '컬트 피트니스' 스튜디오, 6부는 소셜미디어 구루를 다룬다.

우리가 매일 듣고 사용하는 말은 어느 집단이 건전한지, 해로운지, 양쪽 다인지, 그리고 우리는 어느 정도까지 그 집단에 소속되고자 하는지 판단하는 단서가 된다. 이 책에는 흥미로운 (그리고 흥미롭게도 친숙한) '컬티시', 즉 컬트의 언어를 향한 모험이 담겨 있다.

그럼, 수많은 컬트 지도자처럼 시작해 보겠다. 함께 갑시다. 날 따라오세요…….

2부

축하합니다, 인간 너머의 차원으로 진화하도록 선택되셨습니다

I

"쿨에이드를 마신다."

당신도 아는 말이다. 일상의 관용어구로 완전히 자리 잡은 이 표현은, 영어를 사용하는 사람의 삶에 적어도 수십 번은 등장했을 거다. 나만 해도 바로 지난주 누군가 이 표현을 사용하는 걸 들었다. "쿨에이드 마신 것 같다니까." 옅은 미소를 띠고 요즘 핫한 샐러드 체인점 스위트그린에 대한 열정을 무심히 털어놓은 뒤, 그는 퀴노아를 포장해 자리를 떴다.

나 역시 '호랑이도 제 말 하면 온다' '정곡을 찌른다' 혹은 '뚝배기보다 장맛' 같은 익숙한 속담처럼 '쿨에이드를 마신다'라는 표현을 습관처럼 쓰곤 했다. 그 유래를 알기 전까지는 말이다.

오늘날, '쿨에이드를 마신다'는 주로 생각 없이 대세를 따르거나 정신 상태가 의심되는 사람을 묘사하기 위해 쓰인다. 2012년 《포브스》는 비즈니스 리더들이 사용하는 '가장 짜증나는 클리셰'

로 이 표현을 꼽기도 했다.[1] 빌 오라일리는 자신을 비판하는 사람들을 비난하기 위해 이 표현을 빌려 청취자들에게 "그 쿨에이드 사람들이 돌아 버렸어요"라고 말했다. 심지어 "응, 결국 펠로톤 실내자전거 사 버렸어. 나 쿨에이드 마셨나 봐!" 혹은 "걔 라디오헤드에 집착해. 90년대에 쿨에이드 마셨거든" 등의 소소한 자기비하 농담에서도 이 표현을 찾아볼 수 있다. (스위트그린 관련 발언도 마찬가지다.)

대부분은 눈 하나 깜짝하지 않고 쿨에이드를 마셨다고 말하지만, 사태의 심각성을 파악한 사람들도 있다. 일흔한 살 팀 카터는 이 표현이 "영어에서 가장 추악한 말"이라고 묘사한다. 샌프란시스코에서 걸려 온 긴 통화에서 팀은 아무리 빨리 말해도 혐오감을 떨쳐낼 수 없다는 듯 쉴 새 없이 말을 이었다. "사람들은 자기가 무슨 말을 하는지도 모르는 겁니다." 수십 년 전, 팀의 오랜 이웃 오델 로즈도 《워싱턴포스트Washington Post》와의 인터뷰에서 비슷한 취지의 말을 했다. "쿨에이드를 마신다느니 뭐라느니 하는 말은 정말 끔찍합니다. 정말 옳지 않은 일이에요."[2] 한때 팀과 오델 모두와 알고 지냈던 예순일곱 살 시인 테리 뷰퍼드 오셔도 마찬가지다. "그 말을 들으면 몸서리를 칩니다."[3]

팀, 오델, 테리가 '쿨에이드를 마신다'는 표현에 대해 남다른 견해를 보이는 건 세 사람 모두 1970년대 인민사원Peoples Temple의 신도였기 때문이다. 인민사원은 다양한 이름을 갖고 있었다. 회중, 운동, 라이프스타일, 농업 프로젝트, 실험, 그리고 약속된 땅.

이는 의도된 바였다. 위험한 집단들은 이름을 바꾸는 데 능숙하다. 끝없이 이어지는 새로운 명칭이 불러오는 혼란, 주의 분산, 그리고 은밀함이 그들에게 유리하기 때문이다.

인민사원은 1950년대 인디애나폴리스에서 인종 통합적인 교회로 출발했다. 그리고 10년 뒤에는 북부 캘리포니아로 근거지를 옮겨 진보적인 '정치사회 운동'이 되었다. FBI 보고에 따르면 그렇다. 그러나 인민사원이 존스타운으로 알려지며 '컬트'가 된 것은 1974년 남아메리카의 외딴곳으로 이주하면서부터다.

많은 이들이 신화화했지만 사실 제대로 알고 있는 사람은 드문 존스타운은 가이아나 북서부에 위치한 3800에이커 규모의 황량한 정착지로, 1978년 막을 내릴 당시 약 천 명이 거주하고 있었다. 존스타운은 악명 높은 지도자 짐 존스의 이름을 따서 붙여진 명칭이었다. 그 자신도 여러 이름으로 불렸는데, 집단이 아직 종교색을 띠고 있을 당시 인디애나폴리스의 추종자들은 그를 '신'이나 '목사님'이라고 불렀다(그의 생일인 5월 13일을 '목사님의 날'로 기념하기도 했다). 가이아나에 도착해 집단이 세속화되기 시작했을 무렵 짐 존스의 호칭은 한층 친근한 '아버지'가 되었다. 이후 신도들은 '왕관'으로 왕을 지칭하는 것처럼 환유법으로 그를 '오피스'라고 부르기도 했다. 말년에 짐 존스는 '창립자-지도자'라는 격식 차린 표현을 고집했다고 한다.

존스는 캘리포니아 레드우드시티의 추종자들을 가이아나로 이주시키며, 미국을 잠식하는 파시스트적 종말이라는 악에서 벗어난 사회주의 낙원을 약속했다. 가이아나를 촬영한 저화질 인쇄물 속에는 진정한 에덴이 담겨 있다. 모든 인종의 아이들이 즐겁게 뛰놀고, 부모들은 서로의 머리를 땋아 주거나 지척에 있는 야생동물과 친구가 되어 시간을 보낸다. (짐 존스의 연인 중 하나이자 최측근이었던) 스물다섯 살 마리아 카차리스Maria Katsaris가 큰부리새의 부리 끝에 다정히 손가락을 가져다 대고 미소 짓는 사진도 있다. 역사적 맥락을 차치하고 보면, 트럼프 행정부로부터 탈출한 내 진보적인 로스앤젤레스 친구 중 누굴 발견해도 이상하지 않은, 문명이 닿지 않은 소박한 엘리시움처럼 보인다. 반려 큰부리새도 그리 나쁘지 않은 생각이고.

오늘날 대다수 미국인은 존스타운에 관해 들어 본 적이 있을 것이다. 이름이 아니더라도 널리 알려진 이미지들이 있다. 정글속 공동체, 조증 상태의 설교, 독이 든 펀치, 풀밭에 쌓인 시신들. 존스타운이 이토록 유명한 것은 1978년 11월 18일 일어난 900명 이상의 추종자 살인-자살 사건 때문이다. 300명이 넘는 어린이를 포함한 희생자 대부분은 플레이버에이드라는 과일 음료 파우더로 만든 포도맛 주스에 섞인 치명적인 시안화물 혼합물과 미량의 진정제를 마시고 숨을 거두었다. '쿨에이드를 마신다'는 이 비극적인 사건에서 유래한 비유적 표현이다. 우리 사회는 당시 혼합물을 플레이버에이드가 아니라, 더 널리 알려진 상표 쿨에이드로 잘못 기억하고 있다('퍼프'나 '엔젤 소프트'도 있는데 모든 화장지를 '클리넥스'라고 부르는 것처럼 말이다). 그러나 존스타운 희생자들은 더 저렴한 저가 매장 버전의 음료를 마셨고—대부분 삼켰고, 일부는 주사했으며, 많은 이들이 본인의 의지와 상관없이—죽었다. "혁명적 자살"만이 "비인간적인 세상의 조건에 항의할 수 있는" 유일한 방법이라던 짐 존스의 극심한 압력 때문이었다.[4]

사람들이 가이아나로 향한 건 괴상한 죽음을 맞기 위해서가 아니었다. 그들은 더 나은 삶을 살고자 했다. 적절한 규모로 사회주의를 시도하고 싶었거나, 고향의 교회가 부패했거나, 인종차별적인 미국의 경찰로부터 벗어나고(많이 들어 본 이야기 아닌가?) 싶어서였다. 약속된 땅에서 짐 존스는 삶에 필요한 모든 해결책을 보장했고, 그의 말이 적절한 형태로 전달되자, 사람들에게는 그를 믿을 이유가 생겼다.

존재 자체만으로 책 수십 권의 주제가 된 짐 존스 덕에, 이제는 우리가 위험한 구루의 상징으로 인식하는 모든 고전적인 특징들이 널리 알려졌다. 표면적으로는 예언자적인 정치 혁명가였던 그의 본모습은 광적이고 거짓된, 편집증적인 나르시시스트였다. 이런 이야기가 늘 그렇듯, 추종자들이 이 사실을 깨달았을 땐 너무 늦은 뒤였다. 처음에는 그의 모든 것을 사랑할 수밖에 없었다고, 한 명 이상의 생존자가 내게 말했다.

인디애나에서 나고 자란 짐 존스는 이십 대에 처음으로 그곳에 교회를 설립했을 때만 해도 전도유망한 목사였다. 완고한 인종차별 철폐주의자였던 그와 아내는 인디애나주에서 처음으로 흑인 아이를 입양한 백인 부부였으며, 곧 집안은 비백인 아이들로 왁자지껄해졌다. 존스는 자기 가족을 '무지개 가족'이라고 불렀는데, 이는 존스가 교회에서뿐 아니라 사적 영역에서도 인종주의를 철폐하려는 노력을 이어 갔다는 인상을 심어 주었다.[5]

진보적이고 경건한 것만이 존스가 가진 이미지 전부는 아니었다. 그는 미남이기도 했다(젊었을 때는 엘비스 프레슬리를 빼닮았다). 개인적으로 나는 그의 매력을 모르겠지만 말이다. (나처럼 생각하는 사람은 소수겠지. 하지만 존스의 우락부락하고 만화 캐릭터 같은 모습을 보면 언제나 〈백 투더 퓨처Back to the Future〉의 건달 비프 태넌이 떠오른다.) 잔혹한 범죄자에게 매료되는 하이브리스토필리아가 실재한다는 건 알지만,[6] 정신 나간 살인자는 그다지 내 취향이 아닌 듯하다. 존스나 테드 번디, 찰스 맨슨은 모두 열광적인 지지자들을 이끌고 다녔다. 스탠퍼드 감옥 실험으로 널리 알려진 심리학자 필립 짐바르도Philip Zimbardo조차도 짐 존스의 거부할 수 없는 '섹스어필'에 관해 공공연히 발언한 바 있다.[7]

그러나 섹스어필은 단순히 외모의 문제가 아니라, 자신과 팬들 사이의 친밀감에 대한 환상을 빚어내는 능력이다. 존스타운 생존자들은 바로 이 점을 똑똑히 기억하고 있다. 내가 만난 모든 사람이 백인 중산층 보헤미안부터 흑인 신도들까지 모두에게 온전히 공감하는 존스의 재능과 비현실적인 매력에 관해 열성적으로 이야기했다. 그는 사회주의자가 되어 니체를 지적으로 인용하며 이십 대 샌프란시스코 진보주의자들을 홀렸고, 나이 많은 오순절파 교인들을 대할 때는 목사의 친근한 음색과 성경 구절을 활용했다. 많은 생존자가 처음 존스와 이야기를 나누었을 때 그가 자신의 인생을 속속들이 알고 있다는 인상을 받았다고 말했다. 그가 "자신의 언어"를 사용했다는 것이다. 이처럼 깊은 인정이 이후 통제로 바뀌는 것을 일부 사회과학자들은 '러브바밍love-bombing'라고 부른다.

"그는 언제든지, 어떤 신분의 누구에게라도 영향력을 발휘할 수 있었습니다."[8] 대중연설가이자 회고록 작가인 존스타운의 생존자 레슬리 와그너 윌슨이 설명했다. "성경을 인용하자마자 돌아서서 사회주의를 설파할 수 있었지요." 레슬리는 살아남아 존스타운 이야기를 들려주기 위해 많은 일을 겪어야 했다. 대학살 아침, 그는 정글로 뛰어 들어가 살아남았다. 동그란 안경을 끼고 통통한 볼을 가진, 고작 스물두 살 흑인 여성인 레슬리는 우거진 나무를 헤치며 꼬박 30마일을 걸었다. 세 살 난 아들을 침대보로 묶어 둘러업은 채였다. 레슬리의 어머니와 형제자매, 남편은 살아남지 못했다.

9년을 거슬러 올라가 보자. 홀로 여러 아이를 키우며 도움받을 길을 찾던 레슬리의 어머니가 레드우드시티에서 인민사원의 일원이 됐을 때, 레슬리는 중학생이었다. 열세 살 레슬리에게 인민사원은 곧 온 세상이었고, 존스는 목사이자 아버지였다. 그는 레슬리를 "꼬마 앤절라 데이비스"라고 불렀다.[9] 러브바밍에 대해 말해 보자면, 여전히 정체성이 형성되고 있던 십 대 시절, 급진적인 활동가이자 롤 모델의 이름으로 불리는 것은 존스를 향한 레슬리의 신뢰를 한층 강화했다. 존스가 별명을 부를 때마다, 레슬리의 헌신은 깊어졌다. 『하얀 밤, 검은 천국White Nights, Black Paradise』을 출간한 페미니스트 작가 시키부 허친슨Sikivu Hutchinson은 "언제나 지적인 쇼맨십이 넘쳤던 존스는 흑인 권력 운동의 불투명한 약속으로 휘청이던 젊은 아프리카계 미국인들의 혁명적인 열망을 성공적으로 조종했다"[10]라고 썼다. 레슬리는 당연히 앤절라 데이비스의 후계자가 되고 싶었다. 그가 자신의 공동체에 그러한 희망을 전해 줄 수 있으리라고 굳게 믿은 건 당연한 일이었다.

이처럼 사람들을 매혹한 것은 존스의 외모나 가족 철학, 심지어는 그의 사상이 아니라 그가 말을 활용하는 방식이었다. "그가 말하는 방식은⋯⋯ 그는 뛰어난 연설가였습니다." 레슬리가 말했다. "듣는 사람은 감동하고, 영감을 받지요⋯⋯. 저도 그저 매혹되었어요."[11] 레슬리가 사랑했던 모든 이들―사실은 존스와 전혀 닮지 않은, 밝고 가정을 소중히 여기는 사람들―이 세상 끝까지 존스를 따라온 건 신비한 초능력 덕분이 아니었다. "언어를 쓴 거예요." 또 다른 생존자가 격분해서 내게 말했다. "언어로 통제권을 얻고 휘두른 겁니다."

침례교 설교자의 억양과 열정, 아리스토텔레스 연구자의 복잡한 이론, 소박한 동화작가의 친근한 유머, 그리고 정신 나간 폭군의 흉포한 흥분까지, 짐 존스는 날카로운 수사 전략이라는 무적의 무기고를 지닌 언어 카멜레온이었다. 그는 이 무기를 휘둘러 어떤 추종자라도 끌어들이고 길들였다. 이는 가장 교활한 컬트 지도자들의 방식이다. 그들은 통합된 교리를 나타내기 위한 하나의 불변하는 어휘를 사용하지 않고, 눈앞의 개인에게 맞춰 언어를 바꾼다. "사회주의는 성경보다 훨씬 오래되었다" "자본주의 사고방식은 이미 어리석은 존재의 차원에서 취할 수 있는 가장 낮은 진동이다" 등의 인용구로 유명한 존스의 프랑켄슈타인 같은 웅변은 정치 이론과 형이상학을 동시에 언급하는 경우가 많았다.[12] "존스의 어휘는 다소 촌스럽고 편안한 수준에서 상당히 지적인 수준으로 빠르게 변할 수 있었습니다." 시인이자 레드우드시티 시절 인민사원에 몸담았던 게리 램브레브가 회상했다. "그의 어휘량은 어마어마했습니다. 믿을 수 없을 만큼 책을 많이 읽었지요. 어디서 그런 시간이 났나 모르겠습니다."

사회적 자본 구축을 위한 재빠른 어휘 교체. 언어학적으로는 존스가 코드스위칭$^{code\ switching}$*을 교활하게 활용했다거나 다양한 언어를 유연하게 교환해 사용했다고 볼 수도 있을 것이다. 악랄하지 않은 코드스위칭은 대화를 더 효율적으로 진행하기 위해 가지고 있는 모든 언어학적 자원을 활용하려는 효과적인 (그리고 대부분 무의식적인) 방식이다. 예를 들어, 대화의 상황이 바뀔 때 방언이나 언어를 전환하는 것이다. 이런 전환은 하나의 대화 안에서도 이루어질 수 있는데, 이는 특수한 분위기를 표현하거나,

---

* 역주: 부호전환이라고도 하며, 대화에서 하나 이상의 언어 혹은 방언을 교체하여 사용하는 일을 일컫는 언어학 용어다.

진술을 강조하거나, 사회적 관습을 따르거나, 특정한 정체성을 전달하기 위한 것이다. 코드스위칭은 존중이나 심지어는 생존을 위한 것일 수도 있다. 예를 들어 아프리카계 미국인 영어처럼 소수민족의 억양을 사용하는 화자의 경우, 편견의 대상이 되거나 박해받을 수 있는 상황에서 '표준 영어'로 전환한다. 한편, 앞의 경우와는 달리 코드스위칭을 통해 상대의 신뢰를 얻어 낼 수도 있다. 짐 존스의 특기가 바로 이것이었다. 친구네 대형 교회에서 복음주의자 행세를 하던 열두 살 나처럼, 하지만 훨씬 마키아벨리적인 방식으로, 존스는 모든 추종자를 그들 각자의 언어 수준에 맞추어 대하는 데 능했고 이를 통해 자신이 그들과 그들의 삶을 이해하는 유일한 존재라는 즉각적인 인상을 주었다.

어린 시절부터 존스는 마틴 루서 킹 주니어에서 (흑인 영적 지도자이자 존스의 멘토였던) 파더 디바인, 그리고 히틀러에 이르기까지 포퓰리스트 성직자와 정치인들의 흡입력 있는 연설 스타일을 주의 깊게 살폈다. 그리고 가장 효과적인 요소들을 훔쳐 존스 스타일로 살짝 변형했다. 그는 오순절파 설교자처럼 목소리를 꾸며 내는 법을 익혔고 백인이라면 알 리가 없는 표현들을 수집했다. 일부 흑인 교회 집단 내부에서 사기성 짙은 백인 텔레비전 전도사를 비판할 때 사용했던 "잭 화이트 설교자들" 같은 문구들이었다. 인민사원이 가이아나에 도착했을 때, 구성원 사분의 삼은 아프리카계 미국인이었다. 그러나 존스의 가장 최측근은 (마리아 카차리스를 포함해) 대부분 젊은 백인 여성으로 이루어져 있었다. 권력 남용의 대표적인 패턴이다. 나이 많은 남자가 최상위에 위치하고, 그의 곁에는 자신들의 백인성과 섹슈얼리티를 약간의 권력과 교환하고자 하는 매끈한 피부의 이삼십 대 여성 집단이 있다.

존스는 백인 추종자들이 특정 모임에 참여하지 못하도록 '부르주아 쌍년Bourgeois bitches'이라는 단어를 만들고 거짓된 백인 기독교인을 규탄하겠다고 '교회성churchianity'이라는 단어를 사용했다. 이렇게 정치화된 유행어를 활용함으로써 존스는 집단 내 다수이던 흑인들이 실제보다 많은 특권을 누리고 있다는 환상을 갖도록 했다. "존스는 흑인 교회를 방문해 뒷문에 서서 백여 명의 청중을 사로잡는 설교자를 바라보곤 했어요."[13] 존스타운의 생존자 로라 존스턴 콜이 회상했다. 하얗게 센 짧은 머리와 주름진 얼굴의 일흔두 살 로라는, 여전히 50년 전 짐 존스를 만나 *이 사람은 뭔가 해낼 거야*라고 생각했던 때와 똑같은 희망찬 눈을 갖고 있다. 물론 지금은 존스를 훨씬 더 정확히 바라볼 수 있다. "짐은 종교에 관심이 없었어요. 그가 설교자들을 관찰한 건 '저게 바로 내가 하고 싶은 일이야'라고 생각했기 때문이지요."

로라 존스턴 콜은 스물두 살에 시민권 활동가로서 인민사원을 찾았다. 로라는 여전히 분리정책이 시행되던 콜롬비아 특별구 교외에서 정치적으로 활발히 활동하던 진보적인 싱글맘에게서 태어났고 지척에서 인종차별을 목격하며 자라났다. 1968년, 그는 직업 활동가가 되기 위해 대학교를 중퇴하고 캘리포니아로 이주했다. "인종과 재정적·경제적 지위에 상관없이 모두가 모여 사는 공동체에서 살고 싶었어요. 내가 인민사원에 들어간 건 정치적인 이유에서였습니다." 수차례의 통화 중 로라가 말했다. 그는 사회적 평등을 갈망했고, 이를 위한 실험에 임하고자 했다. 해외에 농촌 정착지를 만들려는 존스의 계획은 가능성이 있어 보였고, 로라는 눈이 휘둥그레졌다. 그는 더플백 하나를 달랑 챙겨 서둘러 가이아나로 향했다.

우리가 살아남은 로라의 이야기를 들을 수 있는 건 대학살의 날에 그가 존스타운에 없었던 덕이다. 그는 당일 임무를 받고 가이아나의 수도 조지타운으로 보내진 운 좋은 이들 중 하나였다. 로라의 임무는 신도들의 가족으로부터 존스타운이 수상하다는 제보를 받고 조사차 방문한 캘리포니아 하원 의원 리오 라이언Leo Ryan을 마중하는 일이었다. 당시에도 여전히 열성적인 인민사원 신도였던 로라는 분명 좋은 인상을 남겼을 것이다. 그리고 대학살은 존스타운에서 동쪽으로 150마일 떨어져 있던 로라를 완전히 비껴갔다. 당신은 아마 누군가 그런 사건을 가까스로 피하고 나면 외딴 유토피아에 틀어박히리라 생각하겠지만, 바로 2년 뒤인 1980년, 로라는 또 다른 집단에 들어간다. 그로부터 8년 전 내 아버지가 빠져나온 바로 그 집단, 시나논이었다.

악명 높은 두 컬트 집단에 소속되었었음에도, 나와 대화할 때 로라는 침착하고 분별력 있었다. 교양학부를 같이 다녔던 여학생들이 떠오를 만큼 에너지 넘치고 호기심 많은 사람이었다. 로라는 내게 인기 많은 학생이었던 어린 시절과 안정적인 가족, 부엌에서 블랙팬서당* 모임을 개최한 일, 공동체 생활에 대한 애정에 관해 이야기했다. "70년대에는 이런 표현이 있었어요. 한 사람의 목소리는 속삭임에 불과하다. 강해지기 위해서는 집단에 속해야 한다." 그래서 샌프란시스코로 막 이주한 이십 대 초반의 로라 앞에 열정적인 책략가 짐이 나타나 자신이 증오하는 백인우월주의에서 벗어나 사회주의 낙원을 건설하고 싶다고 말했을 때, 로라는 생각했다. *어디에다 사인하면 되지?* 자신의 정치적 영웅이 '혁명적 자살revolutionary suicide'이라는 구실로 모든 동료를 살해하리라는 생각은 꿈에도 하지 못한 채였다.

'혁명적 자살'이라는 말은 추종자들을 감정적으로 흔들기 위해 존스가 왜곡해서 사용한 용어 중 하나다. 추종자들이 사망하기 직전 그가 마지막으로 내뱉은 말이기도 하다. 1960년대 블랙팬서당 당수 휴이 뉴턴Huey Newton이 만든 '혁명적 자살'은 처음에는 억압자의 손에 시위자가 사망하는 일을 가리키는 말이었다. 누군가 억압자에게 항의하려고 길을 나섰을 때, 억압자는 그에게 총을 겨눠 쓰러뜨릴 수 있을지 몰라도 그의 뒤에 있는 반군이 깃발을 들고 계속 전진하리라는 의미가 담겨 있었다. 동료들 역시 어쩌면 쓰러지겠지만, 그 후계자 중 한 사람이 마침내 물려받은 깃발을 온전한 자유에 꽂는 그날까지 운동은 계속된다는 것이다.

---

* 역주: 흑인의 강인함과 존엄을 상징하는 검은 표범의 이름을 따 조직된 정당이자 무장단체.

뉴턴이 말한 '혁명적 자살'은 인민사원 신도 대부분이 공감할 만한 표현이었고, 따라서 존스는 이 말을 서서히 변형시켜 추종자들로부터 원하는 것을 얻어 내고자 다양한 문맥에 활용했다. 혁명적 자살은 어떤 때는 감옥에 갇히거나 억압자의 노예가 되느니 택해야 하는 대안이 되었고, 또 어떤 때에는 폭탄 조끼를 입고 적진으로 걸어 들어가 기폭장치를 누르는 행위가 되었다. 그러나 가장 유명한 용례는 학살의 날 존스가 추종자들의 죽음을 선택지가 없는 강제된 운명이 아니라 '*숨은 권력자*들(정부의 악랄한 비밀 지도부)'을 향한 정치적 발언으로 둔갑시킨 것이다.

1978년 11월 18일 즈음에는, 존스의 추종자 중 많은 이들이 이미 존스에 대한 신뢰를 거둔 상태였다. 존스의 신체와 정신 건강은 오랜 시간 악화하고 있었고, 약물을 남용했으며 여러 질병으로 고통받았다. (사실관계를 확인하기는 쉽지 않다. 자신이 폐암에 걸렸으나 스스로 '치유' 중이라는 등 많은 거짓과 과장을 늘어놓았기 때문이다.) 물론 존스타운의 열악한 생활환경도 문제였다. 밝혀진 대로, 추종자들이 가이아나에서 기대했던 '약속된 땅'은 곡물을 경작하기에 적합하지 않았다. 아이들은 굶주렸고 부모들은 잠을 줄여가며 가혹한 노동에 시달렸다. 모두 그곳을 떠나고 싶어 했다. 라이언 의원이 존스타운을 방문한 이유가 바로 이것이었다.

추종자의 가족들이 라이언 의원에게 그들이 강제로 존스타운에 잡혀 있다고 제보했고, 라이언 의원은 기자 몇 명과 대표단을 대동하고 존스타운으로 날아가 사태를 파악하기로 했다. 능란한 연출가였던 존스는 추악한 진실을 가리기 위해 모든 수단을 동원해 라이언 의원 앞에서 화려한 만찬과 자신감 넘치는 농담으로 쇼를 펼쳤다. 그러나 그는 빠져나갈 길이 없다는 걸 잘 알고 있었다. 방문을 마무리하고 라이언 의원 일행이 존스타운의 소규모 활주로로 향하자, 탈출하려던 몇몇 주민이 이들을 따랐다. 존스는 미리 민병대에 이탈자들을 뒤쫓으라고 일러두었고, 이들이 위험에서 벗어났다고 생각해 탑승을 시작하자마자 기습공격이 시작되었다. 이 총격으로 다섯 명이 사망했다. 탈주하려던 존스타운 주민 한 명, 기자 세 명, 그리고 라이언 의원이었다.

이 사건을 발단으로 악명 높은 '자살' 사건이 일어났다. 일반적인 믿음과는 달리, 대학살은 계획된 것이 아니었다. 적어도 언론이 묘사한 방식대로는 아니었다. 그리고 희생자 대부분은 자기 의지로 사망한 것이 아니었다. 널리 알려진 어떤 기사에서는 존스가 정기적으로 백야White Night라고 알려진 기괴한 자살 리허설을 주최했다는 이야기를 퍼뜨렸다.[14] 1978년 11월 18일로 예정된 '진짜' 자살을 위해 세뇌당한 충신들이 길게 늘어서서 영성체를 받는 것처럼 기계적으로 주스를 받아 마셨다는 거였다. 하지만 전혀 사실이 아니다.

생존해 있는 인민사원 신도들은 백야는 훨씬 미묘한 행사였으며, 참석하기 위해 '세뇌당할' 필요도 없었다고 증언한다. 존스는 원래 백야라는 말을 모든 종류의 위협과 그로 인한 죽음의 가능성을 암시하기 위해 사용했다. 그는 영어에서 대체로 검은색이 부정적인 단어와 결부된다는 사실을—블랙리스트, 블랙메일, 흑마법—역이용하기 위해 이 단어를 택했다. '백야'라는 표현이 이런 개념을 불안정하게 만든다고 규정한 것이다. 영리한 생각이었지만, 그 의도는 매우 불순했다. 존스가 점점 더 불안정해지고 권력에 굶주리면서, 이 단어는 점차 온갖 기이한 의미를 띠게 되었다. 어떤 이는 백야가 존스가 추종자들을 임시방편의 무기로 무장시키고 죽는 순간까지 약속된 땅을 수호하기 위해 몇 날 며칠을 대기하도록 했던 사건을 이르는 말이라고 한다. 존스가 반드시 닥쳐오리라고 호언장담했던 공격은 결국 일어나지 않았다. 다른 이들은 백야가 사람들이 각자 마이크를 들고 당장 그날 밤이라도 대의를 위해 죽겠다는 의지를 선포하던 십여 차례의 모임을 일컫는다고 회상한다(인민사원에서 대의는 개인이 아니라 집단을 위해 사는 것을 의미했다). 존스가 구성원들을 밤새 모아 놓고 공동체의 문제점을 논의하던 주간행사를 의미한다는 이야기도 있다. 또 어떤 이들은 단순히 존스가 죽음을 언급한 모든 회의를 백야라고 부른다고도 한다.

라이언 의원의 방문은 존스가 오랫동안 의심스러워하던 사실을 확인시켜 주었다. 이렇게 영원히 살 수는 없다. 존스타운은 실패였다. 탈출하려는 사람이 너무 많았다. 그는 곧 발각되어 폐위될 운명이었다. 그래서 그는 모든 사람을 대강당에 모아 놓고 적들이 그들을 쳐부수러 오고 있다고 말했다. "우리의 죄 없는 아이들에게 총을 겨누고…… 우리 시민들을 고문할 것입니다. 우리의 노인들을 고문할 것입니다. 견딜 수 없는 일입니다." 존스가 말했다. 탈출하기에는 너무 늦은 시점이었다. "돌아갈 길은 없습니다. 저들이 우리를 가만두지 않을 것입니다. 저들은 돌아가서 더 많은 거짓을 말할 테고, 그럼 더 많은 의원이 몰려오겠지요. 우리가 살아남을 길은 어디에도, 어디에도 없습니다." 그리고 존스는 자신의 소망을 이야기했다. "내 생각에는 어린아이들과 노인들을 불쌍히 여겨 고대 그리스에서 그랬던 것처럼 독약을 마시고 고요히 떠나는 게 좋을 것 같습니다. 이것은 자살이 아닙니다. 혁명적인 행동입니다." 언제나처럼 다정한 말이었지만, 무장 경호원에 둘러싸인 주민들에게는 두 가지 선택지밖에 없었다. 독을 마시고 죽거나* 도망치다가 총에 맞아 죽는 것이었다.

지금까지 존재했던 여섯 개 '자살 컬트' 지도자들 모두 존스와 똑같은 짓을 했다. 이들은 종말론적인 태도로 우주의 중심인 자신의 종말이 임박한 순간에 다른 모든 이들이 함께 멸망해야 한다고 믿었다. 이들에게 추종자들의 목숨은 도박판 칩이나 다름없다. 어느 쪽으로든 질 수밖에 없다면, 올인하는 것이다. 하지만 직접적인 살해는 더러운 일이다. 그들의 전공은 기회주의와 통제지, 살인이 아니기 때문이다. 손아귀에 있는 권력이 빠져나가기 시작하는 걸 느끼면, 이들은 이 세상이 돌이킬 수 없이 끔찍한 종

* 존스는 그 많은 시안화물을 언제 어디서 얻었을까? CNN 보도에 따르면, 존스는 언제가 됐든 필요할 때를 대비해 수년에 걸쳐 비밀리에 시안화물을 비축했다. 존스가 금을 닦을 때 사용하는 시안화물을 사들이기 위해 보석상 면허를 취득했다고 추정된다.

말에 이르렀다는 결론을 내린다. 지도자는 이렇게 설파한다. 자살만이 해답이다. 특정한 시간에 정해진 방법으로 행하면, 당신은 순교자가 되거나 더 나아가 말 그대로 하나님의 왕국에 도달할 수 있다. 그의 충신들은 그 말을 지지하고, 옮기고, 따르기 주저하는 사람들을 압박한다.

사건 당일, 몇몇 용기 있는 신도가 존스에게 이의를 제기했다. 그중 한 사람은 그전까지 대체로 존스의 편에 섰던 오랜 흑인 신도 크리스틴 밀러였다.[15] 텍사스에서 가난하게 태어나 로스앤젤레스 카운티 서기로 성공한 크리스틴은 열렬히 믿어 의심치 않았던 존스를 위해 수도 없이 지갑을 열었다. 하지만 존스의 뜻을 따르려는 크리스틴의 의지에도 한계는 있었다. 구성원이 모두 소박한 공동생활을 해야 했던 가이아나에 도착했을 때, 크리스틴은 그토록 힘들게 일해 얻은 보석과 모피를 걸치는 것을 포기할 수 없었다. 굴하지 않는 솔직함으로 무장한 크리스틴과 존스의 애증 관계는 때로 격렬한 상황을 초래했다. 어느 날 아침, 크리스틴의 반발에 광분한 존스는 그에게 총을 겨누었다. "절 쏴도 상관없지만, 먼저 저를 존중해 주세요." 크리스틴이 쏘아붙였고, 존스는 한발 물러섰다. 1978년 11월 18일에도 존스가 크리스틴의 말에 귀를 기울였다면 좋았을 텐데 말이다. 크리스틴은 강당 앞 마이크로 다가가 동료들의 살 권리를 보호하려 애쓰며 다른 탈출구를 찾아보자고, 아이들은 남겨 두자고, 러시아로 도피하는 건 어떠냐고 제안했다. "죽는 게 두려워서 이러는 게 아니에요. 하지만…… 아기들을 보니 저들은 살아야만 한다는 생각이 들어요, 아닌가요?" 크리스틴이 항변했다. "제가 생각하고 느끼는 바를 이야기할 권리가 있는 개인으로서…… 우리는 저마다 각자의 운명에 권한을 가지고…… 삶이 있는 곳이라면, 희망이 있다는 생각이 듭니다."

존스는 크리스틴이 발언하게 두었다. 심지어 그의 '동요'를 칭찬하기도 했다. 하지만 결국 크리스틴에게는 선택권이 없었다. "크리스틴." 존스가 말했다. "내가 없는 삶에는 의미가 없습니다. 나는 당신이 누릴 수 있는 최고의 것입니다." 그날 오후 늦게, 크리스틴, 경호원들, 그리고 자기 머리에 권총을 발사한 존스 자신을 포함해 그 지붕 아래 서 있던 사람 중 살아남은 이는 없었다.

존스타운 죽음의 테이프로 알려진 녹음 파일에서 존스의 강압적인 설교 방식을 조금이나마 살펴볼 수 있다.[16] 45분짜리 이 파일에는 존스가 마지막으로 강당에서 한 설교가 담겨 있다. "죽음이 두려운 것이 아니라, 살아 있는 것이 저주받은 것입니다." 그가 자신의 추종자들에게 한 말이다. 그 시각 부모들은 명령에 따라 주사기로 아기들의 입속에 액체를 밀어 넣은 후, 다른 이들의 도움을 받거나 스스로 독극물을 마시고 있었다. 쓰디쓴 주스를 삼키자마자 추종자들은 한 명씩 밖으로 내보내졌고, 그곳에서 숨을 거두었다. 그들은 잔디밭에서 경련을 일으키다가, 쓰러져서 더는 움직이지 않았다.

마지막 순간까지 자신을 과시하기 위해, 존스는 죽음의 테이프를 직접 만들었다. 지금은 파일이 공개되어 있어 온라인으로 들을 수 있다. 당시 음독을 피한 생존자 서른세 명 중 하나인 오델 로즈는(그는 해가 질 때까지 건물 밑에 숨어 있었다) 존스가 테이프를 조작했다고 주장한다. 항의와 동요, 고통스러운 외침을 지우기 위해 녹음을 여러 차례 중단했다는 것이다. 죽음의 테이프는 실로 매혹적인 대상이다. 종교학자와 FBI 요원을 포함해 최소 여섯 명이 테이프 내용을 전사하려고 시도했다. 그들은 눈을 꼭 감고, 헤드폰 볼륨을 최대로 올린 채 한 문장도 놓치지 않고 알아들으려 애썼다.

그토록 끔찍한 비극 직전에 천 명에 가까운 사람들이 존스와 실랑이하고 서로 다투는 소리를 듣는 것만도 소름이 끼치는 일인데, 죽음의 테이프 속 집요한 배경음악은 한층 더 기괴한 인상을 준다. 녹음 파일 전반에 희미하게 들리는 음악은 극적 효과를 위해 나중에 추가된 것처럼 들린다. 밝혀진 바에 따르면, 사용된 테이프에는 원래 소울 음악이 녹음되어 있었다. 존스는 그 위에 연설을 녹음했고, 그 결과 박자가 뒤틀린 웅웅거리는 멜로디가 '유령 소리'처럼 남은 것이다. 연설이 끝난 후, 녹음 파일 마지막에는 1968년 델포닉스가 발표한 R&B 곡 〈아임 소리I'm Sorry〉가 교회 오르간처럼 반 박자 느리게 연주된다.

죽음의 테이프에서 발췌한 아래의 짧은 글만 봐도, 리드미컬한 동어 반복과 기만적인 과장을 사용하는 존스의 오싹한 말투를 느낄 수 있다.

우리가 평화로이 살 수 없다면, 평화 속에서 죽어 갑시다…… 우리는 배신당했습니다. 우리는 너무나 끔찍하게 배신당했습니다…… 나는 결코 여러분에게 거짓말하지 않았습니다…… 우리가 할 수 있는 최선의 증언은 이 저주받은 세상을 떠나는 것입니다…… 오늘 나는 예언자로서 이야기하고 있습니다. 스스로가 어떤 이야기를 하려는지 몰랐다면 이 자리에 이렇게 앉아 진지하게 이야기하지도 않았을 것입니다…… 나는 이 지옥 속에 있는 여러분을 더는, 더는, 더는, 더는 보고 싶지 않습니다…… [죽음은] 두려운 것이 아닙니다, 두려운 것이 아닙니다. 그것은 친구입니다, 그것은 친구입니다…… 떠납시다, 떠납시다, 떠납시다…… 이 삶을 열흘 더 사는 것보다 죽음이 백만 배 낫습니다…… 서두릅시다, 나의 자식들이여…… 자매들이여, 그대를 만날 수 있어 기뻤습니다…… 고통은 끝났습니다, 고통은 끝났습니다…… 마침내 자유를.

죽음의 테이프는 한 편의 시이자 저주, 주문, 배신의 기록이자 악몽이다. 그리고 언어의 치명적인 힘에 대한 증거이기도 하다.

II

컬트 이야기에 빠져 자라난 으스스한 아이였기에, 기억하는 한 나는 언제나 존스타운 이야기에 귀 기울였다. 아버지는 시나논의 괴팍한 지도자 척 디트리히^{Chuck Dietrich}를 짐 존스와 자주 비교하곤 했다. 디트리히는 '집단 자살' 사건을 일으키지는 않았지만, 시나논에서 초등학생 시절을 보낸 아버지의 이복동생 프랜시 고모는 그가 조금만 더 오래 권력을 누렸다면 비슷한 일이 일어났을 거라고 말했다. 아버지가 정착촌에 살던 시절 시나논은 물리적 폭력을 가하지는 않았다. 그러나 존스와 마찬가지로, 디트리히는 시간이 갈수록 피에 굶주렸다. 1970년대 후반까지, 디트리히는 제국해병대Imperial Marines라는 군사 조직을 만들어 자신이 '스플리티splittees'*라고 이름 붙인 탈주자들에 대해 집단 폭행 등 수십 건의 폭력 범죄를 자행했다. 한 스플리티는 너무 심하게 얻어맞은 나머지 두개골이 골절되었으며, 그 결과 세균성 뇌수막염으로 코마 상태에 빠졌다. 1978년 존스타운 대학살이 일어나기 몇 주 전에는 스플리티 몇 명을 도와준 폴 모란츠라는 변호사가 제국해병대가 우편함에 넣어 둔 방울뱀에 물리기도 했다.[1] 이 사건 이후 디트리히는 체포되고 파산했으며, 1991년 시나논은 무너졌다. 대다수 비주류 공동체 지도자처럼, 디트리히는 존스만큼 오래 버티지 못했다.

그러나 존스타운 사건 이후 19년이 지났을 때, 존스의 명성에 가까이 간 사람이 있었다. 1997년 3월 말, 또 하나의 컬트 자살 사건이 대서특필되자 모두 가이아나의 대학살을 떠올렸다. 캘리포

---

* 역주: 분열을 뜻하는 단어 'split'을 변형해 만든 말로, 시나논을 떠난 이들을 부르는 말이다.

니아 랜초 산타페에서 발생한 이번 비극은 UFO를 신봉하는 종말론자 집단 헤븐스 게이트 회원 서른여덟 명이 사흘에 걸쳐 체계적으로 자살한 사건이었다. 이들은 사과 소스와 보드카, 바르비투르산염*을 섞은 혼합물을 마신 뒤 머리에 비닐봉지를 뒤집어쓰는, 기괴하고 극적인 방식으로 사망했다. 구성원들이 함께 지내던 9200제곱피트 규모의 저택에서, 나이 지긋한 지도자 마셜 애플화이트Marshall Applewhite의 지시로 이루어진 일이었다. 애플화이트 역시 같은 방법으로 추종자들 곁에서 사망했다. 신학교를 중퇴하고 뮤지컬 석사를 취득한 예순다섯 살 애플화이트는 짧게 깎은 새하얀 머리에 커다란 눈을 지녔으며, 공상과학에 심취해 있었다. 자신과 비슷한 부류의 폭군들이 그렇듯, 그 역시 예언자를 자처했다. 더 정확하게 말하자면, 애플화이트와 사건 당시 이미 사망한 후였던 공동 지도자 보니 네틀스Bonnie Nettles는(1985년 간암으로 사망했다) 자신들이 고귀한 외계의 영혼이며 잠시 지구의 육체를 빌려 지내고 있다고 주장했다.

900명이 넘었던 짐 존스의 추종자 중 대다수는 사망 당시에 짐 존스에 대한 그들의 신뢰를 잃은 상태였던 반면, 애플화이트는 끝까지 그의 소규모 신도들의 변함없는 지지를 받았다. 헤븐스 게이트 집단 자살 사건 당일까지도, 서른여덟 명의 추종자들은 다음과 같은 시나리오를 굳게 믿었다. 헤일밥 혜성을 뒤따르다

---

* 역주: 신경안정제나 수면제 등으로 사용되는 약물.

천국으로 향하는 우주선이 1997년 3월 지구를 스치는데, 그때 그들은 이 '일시적이고 소멸하는 세계'를 떠나 비행접시에 올라타서 먼 우주로 떠날 기회를 얻게 된다. 애플화이트는 그 먼 우주가 하나님의 왕국이라고 단언했다.

부드럽지만 강인한, 가부장적인 목소리로 애플화이트가 끝없이 읊조리는 난해한 우주론과 라틴어에서 파생된 구문들 덕에, 그의 몇 안 되는 유사 지식인 추종자들은 스스로가 엘리트라고 느꼈다. 애플화이트의 신조에 따르면, 우리의 지구는 재활용될 위기, 혹은 그의 표현대로 *개조*refurbished되기 위해 *삽으로 퍼내질* spaded under 위험에 처해 있었다. 헤븐스 게이트 웹사이트에는 "인간 '잡초'가 정원을 점령하고 그 유용성을 돌이킬 수 없이 파괴했다"라고 적혀 있다. 2020년 현재 두 명의 추종자 덕에 사이트는 유지되고 있지만, 아무래도 디자인은 그다지 업데이트되지 않은 듯하다. (우선 지오시티*로 열어야 한다. 체리색 굴림체는 그냥 언급만 하고 넘어가겠다.)

그러나 애플화이트에게는 탈출구가 남아 있었다. '유전적 진동을 극복하기 위해' 추종자들은 그저 자신들의 '운송수단에서 빠져나오기만' 하면 됐다. 그럼 그들의 영혼은 우주선에 다시 나타나 인간의 수준을 넘어선 신체적·영적 진화의 왕국에 도달할 수 있었다. 지구의 육신은 그저 더 고귀한 존재를 위해서 버려질

---

* 역주: 1994년 시작된 야후의 웹호스팅 서비스. 현재는 사용되고 있지 않다.

수 있는 '그릇'에 불과했다. 함께 '졸업'하지 못한 영혼은 반드시 '일정 수준의 부패'에 이르며, 결국 '시대의 종말'(아포칼립스라고 하는)이 오면 '자폭 메커니즘'을 작동시키게 된다. 유일한 원정 팀인 그들에게 죽음은 '두려워할 것이 전혀 없는' 대상일 뿐 아니라 '영원하고 부패하지 않는' 세상으로 갈 수 있는 '일생일대의 기회'였다.

짐 존스처럼 네틀스와 애플화이트도 여러 이름으로 불렸다. 가장 유명한 이름에는 "그 둘the Two", 보Bo와 핍Peep, 그리고 계이름처럼 읽는 시Ti와 도Do가 있다. 헤븐스 게이트의 학생들도 마찬가지로 새 이름을 선택해야 했다(그리고 성은 포기했다). 새 이름은 애플화이트의 지시에 따라 '-ody'라는 접미사로 끝나야만 했다.[2] 이에 따라 서스토노디, 실비오디, 일레이노디, 큐스토디, 스로디, 글노디, 이브노디 등의 이름이 만들어졌다. 학자들은 이 접미사가 도와 시의 준準혼성어로, 구성원들이 두 지도자를 통해 수사학적으로 다시 태어났음을 증명하는 언어학적 증거 역할을 했다고 본다.

"언어는 우리가 어떤 존재가 되어 가고 있는지를 상징했습니다."[3] 18년 동안 헤븐스 게이트에 몸담았던 프랭크 라이퍼드(안도디로도 알려졌다)는 이렇게 회상한다. 처음 헤븐스 게이트에 들어갔을 때 그는 스물한 살의 쑥대머리 청년으로, (이후 치코디가 된) 오랜 연인 에리카 에른스트와 함께 영적 탐구를 위한 여정 중이었다. 두 사람은 전형적인 헤븐스 게이트 회원의 표본과도 같았다. 백인, 전 기독교인, 뉴에이지 정신, 중산층, 독신. 프랭크가 몸담고 있던 첫 9년 동안, 시와 도는 '인간 차원'에서 '다음 차원'으로의 승격이 구성원 모두가 건강히 살아 있는 동안에 이루어질 거라고 단언했다. "결국, 의식상의 전환을 뜻했던 겁니다." 이제 예순다섯 살이 된 프랭크가 인터뷰 중에 설명했다. "시가 죽기 전까지 사실상 그런 전환이 이루어지지 않았고요." 프랭크가 기억하기로 시의 죽음은 도에게 트라우마로 남았다. 도의 통제는 더욱 심해졌고, 다음 차원으로 진화하는 방식에 대한 그의 생각에도 변화가 생겼다. 인간으로서의 삶을 끝낸다는 아이디어가 이즈음 등장했다.

1990년대가 되자 프랭크의 마음에 의심이 일기 시작했다. 당시까지는 헤븐스 게이트 회원들이 랜초 산타페 바깥에서 일반적인 경제활동으로 조직을 위한 돈을 벌 수 있었다. 프랭크는 소프트웨어 개발자로 일했고, 창의적이고 신선한 자극이 되는 자기 일을 사랑했다. 그가 성과를 낼 때마다 상사는 아낌없이 그를 칭찬했다. 그러나 원정 팀 이외의 다른 독자적인 목적을 마음에 품는 일은 헤븐스 게이트의 교리에 완전히 반하는 일이었다. 시와 도를 위해 20년에 가까운 세월 동안 정체성을 억압해 온 프랭크는 톱니바퀴의 톱니 하나가 되는 게 답은 아니라고 여기게 되었다. 특히 이런 톱니바퀴라면 더더욱. 1993년 그는 헤븐스 게이트를 빠져나왔다. 치코디에게 함께 떠나자고 애원했지만, 그는 설득되지 않았고 2년 뒤 나머지 원정 팀과 함께 '자신의 운송수단에서 빠져나갔다'.

이제 훨씬 나이가 든 프랭크는 수심에 잠긴 얼굴에 테 없는 직사각형 안경을 끼고 캔자스에 살면서 주로 원격 고객들에게 개인 라이프 코칭을 제공하고 있다. 안락한 집에서, 그는 자신만의 독특한—여전히 계속되고 있는—영적 모험의 소중한 결과물을 다른 이들과 나눈다. "나는 우리 모두 영혼 차원에서 뭔가를 배울 목적으로 특정한 길을 따라 여기에 이르렀다고 믿습니다." 그가 부드럽고 살짝 흔들리는 테너 톤의 목소리로 내게 말했다. 그는 말하는 데 어려움을 겪고 있다. 더듬거린다기보다는, 연구개와 입 앞쪽 공기 사이 어딘가에서 말이 빠져나오지 못하는 것처럼 들린다. 그는 이런 증상이 헤븐스 게이트에서 생긴 장애라고 말했다. 어느 날, 애플화이트가 프랭크의 아침 목소리가 허스키하다고 심하게 조롱했다(그는 막 잠에서 깬 참이었다). 그런 굴욕적인 사건이 있고 난 뒤, 프랭크는 자신이 "심각한 발화 불능"[4]이라고 부르는 증상을 겪게 되었다. 마치 그 많은 시간이 지난 뒤에도 그를 괴롭히는 언어의 유령처럼 말이다. 그러나 그는 다음과 같이 말을 이었다. "우리가 겪은 일이 트라우마나 무시무시한 경험처럼 보일 수도 있지요. 하지만 그 어떤 일을 겪더라도 거기에서 뭔가 배울 수 있습니다."

짐 존스와 마찬가지로 시와 도는 주류 기독교와 미국 정부가 완전히 부패했다고 격렬히 비난했다. 현대 지구의 삶이라는 거대한 재난을 해결할 수 있는 존재가 자신들뿐이라고 주장했던 점도 존스와 비슷하다. 그러나 둘의 공통점은 거기까지다. 헤븐스 게이트의 시대에는 더 이상 1970년대처럼 인간을 물고 늘어지지 않았다. 사실 애플화이트의 논지는 1990년대 UFO 광풍에 크게 영향을 받았다. 1990년대는 〈X-파일X-Files〉 같은 프로그램이나 폭스 뉴스의 외계인 부검 사기의 시대였다. 사람들이 디지털 기술을 조금씩 이해하기 시작했지만, 인터넷이 보급되고 스마트폰이 등장하기 이전에는 일부만이 거기에 접근할 수 있었다. 그래서 디지털에는 뭔가 신비한 것이 있었고, 헤븐스 게이트 추종자들은 삶에서 가장 오래된 질문의 해답을 거기에서 찾고자 했다. 애플화이트는 TV 시리즈 〈스타트렉: 넥스트 제너레이션Star Trek: The Next Generation〉에 집착했고, 특히 보그라는 적대적인 외계 생물의 '하이브 마인드hive mind'에 사로잡혔다. 보그의 유명한 대사가 있다. "저항해도 소용없다. 너는 동화될 것이다." 프랭크 라이퍼드가 회상했다. "도는 그 말을 사랑했습니다. 하이브 마인드를 신봉했지요."

애플화이트는 자신의 신념에 걸맞게 공상과학적인 용어로 헤븐스 게이트만의 어휘를 새롭게 창조했다. 저택에는 일상을 통제하는 엄격한 규칙이 있었는데, 이런 단어들이 질서를 유지하는 데 활용되었다. 부엌은 '뉴트라랩', 세탁실은 '파이버랩'이었고, 매끼 식사는 '실습'이라고 불렸다. 조직 전체는 '교실', 추종자들은 '학생', 시와 도 같은 스승은 '선배'나 '임상의'였다. 구성원 누군가 일 처리를 위해 바깥세상으로 나가면 '하선' 상태, 공동 저택에 있으면 '승선' 상태였다. "이런 특별한 언어 덕에 그들은 일종의 수사학적 공간에서 자신들이 원하는 공간 안에 있다고 상상할 수 있었습니다." 레이크포레스트컬리지의 종교학 교수이자 헤븐스 게이트 연구자 벤저민 E. 젤러Benjamin E. Zeller의 설명이다. 이처럼 구체적인 특정 주제의 어휘를 수년간 일상생활에서 사용하면서, 추종자들은 신의 왕국을 향해 표류하는 우주선에서의 삶을 상상해 내기에 이르렀다. "실제로 종교적인 작업이었지요." 젤러가 말했다. "그냥 아무 말이나 만들어 낸 게 아닙니다."

자살 당일이 되자, 원정 팀은 마침내 졸업할 생각에 안도했을 뿐 아니라 환희로 가득 찼다. 당신도 애플화이트의 제자들이 자살 몇 시간 전 촬영하고 웹사이트에 게시한 작별 인터뷰 모음 '퇴장 선언문Exit Statements'을 직접 보면 알 수 있다(나는 유튜브에서 전체를 묶어 편집한 영상을 찾아냈다).[5] 영상 속 헤븐스 게이트 회원들은 똑같은 스포츠머리에 풍성한 튜닉을 입고, 차분한 표정을 짓고 있다. 한가로운 야외 배경에, 화면 밖으로 새들이 기묘하게 짹짹대는 소리가 들린다. 추종자들은 카메라를 보며 헤븐스 게이트에서의 경험을 되돌아보고 다음 차원으로 진입할 준비가 된 이유를 설명한다. 두려워하거나 혼란스러운 기색 없이, 자신들의 계획에 진심으로 기뻐하는 모습이다. "그냥…… 이 교실에 함께할 수 있어서 얼마나 기쁘고 감사한지 이야기하고 싶고," 카메라가 어색한 신입 회원이 렌즈에 대고 말을 잇는다. "제 선배 도와 그의 선배 시에게 감사드리고 싶어요……. 이 세계를 극복하고…… 진정한 하나님의 나라, 인간 너머의 차원으로 진입해서 다음 차원의 회원이 될 기회를 주셔서요."

　이 영상이 녹화되고 약 일주일 후, 경찰은 애플화이트를 포함해 서른아홉 명 회원 전원의 시신을 발견했다. 모두 저택의 이층 침대에 단정히 누운 (그리고 부패하고 있는) 상태였다. 다 같은 차림으로, 검은 운동복에 새 흑백 나이키 디케이드 운동화를 신고 '헤븐스 게이트 원정 팀'이라고 적힌 완장을 차고 있었다. 각자의 주머니에는 ('통행료'로 보이는) 5달러짜리 지폐 한 장과 45센트씩이 들어 있었으며, 보라색 천이 얼굴과 상체를 덮고 있었다.

　존스타운과 헤븐스 게이트는 구성원들 간 정치 성향, 종교, 나이, 인종, 전반적인 생활에 이르기까지 공통점이 전혀 없는 두 집단이었다. 각각의 지도자가 추종자들을 위해 만들어 낸 세계는 서로 매우 달랐으며, 따라서 이를 그려 내기 위한 수사법도 달랐다. 그러나 두 집단의 그로테스크하고 드문 결말로 인해 둘은 같은 컬트 장르로 묶이게 되었다. 그리고 두 집단에 매료된 전 세계의 학자, 기자, 예술가, 호기심 많은 평범한 사람들은 어떻게 자기 목숨을 끊을 정도로 '세뇌당할' 수 있는지 알아내려고 필사적으로 애쓰고 있다. 마침내, 여기 답이 있다⋯⋯.

III

　컬트적 환경 안과 밖에서 언어는 실제로 생사에 영향을 미친다. 청소년 생명의 전화에서 봉사활동을 하면서 나는 신중하게 고려해 내놓은 말이 누군가의 목숨을 구할 수 있다는 걸 직접 목격했다. 반대로, 언어는 누군가를 죽게 만들 수도 있다. 카리스마가 있는 인물의 발화와 누군가의 자살 사이의 인과관계는 2017년 미셸 카터Michelle Carter 사건을 통해 법적으로 확인되었다.[1] 한 여자 고등학생이 남자 친구에게 문자로 '강제 자살'을 종용해 과실치사 혐의로 유죄를 선고받은 이 사건은 논쟁의 중심이 되었다. 미셸 카터 사건으로 인해, 미국에서는 최초로 말 자체의 치명적인 위험에 대해 전국 단위의 진지한 토론이 이루어졌다.

해마다 우리는 묻고 또 묻는다. 사람들은 왜 존스타운이나 헤븐스 게이트 같은 컬트 집단에 들어갈까? 왜 그곳에 남을까? 그들이 거칠고 이해할 수 없는, 때로는 섬뜩한 행동을 하는 이유는 뭘까? 그 대답은 다음으로부터 시작된다. 언어라는 궁극적인 권력 도구를 바탕으로, 전향conversion, 조건형성conditioning, 강제coercion라는 체계적인 기술을 활용한 덕에 존스와 애플화이트는 털끝 하나 직접 건드리지 않고도 추종자들에게 어마어마한 폭력을 가할 수 있었다.[2]

영향력의 스펙트럼 안에서, 컬트적 언어는 세 가지 역할을 한다. 첫째, 사람들이 스스로 특별하고 인정받는다고 느끼게 만든다. 러브바밍이 여기에 속한다. 자신에게만 쏟아지는 것 같은 관심과 이해, 용기를 북돋는 말, 취약함에 대한 요구, "바로 당신, 당신은 존재하는 것만으로도 하나님의 왕국으로 향하는 엘리트 원정 팀에 합류하도록 지명되었습니다"라는 말. 이런 언어를 들으면 즉각 사기 경계 태세에 돌입하는 사람도, 혹은 그저 빈말이라는 사실을 간파하는 사람도 있을 것이다. 그러나 어떤 이들은 갑자기 '딸깍' 하고 인생이 송두리째 바뀌는 경험을 하게 된다. 이들은 어느 순간 이 집단이 유일한 해답이며 다시는 뒤로 돌아갈 수 없다고 느낀다. 순식간에 발생하는 이런 경험 때문에 집단에 '가입'하게 되는 것이다. 이런 과정을 전향이라고 한다.

그러고 나면, 다양한 언어 전술을 통해 사람들은 지도자에게 의존할 수밖에 없다고 느끼게 되고, 집단 바깥의 삶은 더 이상 가능하지 않게 여겨진다. 자극에 대한 반응으로서 행동을 학습하는 이 무의식적인 과정은 더 점진적으로 이루어지며, 이 작업을 조건형성이라고 부른다. 사람들이 외부인으로서는 이해할 수 없을 만큼 오랫동안 한 집단에 충성하는 건 바로 이 조건형성 때문이다.[3] 마지막으로, 언어는 사람들이 기존의 현실, 윤리의식, 그리고 자의식과 완전히 상충하는 방식으로 행동하도록 만든다. 여기에는 목적 달성을 위해서라면 모든 수단을 정당화하는 태도가 깔려 있으며, 최악의 경우 개인이 파괴될 수도 있다. 이런 과정을 강제라고 한다.

컬트적 언어의 첫 번째 핵심 요소는 무엇일까? 바로 '우리 vs 저들' 이분법을 만드는 것이다. 언어를 통해 추종자들과 다른 모든 이들 사이에 심리적 분열을 일으키기 전까지는, 아무리 전체주의 지도자라도 권력을 얻거나 유지할 수 없다. "파더 디바인은 항상 '우리/저들'을 확립하라고 말했습니다. '우리'가 있고, 바깥의 적이 있는 거죠." 전 존스타운 신도 로라 존스턴 콜이 설명했다. 목표는 추종자들에게 자신들이 모든 답을 가지고 있으며, 나머지 사람들은 멍청할 뿐 아니라 열등하다는 인상을 주는 것이다. 누군가를 설득해 다른 누구보다 그가 뛰어나다고 믿게 만들면, 그를 외부인들로부터 멀리 떼어 놓고 그를 착취할 수 있게 된다. 신체적 폭력에서부터 무급 노동, 언어폭력에 이르기까지 그어떤 것이라도 그들이 받아 마땅한 '특별 조치'로 둔갑시킬 수 있기 때문이다.

컬트가 처음부터 자체적인 은어를 사용하는 것은 바로 이 때문이다. 정체를 알 수 없는 약어나 내부자 전용 만트라, 심지어는 '파이버랩' 같은 단순한 명칭까지. 호기심을 불러일으키는 이런 단어를 접한 잠재적 회원은 좀 더 알아보고 싶어진다. 일단 집단에 소속되면 회원들은 은어를 통해 동료의식을 다지고, 그들만의 암호를 공유하지 않는 사람들을 멸시하기 시작한다. 언어는 또한 잠재적 불순분자를 찾아낼 수 있는 기준이 된다. 누군가 새로운 용어를 거부한다면 그가 집단의 이데올로기에 온전히 순응하지 않으므로 주의 깊게 관찰해야 한다는 신호일 수 있기 때문이다.

그러나 대다수 열성 회원들에게, 그들만의 특별한 언어는 근사한 새 유니폼처럼 재미있고 신성하게 느껴진다. 이들은 적극적으로 기존의 어휘를 버린다. "목표는 이전의 정체성을 상기할 수 있는 일상적인 개념어를 대체하는 것입니다." 헤븐스 게이트의 전 회원 프랭크 라이퍼드가 내게 말했다. "그게 괜찮은 생각 같아 보였지요." 추종자들을 외부로부터 단절시키는 동시에 내부에서 똘 똘 뭉치게 하려는 이런 목적으로, 컬트 그룹 대부분은 (그리고 수도 를 중심으로 하는 종교 대부분은) 구성원에게 새 이름을 부여한다. 시, 도, 안도디, 치코디가 그 예다. 새 이름을 받는 의식은 구성원이 이전의 껍데기를 버리고 집단에 완전히 복종하는 것을 의미한다.

새로운 이름을 얻게 되는 건 추종자들만이 아니다. 외부인들 도 마찬가지다. 존스와 애플화이트가 고안한 어휘에는 헌신적인 추종자들을 치켜세우고 그 외 모든 사람을 악마화하는 선동적인 별명으로 가득했다. 헤븐스 게이트의 회원은 '하나님의 왕국 학 생'이나 '인정의 은총을 받은 자' '인간 너머 차원 회원의 자녀' 등 으로 불렸다. 반면 주류 기독교인은 '저열한 힘'에 굴복해 '루시퍼 의 강령'과 '거짓 신'을 섬기는 자들이었다. 시와 도는 학생들에게 '앎의 보증'을 받지 못한 영혼과는 거리를 두라고 지도했다. 헤븐 스 게이트의 가르침에 따르면, '진리'를 소유하는 것만으로도 '불 가피하게' 나머지 사회와 분리될 수밖에 없었다.

인민사원에서 '나의 아이들'이라는 말은 존스가 순종적인 지 지자에게 수여하는 탐나는 칭호였으며, 그를 따르지 않는 이는 그 누구라도 '외부 세력'이라고 불렸다. 의미가 더 강한 '배신자' 는 광명을 보았으나 등을 돌려 버린 게리 램브레브 같은 탈주자 를 일컬었다. '숨은 권력자들'은 후에 '딥 스테이트^{deep state}'*라고 불릴 법한 집단을 가리켰으며, 불쾌한 '하늘 신'(오만불손한 기독교 의 신)은 '몸 안의 하나님', 즉 존스 목사의 적이었다.

하지만 이런 단어 자체의 효과는 반쪽짜리였다. 나머지 반을 위한 퍼포먼스가 필요했다. 짐 존스의 설교 자리에 단 한 번이라도 참석한 적이 있는 사람이라면 생생하게 기억하듯이, 그는 연극적인 재능을 타고났다. 강단에서 그는 회중을 사로잡기 위해 짧고 과장된 표현을 쏟아 냈다. 일단 분위기가 고조되면 나머지는 수월했다. 존스는 설교 때마다 뉴스나 역사적 사건에서 한 가지를 골라 무시무시한 재앙으로 묘사했다. 존스타운 생존자 율란다 윌리엄스는 존스가 나치 수용소에 대한 영화 〈밤과 안개Night and Fog〉를 보여 주던 장면을 떠올렸다. "존스는 이렇게 말했어요. '이것이 바로 유색인종을 위한 저들의 계획입니다. 우리는 존스타운으로 가서 우리의 땅을 건설해야 합니다. 그곳으로 가야만 합니다. 빠르게 움직여야 합니다. 신속하게 움직여야 합니다. 우리의 자원을 한데 모아야 합니다.'" 게리 램브레브는 존스가 시도했던 로코코 스타일 설교를 잊을 수가 없다. "이런 식이었어요. '무용한 종이**도 쓸 만한 데가 있긴 합니다'라고 말하곤 용변용 화장지를 가리키는 겁니다." 게리가 설명했다. "그러고는 극적인 동작으로 성경을 북북 찢어 페이지가 온통 날아다니게 했지요. 그런 뒤 '아무도 만지지 마십시오, 저주받았습니다'라고 말하는 겁니다. 그는 낄낄거리고, 모두 웃음을 터뜨렸습니다."

---

* 역주: 정치 세력 뒤에서 비밀리에 유지된다고 여겨지는 권력자들의 네트워크. '비선실세' '그림자 정부' 등과 비슷하다.
** 존스가 성경을 지칭하던 이름.

생각하는 그대로 내뱉는 솔직함을(물론 정말 솔직한 게 아니라 필터를 거치지 않을 뿐이다) 속 시원한 반기득권적 발언으로 착각하는 이런 현상은 문제적 포퓰리스트(이탈리아의 실비오 베를루스코니, 슬로바키아의 블라디미르 메치아르, 도널드 트럼프 같은)[4]의 시대를 살아 본 사람에게 낯설지 않을 것이다. 반대자에게 신랄하고 선동적인 별명을 붙이는 걸[5] 무척 좋아하는 트럼프와 짐 존스 사이의 웅변적 유사성[6]을 언급하지 않고 넘어가는 건 무책임한 처사라는 생각이 든다. ('가짜 뉴스'와 '사기꾼 힐러리'는 존스의 '숨은 권력자들'과 '하늘 신'의 트럼프 버전이다.) 합리적인 구석이 전혀 없음에도, 격앙된 톤으로 전달되는 뇌리에 쏙 박히는 문구들은 관객을 충분히 사로잡는다. 우리 대부분이 가장 친한 친구에게라도 쓰지 않을 법한 동물적인 말투로 누군가 연단에서 이야기하는 걸 바라보는 일은 실로 흥미진진하다. 《애틀랜틱Atlantic》의 전속 기자 조지 패커George Packer가 2019년에 썼듯이, 트럼프의 포퓰리즘 언어의 힘은 그 개방성에 있다. "전문적인 지식이 필요하지 않으며 (…) 사람들이 아무것도 거리낄 게 없을 때 말하는 방식 그대로다."[7]

시간이 지남에 따라, 머리에 남는 별명과 내부자 용어는 정서적으로 강력한 무게를 지니게 된다. 특정 단어나 문구를 말하기만 해도 두려움이나 슬픔, 공포, 환희, 존경 등의 감정을 촉발할 수 있다면, 지도자는 이를 악용해 추종자들의 행동을 조종할 수 있다. 이런 어휘를 일부 심리학자들은 로드된 언어loaded language라고 부른다.

때로 로드된 언어는 새로운 의미가 기존의 의미를 가릴 때까지 이미 존재하는 단어를 비틀어 사용하는 방식으로 작동한다. 3HO가 칭찬에서 공포스러운 단어로 재정의한 '애어른'이나 내가 어린 시절 대형 교회에서 들었던 '선고받은'이라는 말이 그 예다. 짐 존스가 '혁명적 자살'이나 '대의'의 뜻을 왜곡하고 '사고'를 "우리가 자처하지 않는 이상 절대 일어나지 않는 일"로 정의한 것도 마찬가지다. 존스가 "사고를 방지하기 위해 무슨 일이든 해야 합니다"라고 말하면, 평범한 청자는 일반 화자들이 공유하는 의미 규칙과 현실에 근거해 이 문장이 무해하다고 판단할 것이다. 우리 대부분에게 '사고'라는 단어는 정체성이나 하늘을 찌를 듯한 화형대와는 무관한 단순한 단어이므로, 이 단어가 존스의 추종자들에게 갖는 무게는 사라진다.

로드된 언어가 의미가 불분명한 완곡어법의 형태로 사용되는 경우도 있다. 당신도 잘 알고 있듯이, 권위 있는 인물이 모호한 표현을 너무 많이 사용하는 건 논리가 부족하거나 텍스트 뒤에 뭔가 미심쩍은 점이 있다는 신호일 수 있다. 완곡어법을 통해 반드시 해롭지는 않지만 불편한 진실을 완화할 수 있는 것도 사실이다. 우리는 일상적으로 죽음처럼 터부시되는 개념을 대체하는 수많은 표현(세상을 떠나다, 목숨을 잃다, 버텨 내지 못했다 등)을 사용해 공손한 태도를 드러내고, 불편한 상황을 피하고, 어느 정도 현실을 부인하고자 한다.

그러나 존스와 애플화이트는 죽음을 열망의 대상으로 만들기 위해 완곡어법을 사용했다. 존스는 죽음이라는 끔찍한 현실을 '전환the transition'이라고 명명했다. 더 격앙된 상태에서는 '위대한 전향the Great Translation'이라고 부르기도 했다. 죽음의 테이프에는 죽음이 "고요하게 다음 차원으로 건너가는 것"에 불과하다는 그의 말이 녹음되어 있다. 애플화이트는 절대 '사망'이나 '자살'이라는 단어를 사용하지 않았다. 대신 "운송수단에서 벗어나기" "졸업" "전환의 완수" 혹은 "다음 차원의 육신을 상속받기 위해 그릇에서 벗어나는 일"이라는 표현을 썼다. 이런 용어는 추종자들이 죽음이라는 개념에 익숙해지고 뿌리 깊은 두려움을 떨쳐 버리도록 하는 조건형성의 도구다.

모든 컬트 지도자의 레퍼토리에 로드된 언어와 함께 반드시 등장하는 보조 도구가 있다. 바로 '사고 차단 클리셰thought-termination cliché'다. 1961년 정신과 의사 로버트 J. 리프턴Robert J. Lifton이 만든 이 용어는 비판적인 사고를 억제해서 논의가 앞으로 나아가지 못하게 만드는 캐치프레이즈를 가리킨다. 이 개념을 알게 된 뒤로, 나는 정치 논쟁부터 인스타그램 피드를 도배하는 #wisdom 해시태그까지 어디에서나 그 존재를 발견한다. 컬트 지도자들은 의미 정지 신호semantic stop sign라고도 불리는 이 사고 차단 클리셰를 활용해 반대 의견을 재빨리 지나치거나 결함 있는 논리를 합리화한다. 리프턴은 저서 『전체주의의 사상 개조와 심리학Thought Reform and the Psychology of Totalism』에서, 이런 상투적인 표현을 통해 "가장 광범위하고 복잡한 인간의 문제가 단순하고 매우 선택적인, 얼핏 명료하게 들리는 문구로 압축되어 쉽게 암기되고 쉽게 표현된다. 이런 표현은 이데올로기 분석의 출발점이자 도착점이 된다"[8]라고 말한다. 로드된 언어가 감정을 증폭시키는 신호라면, 의미 정지 신호는 생각을 중단하라는 신호다. 쉽게 말해 이 두 가지를 함께 사용하면, 추종자의 몸이 "지도자가 시키는 대로 해"라고 외치는 동시에 그의 뇌는 "뒷일은 생각하지 마"라고 속삭이게 되는 것이다. 사상을 강제하기 위한 치명적인 조합이라고 할 수 있다.

사고 차단 클리셰가 '컬트'에만 국한되는 것은 절대 아니다. 역설적이지만, 누군가 '세뇌당했다'라고 말하는 행위 자체도 의미 중단 신호로 작용할 수 있다.[9] 단순히 "저 사람 세뇌당했어" 혹은 "너 컬트에 빠진 거야"라고 말하는 사람과는 대화를 이어 갈 수 없다. 아무 의미가 없기 때문이다. 나는 소셜미디어에서 이런 표현 때문에 토론이 중단되는 것을 매번 목격한다. 한번 발화되면, 이런 표현은 대화의 여지를 없애고 극단적인 신념의 대립 뒤에 무엇이 있는지 알아볼 기회를 영영 지워 버린다.

꼭 극렬한 토론이 아니어도, 사고 차단 클리셰는 일상 대화에 만연하다. "어쩔 수 없지" "남자애들이 그렇지" "그럴 만한 이유가 있겠지" "다 신께서 계획하신 거야" 그리고 빼놓을 수 없는 "너무 깊이 생각하지 마" 같은 표현이 흔한 예다. 뉴에이지 스타일의 영악한 격언들도 있다. "진실은 구성되는 거야" "우주 차원에서 보면 다 의미 없는 일이야" "다원적 진실의 자리는 남겨 두었어" "공포가 너를 다스리게 두지 마". 이런 의미 중단 신호는 모든 불안과 의심이 "믿음을 제한한다"라고 일축한다(6부에서 이런 수사법을 더 자세히 살펴볼 것이다).

이런 짤막한 문구가 효과적인 이유는 상반되는 두 신념을 동시에 가질 때 느껴지는 불편한 불일치감인 인지 부조화를 완화하기 때문이다. 최근에 해고된 내 지인은 이 소식을 들은 주변 사람들이 "그럴 만한 이유가 있겠지"라고 반응했을 때 상당히 요점에서 벗어난 느낌이 들었다고 하소연했다. 그가 해고당한 데에는 경제 침체, 방만한 회사 경영, 암묵적인 성차별, 상사의 변덕 등 여러 조건이 복잡하게 작용했다. '그럴 만한' 이유 하나 때문이 아니었다. 그러나 그의 룸메이트와 전 동료들은 거기까지 생각하고 싶지 않았다. 그럼 삶이 근본적으로 불안정하다는 사실이 갑자기 선명하게 인식되면서 불안에 휩싸이게 되고, 안타까워하는 태도를 보이려는 목표가 흔들리기 때문이다. 그래서 그에게 "그럴 만한 이유가 있겠지"라고 한 줄짜리 위로를 건네 상황을 단순하게 만듦으로써 인지 부조화가 발생할 여지를 없애 버린 것이다. "생각하는 것 자체가, 특히 생각하고 싶지 않은 것에 대해 생각을 하는 것 자체가 일이에요." 전 통일교 신자(1970년대 성행했던 종교운동으로, 신자들을 무니Moony라고도 부른다) 다이앤 벤스코터가 털어놓았다. "생각을 안 해도 되면 마음 편하죠." 사고 차단 클리셰는 일시적인 심리 안정제를 제공하는 셈이다.

존스는 추종자의 질문이나 우려를 잠재우기 위해 언제든 꺼내 쓸 수 있는 사고 차단 클리셰를 한가득 갖고 있었다. 누군가 존스에게 문제를 제기하는 기사를 들고 오면 곧장 "다 언론의 잘못입니다. 믿지 마세요"라고 말하는 식이었다. 대학살 당일에도 그는 "우리 손을 떠난 일입니다" "더는 우리에게 선택권이 없습니다" "모든 사람은 죽습니다" 등의 미사여구로 크리스틴 밀러 같은 반대자의 입을 다물게 했다.

헤븐스 게이트의 시와 도 역시 시시때때로 "모든 종교는 진리보다 못하다"라는 말로 다른 신념 체계에 대한 생각을 차단했다. 교단의 이론이 비논리적이라는 지적에는, 어떤 이가 "**인간 너머의 진화 차원**에 관한 **진실**"을 이해하지 못한다 해도 그건 자신들의 잘못이 아니며 그가 "인식능력을 선사받지 못했을" 뿐이라고 반박했다.*

사고 차단 클리셰는 이처럼 어려운 질문이 생길 때마다—예를 들어, 우리가 모두 굶고 있는데 어떻게 존스타운이 유일한 해결책일 수 있을까? 혹은 스스로 목숨을 끊지 않고도 깨달음을 얻을 방법이 있을까?—그저 걱정하지 말라는, 단순하고 그럴싸하게 포장된 답변만을 내놓는다. 더 알고자 하는 것은 독재자에게는 독이나 다름없으므로, 그는 사고 차단 클리셰로 독립적인 사고를 짓밟는다. 그렇게 제자리로 돌아간 추종자는 고민에서 벗어난다. "다 언론의 잘못입니다"라는 말이 뇌리에 새겨지면, 우리는

---

* 시나논에서는, 디트리히나 그의 괴이한 규칙에 문제를 제기하려는 모든 시도가 "그런 것처럼 행동하라"라는 금언으로 묵살되었다.

빠르게 언론을 희생양으로 지정하고 모든 고통의 원인이 언론이라고 여기게 된다. 단순히 인식능력을 선사받지 못했기 때문에 궁금증이 자꾸 생기는 거라면, 곧 질문을 멈추게 된다. 인식능력이야말로 이 세상에서 가장 얻고 싶은 선물이기 때문이다.

설령 추종자들이 지도자의 전략을 눈치채고 반발하려 한대도, 가장 억압적인 컬트 환경에서는 이런 불만을 잠재울 수단이 존재한다. 애플화이트와 존스는 둘 다 추종자들이 외부 세계뿐 아니라 자기들끼리도 대화하지 못하게 했다. 인민사원 신도들은 존스타운에 정착한 지 얼마 되지 않아 약속된 땅이 거짓이라는 사실을 알아차렸다. 그러나 동병상련의 처지로 서로 뭉치는 일은 안 될 말이었다. 존스는 '침묵 규칙'을 제정해 캠프 방송에서 그의 목소리가 울려 퍼지면(자주 있는 일이었다) 아무도 이야기하지 못하게 했다.[10] 마찬가지로 헤븐스 게이트에서도 추종자들의 말은 삼엄한 감시의 대상이었다. 프랭크 라이퍼드는 다른 회원을 방해하지 않게끔 모두 조용한 목소리로 말하거나 아무 말도 하지 말아야 했다고 회상한다. 소통이 없으면 연대는 없다. 무슨 일이 일어나고 있는지 알아낼 방법도 없다.

IV

컬트 언어는 마법 총알이나 독약이 아니다. 오히려 플라시보 알약에 가깝다. 그리고 컬트 언어가 특정한 사람에게만 '작용하는’ 데는 여러 이유가 있다. 이 책 전반에 걸쳐 그 이유를 알아볼 텐데, 그중 하나는 우리 대부분이 이미 경험해 본 조건형성과 관련이 있다. 백인 중년 남성의 목소리를 즉각 신뢰하도록 하는 조건형성 말이다.

우리는 수 세기 동안 짐 존스 같은 유형의 목소리가 타고난 힘과 능력을 전달한다고, 즉 신의 목소리처럼 들린다고 믿게 되었다. 사실 텔레비전 방송 전성기에는 실제로 뉴스캐스터 월터 크롱카이트나 에드워드 R. 머로처럼 깊게 울리는 과장된 바리톤 목소리를 일컬어 ‘신의 목소리’라고 불렀다.[1] 역사상 가장 파괴적인 ‘컬트 지도자들’의 목소리가 이 ‘신의 목소리’와 상당히 흡사하다는 사실은 쉽게 눈치챌 수 있다. 이는 자신감 넘치는 백인 남성이 신이나 정부같이 중대한 주제에 관해 공개적으로 발언할 때 기본적으로 다수의 청중이 경청할 가능성이 크기 때문이다. 청중은 깊은 울림과 ‘표준’ 영어에 귀 기울이고 별다른 의심 없이 그의 말을 믿는다. 메시지 자체가 의심스럽더라도, 전달 방식과 내용에서 이상한 점을 발견해 내지 못하는 것이다.

린디 웨스트Lindy West는 에세이집 『마녀들이 온다The Witches Are Coming』에 수록된 「테드 번디는 매력적이지 않다–당신 미친 거 아니야?Ted Bundy Wasn't Charming-Are You High?」라는 글에서 남성의 카리스마에 위험할 만큼 관대한 미국의 분위기를 비판한다. 웨스트의 표현에 따르면, 백인이고 남성인 누군가가 주목하라고 말하기만 하면 우리는 “이 우주가 배출한 가장 명백한 어중이떠중이 사기꾼 예술가 나부랭이"라도 따를 것이다. 무례하고 볼품없는 살인자 테드 번디조차. 웃기지도 않은 파이어 페스티벌의 사기꾼 빌리 맥팔런드조차. 인종차별주의자이자 여성혐오자인 파시스트 도널드 트럼프조차. 사악한 독재자 짐 존스조차.

인정하건대, 도널드 트럼프와 (혹은 어느 문제적 지도자와) 짐 존스를 동일시하는 포괄적인 진술이 항상 생산적인 건 아니다. 주된 이유는 그들 각자의 위험성을 평가하기에 가장 유용한 방식이 아니기 때문이다.[2] 컬트 연구자들은 존스타운이 지금까지도 전무후무한, 유일무이한 비극이라는 데 동의한다. 그러나 정치 성향을 막론하고 정책 결정자들과 언론인들은 자신들이 동의하지 않는 모든 사람에 관한 경고의 메시지로 '존스타운'과 '쿨에이드'라는 상징을 부당하게 사용해 왔다. PETA* 회원부터 임신중지권 활동가까지, 그리고 이들에게 쿨에이드에 관해 고래고래 소리치고 있는 반PETA 집단과 반임신중지 시위자에 대해서도 말이다. 존스와 트럼프 사이 유사성을 지목한 게 내가 처음은 아니다. 그러나 내가 유독 이들의 흡사한 발화 방식을 강조하는 이유는 트럼프의 기만적이고 폭력적인 카리스마를 형성하는 데 기여한 구체적인 언어 형태를 고민해 보자고 제안하기 위해서다. 트럼프가 가이아나에서(가이아나가 어느 대륙에 붙어 있는지는 아나 모르겠다) 대규모 독살극을 기획할 수도 있다는 공포를 조성하기 위해서가 아니다.

* 역주: 미국의 동물권 단체.

이 말을 환원주의적으로 해석하면 존스타운 정도의 사건만 아니면 다 괜찮다는 잘못된 딜레마가 생기는데, 물론 그건 사실이 아니다. 뉘앙스라는 게 있기 때문이다. 게다가 꼭 존스타운에 대해서가 아니어도 컬트적 수사법은 살펴볼 만한 주제 아닌가?

일상에서 우리가 누군가의 발화를 해석하는 방식은 그 사람이 가져도 마땅하다고 생각되는 권력의 양에 정확히 일치한다. '자살 컬트' 지도자 하면 떠오르는 여성은 단 한 명뿐이다. 바로 이 글을 쓰고 있는 지금도 멀쩡히 살아 있는 틸 스완Teal Swan이다.[3] 삼십 대인 스완은 주로 소셜미디어에서 활동하는 자기계발 구루다. 그는 추종자들에게는 '영성 촉매자'로, 반대자들에게는 '자살 촉매자'로 불린다. 컬트 스펙트럼에서 스완은 귀네스 팰트로와 마셜 애플화이트의 중간쯤—자기를 돌보는 '웰니스' 인플루언서와 진정한 소시오패스의 딱 가운데—위치한 듯하다.

대체로 사람들은 스완을 유튜브로 알게 된다. 스완의 '퍼스널 트랜스포메이션' 유튜브 영상은 중독을 이겨 내는 방법부터 제3의 눈을 뜨는 방법까지 모든 종류의 지침을 제공한다. 2007년 처음 영상을 올리기 시작한 채널의 총 조회 수는 수억 회에 달한다. 스완은 SEO 전략*을 활용해 우울증이나 자살 충동에 시달리는 사람들의 외로운 검색어를 겨냥한다. 누군가 "너무 외로워요"라거나 "왜 이렇게 힘들까요"라고 검색하면, 이 키워드를 따라 스완의

---

* 역주: Search Engine Optimization. 검색엔진최적화.

콘텐츠에 다다르게 되는 거다. 스완을 '팔로우'한다고 모두가 **추종자** 수준의 팔로워follower-follower가 되는 건 아니지만, 만약 그렇게 된다면 가장 헌신적인 지지자들만을 위한 페이스북 비공개 그룹 틸 트라이브Teal Tribe에 초대받을지도 모른다. 회원들은 대면 워크숍에 참석하거나, 코스타리카에 있는 스완의 값비싼 휴양 센터로 날아가 시그니처 트라우마 회복 코스인 '컴플리션 프로세스'에 참가할 수 있다.

스완은 정식 정신건강의학 자격증이 없다. 그는 '회복 기억 요법'('억압된 기억'을 끄집어내는 논쟁적인 요법으로, 사탄 공황 당시 유행했다. 스완은 어린 시절 이 요법 덕에 자신이 '사탄 숭배적 학대'를 받았다는 잃어버린 기억을 되찾았다고 주장한다) 등의 모호한 심리 치료 요법을 여럿 사용한다. 현대 심리학자 대부분은 이런 행위가 오히려 잘못된 기억을 심어 주고 환자에게 깊은 트라우마를 남길 수 있다고 지적한다.

그러나 스완의 독특한 '틸리즘Tealisms'이라는 어휘 덕에, 그는 신뢰할 만한 영적·과학적 권위를 얻는다. 성경을 활용해 사회주의를 설파했던 짐 존스처럼, 스완은 동양의 형이상학으로 정신질환을 진단한다. 그는 '공시성synchronicity' '주파수frequency' '아카식 레코드Akashic records'라는 말을 기존 DSM(정신장애진단및통계편람)의 용어(경계선, PTSD, 임상적 우울증 등)와 혼용한다. 전통적인 치료법과 약물로 정신 건강 문제를 해결하지 못한 이들에게, 심리학 용어를 아무렇게나 사용하는 스완의 오컬트적 이미지는 그가 과학보다 우월한 힘을 갖고 있다는 인상을 심어 준다. (의학 용어와 초자연적 언어를 혼용하는 일은 오랜 관행이다. 사이언톨로지의 L. 론 허버드L. Ron Hubbard나 NXIVM의 키스 래니어Keith Raniere 같은 문제적 구루들은 수 세기 동안 이 전략을 사용했다. 소셜미디어 시대에 진입하면서, 수많은 온라인 예언자들이 스완의 뒤를 따라 이런 의심스러운 말투를 사용하며 뉴에이지에 대한 서구 문화권의 새로운 관심을 최대한 활용하고 있다. 비슷한 사례는 6부에서 좀 더 만나 볼 것이다.)

집단 자살 사건은 없었지만, 스완의 멘티 중 최소 두 명이 스스로 목숨을 끊었다. 비평가들은 이런 비극의 원인을 스완이 자살에 관해 이야기할 때 사용하는, 상당한 트리거가 될 만한 말에서 찾는다. "당신의 진동이 보입니다. 당신은 소극적 자살 충동을 느끼는군요"나 "병원이나 생명의 전화는 아무 소용이 없습니다"라는 말은 스완의 대표적인 사고 차단 클리셰의 예시다. 스완은 자살을 장려하거나 지지하지 않는다고 주장하지만, 그는 위와 같은 말을 할 때 "죽음은 스스로에게 주는 선물입니다"라거나 "자살은 리셋 버튼을 누르는 일입니다"라는 등 감정을 촉발하는 은유를 함께 사용한다. 스완이 블로그에 쓴 글에 따르면, 자살이 일어나는 이유는 "우리 모두 직관적으로 (혹은 의식적으로) 죽음 뒤에 우리를 기다리는 것은 원천 에너지의 순수하고 긍정적인 진동이라는 걸 알고 있기" 때문이다. 그는, 자살이 "위안"이라고 썼다.

2010년대 초반, 스완의 오랜 멘티 레슬리 왕스가드는 항우울제 복용을 중단하고 자살 충동을 겪기 시작하자 스완에게 도움을 요청했다. 레슬리가 수년간 신뢰했던 영적 지도자 스완은 레슬리가 자신의 치료법이 듣지 않기를 '바라는' 것 같다며, "삶에 온전히 헌신하든 죽음에 온전히 헌신하든" 해야 한다고 말했다. 이후, 2012년 5월 레슬리는 스스로 목숨을 끊었다. 나중에 스완은 "그 어떤 치유자라 해도 [레슬리] 유형의 진동을 위해서는 해 줄 수 있는 게 없다"라고 말했다. 스완 자신도, 그 누구도 말이다.

비틀린 의미의 '자살 촉매제'라는 명성에 걸맞게, 틸 스완 역시 짐 존스처럼 섹스 심벌이 되었다. 그의 '여신 같은' 아름다움(길고 어두운 머리, 꿰뚫어 보는 듯한 초록색 눈, 스킨케어 루틴)에 관한 기사는 셀 수 없이 많다. ("그의 모공이 자꾸만 생각난다."[4] 《뉴욕New York》 매거진에 실린 에세이의 한 구절이다.) 무엇보다, "죽음은 맛있다"라고 말하는 영상 속 그의 목소리는 최면을 거는 세이렌의 자장가 같다. 여성스러운 목소리의 대명사라고 할 만한, 차분하고 거의 어머니처럼 다정한 스완의 목소리에는 사적이면서 편안한 힘이 실려 있다. 게다가 사람들이 집에서 혼자 소비하는 콘텐츠기에 더욱 그렇다. "밤새 스완의 목소리를 들을 수 있다는 사람들도 만나 봤어요." 사건 추적 팟캐스트 〈더 게이트웨이The Gateway〉의 진행자 제닝스 브라운이 말했다. 스완은 남성의 권위에 도달하려는 노력은 하지 않지만, 섬세한 "퍼스널 트랜스포메이션" 구루라는 본인의 브랜드 측면에서는 그것이 효과적이다. 그는 당신의 정치인이나 예언가가 아니다. 그는 DIY 자아실현 엄마다. 더도 덜도 말고 아름다운 삼십 대 백인 여성에게 적합하다고 여겨지는 컬트 리더십 유형을 추구하는 것이다. 딱 그 정도까지라면, 사람들은 그를 따른다.

V

우리 vs 저들 이분법, 로드된 언어, 사고 중단 클리셰 같은 기술들은 공동체를 중시하는 개방적인 사람들을 컬트 폭력의 희생양으로 만드는 데 결정적인 역할을 한다. 하지만 중요한 점은 이런 기술들이 사람들을 '세뇌하는' 건 아니라는 점이다. 적어도 우리가 세뇌에 관해 들어 온 이야기처럼은 아니다.

짐 존스는 확실히 언어를 사용해 추종자들을 세뇌하려고 애썼다. 그가 연구한 기술 중에는 조지 오웰이 디스토피아 소설 『1984』에서 만들어 낸 용어 뉴스피크Newspeak도 있었는데, 이는 환상을 조장하는 언어를 말한다. 『1984』에서 뉴스피크는 권위주의적인 지도자들이 시민들의 '마인드컨트롤(세뇌)'을 위해 사용하도록 강제하는 완곡한 프로파간다 언어를 의미한다. 짐 존스는 이 뉴스피크식으로 추종자들의 심리를 조종하고자 했다. 예를 들어, 추종자들은 뼈 빠지는 노동에 시달리고 굶주렸음에도 매일 존스에게 좋은 음식과 일자리를 주셔서 감사하다고 인사해야 했다.

『1984』는 허구지만, 오웰은 뉴스피크를 통해 20세기에 실제로 널리 퍼져 있었던 믿음을 풍자했다. 바로 '추상적인 단어들'이 제1차 세계대전을 일으켰다는 믿음이었다. 이 이론에 따르면 '민주주의' 같은 추상적인 단어가 오용되어 전 세계 인구를 세뇌하는 결과를 초래했고, 전쟁은 오직 이 이유로 발발했다. 다시는 이런 일이 일어나지 않도록, 언어학자 C. K. 오그든^{C. K. Ogden}과 I. A. 리처즈^{I. A. Richards}는 공동으로 『의미의 의미^{The Meaning of Meaning}』라는 책을 펴내고 영어를 엄밀하게 구체적인 용어로만 축소하려 했다. 완곡어법도, 과장도, 오해나 세뇌의 여지도 없는 영어. 그들은 이를 기초 영어^{Basic English}라고 불렀다.

당신은 아마 기초 영어에 대해 들어 본 적이 없을 것이다. 그도 그럴 것이, 기초 영어는 결국 널리 쓰이지도 목적을 달성하지도 못했다. 언어의 역할은 사람들이 믿고 싶지 않은 것을 믿도록 조종하는 게 아니기 때문이다. 언어는 사람들이 받아들일 준비가 된 아이디어를 믿도록 허락한다. 언어가—문자 그대로이든 비유적이든, 선의든 악의든, 정치적으로 올바르든 올바르지 않든—한 사람의 현실을 재구성하는 것은 그러한 재구성이 일어날 수 있는 관념적 공간이 있어야 가능한 일이다.

컬트 지도자 지망생을 실망시키고 싶진 않지만, 언어와 사고의 관계에 대한 사피어워프 가설^{Sapir-Whorf hypothesis}이라는 언어학 이론이 있다. 이 가설에 따르면 언어는 사고 능력에 영향을 미치지만 결정하지는 않는다. 즉, 우리가 활용할 수 있는 언어와 사고가 일치하지 않더라도 생각할 수 있다는 의미다. 예를 들어, '시안'과 '세룰리안'이라는 색상(둘 다 강렬한 푸른색 계열이다)의 명칭을 모른다고 해서 시각 시스템이 물리적으로 두 색 사이의 차이를 알아보지 못한다는 뜻은 아니다. 카리스마 넘치는 사람이 부족한 어휘를 근거로 두 색상이 같다고 설득하려 든다고 해도, 이 이름 모를 두 파랑이 서로 다르다는 걸 직감으로 알고 있다면 '세뇌당할 수' 없다는 뜻이다.

따라서 짐 존스가 죽음의 테이프에서 '혁명적 자살'이라는 말을 했을 때, 자신들이 하려는 일이 실제로 옳고 좋은 길이라고 되새긴 이들은 여전히 존스에 대한 신뢰를 지닌 이들이었다. 크리스틴 밀러에게 이 말은 더 이상 먹히지 않았다. 그러나 살아서 빠져나가기에는 이미 늦어 버린 시점이었다. 하지만 저항하기에는 결코 늦지 않았다.

지금까지도 많은 연구가 계속해서 "머리에 총구가 겨누어져도, 사람들은 원한다면 저항할 수 있다"라는 사실을 증명하고 있다. 위의 인용문은 지난 50년 동안 컬트 집단을 분석해 온 영국의 사회학자 에일린 바커가 한 말이다. 바커는 '세뇌'의 과학적 타당성에 대해 공개적으로 의문을 제기한 최초의 학자 중 한 명이다. 세뇌는 북한이 한국전쟁 당시 사용했다는 고문 기술로서 1950년 처음 언론에 등장했다. 1970년대까지 세뇌는 주류 개념이었으며 디프로그래밍deprogramming이라는 수상한 관행을 변호하는 데 이용되었다. 디프로그래밍은 신흥종교로 개종한 이들을 소위 '구출'하려는 시도였는데, 납치나 그보다 더 불법적인 수단이 자주 동원되었다.* "그들이 자유의지로 빠져나올 수 없다는 구실로 이루어진 일이었습니다." 바커의 설명이다. 그러나 바커는 통일교에 가입했던 경험이 있는 1016명을 연구한 결과 다음과 같은 사실을 밝혀냈다. 소위 세뇌가 일어날 법한 워크숍에 한 번이라도 참여할 만큼 상당한 관심을 보였던 사람들의 90퍼센트는 곧 통일교가 전혀 취향이 아니라는 것을 깨닫고 재빨리 무니로서의 삶을 관두었다. 나머지 10퍼센트 중 절반 역시 2년 이내에 자체적으로 교단을 떠났다.

그렇다면 5퍼센트는 왜 남았을까? 일반적으로 지적 능력이 부족하고 심리적으로 불안한 사람이 컬트에 오래 몸담는다고 여겨진다. 하지만 학자들은 그게 사실이 아님을 증명했다. 바커는 연구에서 가장 헌신적인 통일교 개종자를 대조군과 비교했다. 대조군에 속한 사람들은 인생에서 그들이 '쉽게 넘어가도록' 만들 법한 경험을 했다(바커는 "가령 불행한 어린 시절을 보냈다거나 지능이 상대적으로 낮았어요"라고 말했다). 그러나 결과적으로, 대조군은 전혀 통일교에 몸담지 않거나 1, 2주 안에 무니 커리어를 중단했다.[1] 우리는 흔히 컬트 집단이 '심리적 문제'가 있는 개인을 노린다고 믿는다. 그들이 더 잘 속으리라고 생각하기 때문이다. 그러나 전 컬트 포교자들은 사실 선량하고, 서비스 정신이 있으며 예리한

---

* 1970년대 일부 '안티컬트' 운동은 자신들이 맞서 싸우는 집단들만큼이나 무질서했다. 컬트 어웨어니스 네트워크CAN, Cult Awareness Network라는 조직은 활동 기간 20년 동안 디프로그래밍을 실시하겠다며 '컬트 추종자' 수십 명을 납치하고 고문했다. CAN의 창립자 중 한 명인 테드 패트릭Ted Patrick은 어떤 부모로부터 좌파 정치에 연루된 성인 딸을 납치해 2주간 침대에 수갑을 채우는 대가로 2만 7000달러를 받은 사건으로 곤경에 처했다.

사람들이야말로 이상적인 후보군이라고 말한다.

무니였던 스티븐 하산은 통일교 포교를 담당했던 만큼 컬트가 어떤 유형의 개인을 찾아다니는지 잘 알고 있다. 하산은 1998년 출간한 『컬트 마인드 컨트롤과 맞서 싸우기Combatting Cult Mind Control』에서 다음과 같이 적었다. "내가 무니 간부였을 때, 우리는 신중히…… 강인하고, 배려심 있고, 의욕적인 사람들을 끌어들였다."[2] 새로운 회원을 모집하는 데 상당한 시간과 돈이 들기 때문에, 그는 당장 무너져 내릴 것 같은 사람에게 자원을 낭비하는 일은 피했다. (마찬가지로, 다단계 마케팅 상급자들은 신입 회원 중에서도 당장 현금이 필요한 사람이 아니라 장기전을 할 만큼 결단력 있고 낙관적인 사람이 가장 돈이 된다고 말한다. 4부에서 더 살펴보겠다.) 에일린 바커의 무니 연구는 지적이고 강직한 사람이야말로 가장 충직한 회원이라는 사실을 밝혔다. 이들은 (우리 부모님 같은 경계심 강한 과학자가 아니라) 활동가, 교육자, 공무원 등의 자녀였다. 다른 사람의 좋은 점을 보도록 길러진 사람들인 것이다. 설령 그게 자신에게 해를 입힐지라도.

이처럼 사람들을 착취적인 집단으로 끊임없이 끌어들이는 건 절박함이나 정신 질환이 아니라 과도한 낙관성이다. 물론 정서적인 혼란을 겪고 있는 사람에게 컬트 환경이 매혹적으로 보이는 것도 사실이다. 삶의 전환기에 스트레스를 받는 사람에게 러브바밍은 특히 기분 좋은 일이다. 하지만 어딘가에 이끌린다는 것은 자아나 절망감보다 더 복잡하며, 애초에 건네받은 약속에 걸린 이해관계와 더 관련이 있다.

예를 들어, 1978년 대학살의 날 존스타운에서 압도적으로 많은 흑인 여성이 사망한 이유는 절망이 그들을 '세뇌'하기 쉽게 만들어서가 아니다.[3] 1970년대 폭풍처럼 복잡한 정치 상황에서, 흑인 여성들은 백인 2세대 페미니스트 활동가(이들도 그렇게 환영받지는 못했다)나 시민권 운동을 이끌었던 남성 지도자들에 비해 목소리를 높이기가 극히 어려웠다. 올바른 이들(앤절라 데이비스, 블랙팬서당, 아메리칸 선주민 운동, 반동적인 네이션 오브 이슬람, 샌프란시스코의 좌파 성향 목회자들, 말할 것도 없이 존스의 '무지개 가족')과 유대 관계가 있었던 짐 존스와 함께라면, 마침내 그들의 이야기를 할 기회가 있을 것 같았다. "흑인 여성들이 유독 취약했던 건 성차별적, 인종차별적 착취의 역사뿐 아니라 교회 내부에서 사회정의 운동을 주도해 왔던 오랜 전통 때문이었습니다." 시키부 허친슨은 말한다. 흑인 여성이 그토록 많이 사망한 이유는 존스의 활동으로 얻을 수 있는 것이 너무나 많았기 때문이었다. 물론 이는 거짓으로 드러났다.

로라 존스턴 콜은 아무도 짐 존스의 말을 믿으라고 강요하지 않았다고 선선히 인정했다. 그는 기꺼이 빤한 표현과 사고 중단 클리셰에 귀 기울였고 다른 이야기는 듣지 않았다. "나는 정치적인 이유로 [존스타운에] 있었고, 짐은 생각했겠죠. '로라가 회의에 올 때마다 정치 얘기를 해야겠군.' 나는 그가 내게 중요한 일들을 언급하면서 다른 건 보지 못하도록 눈가리개를 씌우게 내버려

둔 거예요.” 로라가 말했다.

우리는 언제나 남의 이야기를 듣고 싶은 대로 듣는다. 이런 결함 있는 추론 방식은 인간의 고전적인 확증편향인데, 기존의 신념을 확증하는 (그리고 강화하는) 방식으로 정보를 찾고, 해석하고, 받아들이고, 기억하려는 경향을 말한다.[4] 동시에 신념에 반하는 것은 모두 무시하거나 내버린다. 전문가들은 아무리 논리적인 사람이라도, 심지어 과학자들조차도 확증편향에서 완전히 자유로울 수는 없다는 데 동의한다. 건강염려증이나 선입견, 편집증 등 인간의 흔한 비논리성은 확증편향의 다양한 형태다.[5] 일상의 사소한 일을 질병의 원인, 한 집단을 싸잡아 비난할 이유, 혹은 누군가 자신을 잡으려 쫓아온다는 증거로 해석하는 것이다. 들을 의지가 있는 사람들이 모호한 점성술이나 독심술, 소셜미디어상의 이유를 알 수 없는 ‘추천’ 콘텐츠가 자신과 꼭 들어맞는다고 생각하는 것도 확증편향 때문이다.

컬트 지도자는 자기 이데올로기를 뒷받침하고 추종자들이 열렬히 듣고 싶어 하는 정보를 일방적으로 제시함으로써 확증편향의 힘을 최대한 활용한다. 그리고 나면 확증편향이 알아서 작동한다. 동료집단의 압력이 더해지면서, 저항은 더욱 힘들어진다. 컬트 지도자들의 수사법이 그토록 모호한 것도 확증편향 때문이다. 자기 사상의 불건전한 점을 은폐하기 위해 (그리고 사상이 변화할 여지를 남겨두기 위해) 의도적으로 형태가 불분명한 로드된 언어나 완곡어법을 이용하는 것이다. 한편, 추종자들은 원하는 모든 것을 언어에 투영한다. (예를 들어 존스가 '백야'라는 단어를 사용하면 로라 같은 추종자들은 이 말을 원하는 대로 해석하고 폭력적인 의미가 내재할 가능성은 무시했다.) 대다수 사람에게 확증편향의 여파는 존스타운 수준으로 심각하지는 않다. 그리고 그런 수준까지 도달하는 사람이 있다 해도 그가 유독 순진하거나 절박해서는 아니다. 대부분의 경우 이들은 유달리 이상주의적이다.

코뮌 생활을 정리한 후 로라는 공립학교 교사, 퀘이커교도, 무신론자, 그리고 이민자 권리 활동가가 되었다. "덜 정치적인 사람이 된 게 아니라, 다른 사람의 말에 덜 현혹당하게 된 거죠." 2017년, 로라가 한 기자에게 말했다. 하지만 로라는 한순간도 멈추지 않고 인민사원의 첫 약속을 실현할 방법을 찾아 헤맸다. 극심한 폭력을 겪은 뒤에도, 희망은 남았다. "지금이라도 공동체에서 살 수 있는 길이 있다면, 당장 그렇게 할 거예요." 그가 내게 말했다. "리더가 없어야 하고, 다양성을 존중하는 공동체여야 해요." 로라는 말은 쉽다는 듯 아쉬운 한숨을 내쉬었다. "내가 원하는 걸 갖고 있는 공동체를 찾지 못했을 뿐이에요. 하지만 예나 지금이나 난 공동체가 중요한 사람이에요. 거친 삶을 살았지만, 똑같이 거칠게 살아온 사람들과 어울리고 싶지는 않거든요. 그래서 사실 인민사원에서의 삶을 정말 사랑했어요. 존스타운은 내 인생의 하이라이트예요."

마셜 애플화이트로 인해 청년 시절과 사랑하는 파트너를 모두 잃은 프랭크 라이퍼드 역시 후회하지는 않는다. "제 경험을 뒤

돌아보면, 헤븐스 게이트를 겪어 내는 것 자체가 내 삶의 목표가 아니었나 싶습니다. 더 어두운 곳으로 들어갈수록, 우리는 새총처럼 빛을 향해 더 높이 솟구칠 수 있지요." 라이퍼드가 단언했다. "그런 어둠과 억압을 겪으며 자아가 흐릿해지는 경험을 하지 않았더라면, 지금처럼 저 자신을 깊이 알 수 있는 원동력이 없었을 겁니다." 러브바밍이 망가진 이들을 유혹할 수 있다 해도, 결국 남는 사람들은 이처럼 로라나 프랭크 같은 사람들이다. 이들은 온 마음을 다해 집단에 헌신하면 기적과 의미를 얻을 수 있다고, 그러니 시도해 볼 만하다고 믿을 만큼 이상적이다.

"삶을 긍정적으로 바라보기 위해 난 스스로 세뇌를 해요." 로라가 내게 진솔하게 털어놓았다. "뉴스 좀 보세요. 난 암 투병 중이고요. 인생에 짜증 나는 일이 한둘이 아니죠. 우리를 침대에 묶어 두거나 싸울 생각도 하지 못하게 하는 일들이요. 난 확실히 세뇌를 믿어요. 상황에 따라 '긍정적인 기운'이라고 부를 수도 있겠네요. 어쨌든 우리 모두 스스로 세뇌한다고 생각해요. 어떨 때는 그렇게 해야만 하고요."

로라와 나는 마지막 인터뷰 후에도 이메일로 시나논 이야기를 주고받으며 연락을 이어 갔다. 시나논 시절의 오랜 친구들과 저녁 식사를 한 어느 날 밤, 로라는 프랭키라는 친구와 그 당시 사용했던 시나논 은어를 기억나는 대로 전부 적어 보았다. "프랭키가 당신 아버지를 아는 것 같대요. 프랭키도 비슷한 시기에 시나논에 있었거든요." 로라는 메일에 이렇게 썼다. 단어 목록도 첨부

되어 있었다. "인생은 재밌죠, 이런 우연이 겹친다는 게." 두 달 뒤, 로라는 암으로 세상을 떠났다. 거친 삶을 살아 내며 만난 수많은 동료가 그의 곁을 지켰다.

어떤 사람이 인민사원이나 헤븐스 게이트 같은 공동체에 들어가고 싶어 할 만한 이유는 수도 없이 생각해 낼 수 있다. 지금의 괴로운 삶 대신 더 나은 삶을 원해서. 누군가 도와주겠다고 약속해서. 지구에서 사는 일을 더 의미 있게 만들고 싶어서. 외로움에 지쳐서. 새로운 친구나 새로운 가족, 새로운 삶의 배경을 찾으려고. 사랑하는 사람을 따라서, 혹은 그저 모든 사람을 따라서. 어쩌면 모험을 하고 싶어서.

대부분은 상황이 위험해지기 전에 빠져나오지만, 누군가가 남고 싶어 하는 이유도 새로울 것은 없다. 헤어져야 하는 사람과 헤어지는 일을 미루는 이유와 같기 때문이다. 인정하고 싶지 않은 마음, 내키지 않는 마음, 사회적 압박, 복수에 대한 두려움, 열악한 재정 상황, 외부 지원의 부족, 더 나은 사람을 찾지 못하리라는 걱정, 몇 달만 더 버티면, 조금 더 헌신하면 상황이 나아지리라는, 시작했던 때로 돌아갈 수 있으리라는 간절한 소망.

손실 회피에 관한 행동 경제 이론에 따르면 일반적으로 인간은 이익보다 (시간, 돈, 자존심 등의) 손해를 훨씬 더 크게 받아들인다. 심리학적으로 보면, 실패를 직시하지 않으려고 애쓸 준비가 되어 있다는 뜻이다. 우리는 비합리적이게도 엉망인 관계나 형편없는 컬트 집단처럼 부정적인 상황에 머무르며 고지가 눈앞이라고 되뇌곤 한다. 그래야만 일이 뜻대로 풀리지 않았고 이제 손절할 때가 되었다는 걸 인정하지 않을 수 있기 때문이다. 이미 투자한 자원이 있으니 더 투자해야 한다고 생각하는 경향인 매몰 비용 오류의 정서적인 예시인 셈이다. 이렇게 오래 있었으니 더 버텨 볼 만하다고 생각하는 것이다. 확증편향과 마찬가지로, 아무리 똑똑하고 신중한 사람도 뿌리 깊은 손실 회피 성향에서 자유로울 수 없다. 나 역시 유독한 일대일 관계 유지에 일조한 경험이 있는데, 착취적인 파트너와 컬트 지도자 사이의 공통점을 발견하는 일은 말 그대로 날 겸허하게 만들었다.

권력 남용은 독이 든 주스나 보라색 장막 같은 모습을 하고 있을 수도 있다. 하지만 핵심은 그것이 어떤 소리를 내는가이다. 만약 어떤 언어가 당신에게 즉각 감정적인 반응을 일으키는 동시에 더 이상 질문하지 못하도록 만든다면, 혹은 단지 그 자리에 나타나는 것만으로도 '선택받았다는' 느낌을 준다면, 혹은 원칙에 따라 일차원적이고 열등한 다른 사람과 당신 자신을 분리하도록 만든다면, 그 언어는 의심해 볼 만하다. 이름표와 완곡어법이 당신을 죽이진 않겠지만, 당신이 단순한 생존 이상의 삶을 원한다면 당연히 가장 만족스러운 건 스스로 이야기하는 삶일 테니까 말이다.

"우리 안의 가이드야말로 최고의 안내자입니다." 프랭크 라이퍼드가 내게 말했다. 그렇다고 혼란을 이겨 내기 위해 외부에서 (혹은 하늘에서) 도움을 구하면 안 된다는 뜻은 아니다. 그가 말을 이었다. "하지만 제게 좋은 코치는 이끄는 사람이 아니라 한 사람

의 가장 깊은 욕망과 장해물에 빛을 비추는 사람입니다." 가이드
도, 예언자도, 그저 무슨 말을 하면 되는지 일러 주는 구루도 아니
다. 존재의 도서관을 희미하게 비추는 촛불 하나면 된다. 당신에
게 필요한 유일한 사전은 이미 펼쳐져 있다.

3부

당신도 방언을 할 수 있습니다

I

나는 다른 사람한테 사이언톨로지스트에게 납치당했던 얘기를 해 줄 때가 제일 좋다. 나는 열아홉 살이었고, 로스앤젤레스에서 형편없는 아르바이트와 가벼운 우울증에 시달리며 외로운 여름을 보내고 있었다. 할 일이라고는 동네에서 유일하게 아는 사람인 젊은 배우 지망생과 친구가 되는 것뿐이었다. 그의 이름은 마니였다. 우리는 뉴욕대학교 1학년 시절에 처음 만났다. 마니는 어머니와 어린 여동생과 함께 산페르난도 밸리의 아파트에서 방학을 보내는 중이었고, 광고 오디션을 보고 서던캘리포니아대학교 학생 영화에 출연했다. 그는 눈길을 끄는 사람이었다. 우크라이나 사람다운 고양이상 얼굴에 긴 금발 머리를 하고, 망사 티셔츠를 입고 반려동물로 뱀을 길렀다. 원래 이름은 나와 같은 어맨다였지만, 자유분방하고 길들일 수 없는 그답게 이국적인 애칭 '마니Mah-nee'를 선호했다. 우리는 그가 하고 싶은 건 무엇이든 하며 하루하루를 보냈다. 마니가 한마디 하면—마치 불안정한 십대 여자아이가 으레 침착하고 냉정한 아이에게 사로잡히듯—나는 그대로 했다. 나는 혼다 시빅을 끌고 샌타모니카에서 스튜디오시티까지 마니를 데리러 가곤 했다. 그러고 나면 우리는 중고품 쇼핑을 하거나 여러 식당을 돌아다니며 저녁 식사를 했고, 화요일 오후에는 언덕으로 가서 (2시간에 12달러짜리) 승마를 하기도 했다. 그러다가 하루는, 이건 아닌 것 같다는 내 판단에도 불구하고, 어마어마한 규모의 할리우드 사이언톨로지 교회에서 '성격 테스트'를 받아 보라는 권유를 받아들였다.

7월의 그날 오후, 마니와 나는 잠바주스로 스무디를 사러 가는 길에 시내를 어슬렁거리고 있었다. 그때, 선셋대로에 서 있던 이십 대쯤 되어 보이는 고등학교 오케스트라 단원 차림(흰색 버튼다운 셔츠에 검은 슬랙스)의 두 사람이 팸플릿을 내밀며 물었다. "성격 테스트, 해 보실래요?" 나는 《세븐틴Seventeen》이나 《코스모폴리탄Cosmopolitan》 심리 테스트 섹션에서 〈길모어 걸스Gilmore Girls〉 등장인물 중 내 천생연분은 누군지, 혹은 내 별자리에 따라 가을에 시도해 봐야 할 패션 트렌드가 뭔지 알아보는 일 외에는 아무것도 사랑하지 않는 자아 비대한 청년이었다. 게다가 나는 뉴욕에서 두 학기를 보내고 돌아온 참이었고, 그건 마니도 마찬가지였다. 그러니 마니가 두 사람을 거들떠보지도 않고 파워 워킹으로 쌩하니 길을 지나가는 대신 멈춰 섰을 때 내가 얼마나 놀랐겠는가. 마니는 걸음을 멈추고, 미소 짓더니 말했다. "**재밌을 것 같네.**"

팸플릿을 살펴보다 거기 찍힌 사이언톨로지의 상징을 발견한 나는 이번에야말로 마니가 이 괴짜들에게서 멀찍이 떨어지는 데 동의하리라고 생각했다. 스무디를 사고, 집으로 돌아가자. 하지만 아니었다. 마니는 쿨하고 아름답고 아무것도 두려워하지 않았다. 사이언톨로지의 상징은 마니의 궁금증을 더 자극할 뿐이었다. "해 보자." 어마어마하게 긴 속눈썹을 깜박이며 마니가 선언했다.

마니처럼 뭐든 도전해 보자고 애써 다짐하면서, 나도 동의했다. 우리는 냉동 과당을 찾아 나서는 일을 잠시 멈추고, 시빅에 다시 올라탄 후 네 블록을 지나 L. 론 허버드웨이로 진입했다. 그리고 널찍한 주차장에 차를 세운 뒤 37만 7000제곱피트 대성당을 향해 천천히 걸어갔다. 그때까지는 멀리서 보기만 했던 건물이었다. 당신도 다큐멘터리나 위키피디아 블랙홀에서 사진을 본 적이 있을지도 모르겠다. 건물 한 층 높이의 사이언톨로지 십자가(꼭짓점이 네 개가 아니라 여덟 개다)가 양각으로 새겨진, 그리스 스타일의 그 유명한 건물이 맞다. 이곳은 미국에 살고 있는 사이언톨로지스트 2만 5000명*의 성지다. 이들 중 대부분은 (곤란하게도) 내가 지금 사는 로스앤젤레스 집 근처 12제곱마일 이내에 거주한다.

로스앤젤레스에서 사이언톨로지스트들은 눈에 띄지 않게 여기저기 숨어 있다. 바리스타나 요가 강사, 당신이 좋아하는 CW 드

---

* 이 수치는 프린스턴고등연구소의 발표에 따른 것이다. 사이언톨로지 법인은 전 세계적으로 신도가 무려 천만 명이 있다고 주장하지만 말이다.

라마의 조연, 그리고 특히 스타가 되고 싶어 눈을 반짝이며 할리우드에 온 이들. 배우 지망생들은 《백스테이지Backstage》 매거진에서 엔터테인먼트 분야 커리어를 쌓을 수 있다는 단기 프로그램 광고를 발견하거나, 사이언톨로지가 비밀리에 후원하는 아티스트 워크숍에 참여한다. 다른 이들은 길에서 성격 테스트를 해 보라는 권유를 받는다. 또 어떤 사람은 인상적인 교회 건물(일반에 공개되어 있다)을 돌아보며 오후를 보내고, 재미로 초심자 코스에 참석하기도 한다. 어떤 이들은 순수한 호기심에 그렇게 하고, 대부분은 깊게 엮이기 전에 재빨리 꽁무니를 뺀다. 하지만 일부는 사이언톨로지의 마스코트인 톰 크루즈, 존 트라볼타, 엘리자베스 모스 같은 스타를 바라보며 되뇐다. *나도 저렇게 될 수 있어.*

사이언톨로지스트가 말하는 방식이나 무엇에 귀 기울여야 하는지를 모르고서는 일상에서 옷차림이나 행동으로 그들을 알아볼 수 없다. "사이언톨로지스트였던 적이 있다면, 대화를 나눌 때 상대가 말하는 방식으로 그가 사이언톨로지스트인지 아닌지를 알 수 있어요." 전 사이언톨로지스트 캐시 셴켈버그가 인터뷰 중 내게 말했다. 이제 사십 대가 된 캐시는 약 20년 전 사이언톨로지를 빠져나와 지금은 아일랜드에서 파트타임으로 단역배우 일을 하며 살고 있다. 2016년, 캐시는 사이언톨로지 트레이닝 비디오 오디션이라고 생각했던 일이 사실 톰 크루즈의 연인 역할을 위한 면접이었다는 사실을 밝혀서 잠시 언론의 주목을 받았다.[1] 오디션 관계자가 아마도 무작위로 톰 크루즈에 관해 어떻게 생각하냐고 물었고, 캐시는 솔직하게 대답했다. "참을 수가 없어요. 나르시시스트 어린애 같아요. 니콜이랑 헤어진 건 정말 안타까워요." 말할 필요도 없이 캐시는 역할을 따내지 못했고, 얼마 지나지 않아 그 역에는 케이티 홈스가 캐스팅되었다.

요즘 캐시는 사이언톨로지에서의 경험을 풀어내는 단독 스탠드업 코미디쇼 〈스퀴즈 마이 캔스Squeeze My Cans〉를 진행하고 있다. 쇼에서 그는 발칙하게 그 유명한 L. 론 허버드의 E-미터를 언급한다. 거대한 1990년대 시디플레이어처럼 생긴 E-미터는 일종의 거짓말 탐지기로, PC(pre-clear, 감사 대상)들을 '감사audit'하는 데 사용된다. 사이언톨로지 교회조차도 이 기기 자체는 "아무것도 하지 않는다"라고 인정하긴 하지만 말이다.[2] 교단을 빠져나오고 5년이 지난 몇 년 전, 캐시는 맥도날드 광고 더빙을 하다가 그레그라는 감독을 만났다. 그와 대화한 지 단 5분 만에, 캐시의 머릿속에는 경고음이 울려 퍼졌다. "나한테 지시사항을 주는데, 특정한 단어를 쓰더라고요." 캐시가 말했다. 혼란스럽다는 뜻의 '엔터뷸레이티드enturbulated'*, 많은 교통량Developed Traffic을 줄인 말로 '지연 원인'을 뜻하는 'Dev-T' 등이었다. "그래서 제가 말했죠. '그레그, 혹시 사이언톨로지스트예요?' 그가 대답하기를, '네, 캐시도 그런 거 아닌가 궁금하던 참이었어요.' 그레그는 결국 자살했는데, 그

---

* 역주: 사이언톨로지에서 만든 동사 enturbulate의 과거분사형. 사전에 등재되지 않은 단어이므로 원어 그대로 옮긴다.

건 또 다른 얘기예요. 어쨌든 그는 모든 걸 다 잃었죠."

원대한 꿈을 꾸는 일은 사람들을 취약하게 만든다. 사이언톨로지스트들은 이 사실을 알고 당신의 잠재력을 펼칠 수 있는 열쇠를 우리가 가지고 있다고 속삭인다. "그들은 그걸 상정postulate이라고 불러요." 캐시가 골웨이에서 건 통화 중에 설명했다. 사이언톨로지에서 개인의 결심을 가리키는 용어지만, 로스앤젤레스의 점성술사가 '발현manifestation'이라고 부를 법한 의미에 가깝다. 사이언톨로지에 너무 깊이 빠져들어 집과 저축해 둔 돈을 날리고 모든 관계가 끝장났을 때도, 교회가 시간을 너무 많이 잡아먹어서 더는 오디션을 볼 수 없게 됐을 때도, 캐시는 꿈을 절대 놓지 않았다. "난 그냥 필요한 단계들을 거치고 뉴욕으로 돌아가서 뮤지컬 배우가 되고 싶었어요." 캐시가 침울하게 회상했다. "물론 그런 일은 일어나지 않았죠."

특별한 삶에 대한 약속은 교단이 캐시를 꽁꽁 묶은 수단이었다. 그는 진작에 절박하게 떠나고 싶었는데도 18년 동안 교단에 남았다. 1991년, 시카고에 살던 스물셋 캐시는 엔터테인먼트계의 떠오르는 샛별로 주요 광고와 성우 계약을 따내기 시작했다. ("당신이 아는지 모르겠는데 'SC 존슨, 당신의 가족'이나 '애플비스, 가까운 미식의 경험' 같은 거예요." 그리고 캐시는 전화로 더빙을 재연해 주었다.) 그해, 캐시는 다정한 동료 배우를 한 명 만났다. 그는 자신을 비롯해 앞길이 창창한 동료들로 가득한 아티스트 집단을 소개했다. 이 멋진 그룹의 이름은 사이언톨로지였다. 처음 듣는 이름이었지만, 캐시에게는 그럴듯하게 들렸다. 어쨌든 이름에 '사이언스'라는 말이 들어가 있었으니까. 캐시가 친구를 따라 참석하기 시작한 지역 모임은 나중에 교단에서 주최한 행사로 밝혀졌다. "'봤지? 우리 미친 거 아니야. 우리 예술가야'라고 보여 주는 거예요." 캐시가 교단의 목적을 설명했다. "예술은 보편 용매다! L. 론 허버드가 그렇게 말했거든요."

캐시는 포섭하기에 완벽한 조건을 갖추고 있었다. 반짝이는 눈, 헌신적인 태도, 여유로운 상황, 그리고 세상에 좋은 일을 하려는 열정. "많은 이들이 이십 대 초반에 그렇듯, 나도 평화봉사단이나 해비타트 같은 집단에 가입하고 싶었어요. 자기중심적인 배우가 되지 않고 세상에 기여하기 위해서요." 캐시가 설명했다. 게다가 캐시는 영적인 탐색 중이었다. 네브래스카의 가톨릭 집안에서 태어나 아홉 명의 형제자매와 함께 자란 캐시는 열세 살 때 갑작스러운 차 사고로 오빠를 잃었다. "그게 전환점이었어요." 캐시는 오빠가 '주님과 함께할 준비가 되었기 때문에' 그토록 어린 나이에 죽도록 '선택받았다고' 설득하려 드는 성당에 발길을 끊었다. 그런 사고 차단 클리셰는 캐시에게 먹히지 않았다. "난 '그런 신과는 아무것도 함께 하고 싶지 않아'라고 생각했죠." 캐시는 이후 10년 동안 높은 권능을 찾아 헤맸다. 하지만 크리스털 명상 워크숍에서 방언으로 기도하는 교회까지, 그 무엇도 와닿지 않았다.

처음에 사이언톨로지는 '인류에게 희망을 전하는' 일을 최우선 과제로 삼는 비종교집단으로 캐시에게 접근했다. "만나는 사람마다 '오, 네가 원하는 대로 뭐든 실천하면 돼'라고 말했고 난 그렇게 믿었어요. 다들 쿨했죠." 하지만 한번 내부인이 되자 캐시는 다른 종교 활동에 참여하는 일이 절대적으로 금지되어 있다는 걸 곧 알게 됐다. "그걸 '딴짓'이라고 불러요." 캐시가 말했다. "어느 날 눈을 들어 보면 앞에 놓인 L. 론 허버드의 동상을 향해 '힙힙 후레이!'라고 합창하고 있는 사람 500명과 함께 있다는 걸 깨닫게 되는 거예요."

II

로스앤젤레스로 돌아와 보자. 마니는 폴짝거리며(나는 터덜대며) 사이언톨로지 본부의 거대한 로비로 들어섰다. 사십 대 백인 신사 한 명이 지나치게 환한 미소로 우리를 맞이했다. 그는 빳빳한 수레국화색 파란 양복을 입고 정교한 은색 두건을 썼으며, 대부분 라틴계인 직원들을 향해 완벽한 스페인어를 구사했다. "와주셔서 감사합니다. 저를 따라오세요." 그가 우리를 건물 깊숙한 곳으로 안내했다. 곳곳의 출구를 눈여겨보는 내게 마니가 태평한 미소를 보냈다.

결과적으로, 마니와 나는 사이언톨로지 교회 안에서 쉼 없이 이어지는 방대한 입문용 그루밍 전술을 통과하며 세 시간 이상을 보냈다. 제일 처음 45분을 보낸 뮤지엄홀에서는 전시된 E-미터 기기 사이를 돌아다니고 세계 종교 지도자들이 L. 론 허버드에 관해 모호한 이야기를 늘어놓는 선전 영상을 관람했다. 허버드가 신이 인류에게 내려 주신 선물이라는 방향으로 편집된 영상이었다. 그러고 나서는 한 교실로 끌려가 파란 양복이 씩 웃으며 건네준 두꺼운 종이 묶음과 응답지, 그리고 자그마한 연필을 들고 99분짜리 성격 검사를 끝마쳤다. 기진맥진한 우리는 검사가 끝나고 나서도 교실 밖에서 결과지가 나올 때까지 영겁 같은 시간을 기다려야 했다. 늦은 오후가 되자 파란 양복의 사나이가 불쑥 나타나 결과를 알려 주겠다며 우리 둘을 따로 갈라놓았다. 마니가 먼저였고, 나는 또다시 지긋지긋한 30분을 서성거린 뒤 차례가 되어 교실로 돌아갔다.

다른 직원에게 넘겨진 마니가 5야드 떨어진 곳에 앉아 내가 들을 수 없는 대화를 나누는 동안, 파란 양복의 사나이는 내 성격을 파헤치기 시작했다. 검사 결과는 내 인생의 발목을 잡는 장해물들을 밝혀냈다. 고집, 취약함에 대한 두려움(인정하는 바였다. 곧장 마니의 결과가 궁금해지긴 했지만). 매번 문제를 언급할 때마다 남자는 눈을 반짝이며 같은 문장을 반복했다. "사이언톨로지가 이런 문제를 해결하도록 도와줄 수 있습니다." 장황한 설명을 마친 그는 마니와 다른 직원 쪽으로 나를 이끌었다. 강매의 시간이었다. 아무래도 어디서 본 D리스트* 배우인 듯한, 스프레이로 태닝한 두 번째 남자는 자기계발 프로그램—책과 워크숍—에 관해 설명하기 시작했다. 절대 종교적인 게 아니고, 다만 우리가 더 나은 삶을 살도록 도와주는 '도구' 프로그램이라고 했다. 우리처럼 열심히 공부하는 전도유망한 학생을 위한 수강료는 고작 35달러였다. 그날 등록을 하면, 그가 우릴 건물 반대편으로 데리고 가 앞으로 배울 내용을 소개할 참이었다.

"우선 기초 프로그램으로 흥미를 끌죠." 내가 은밀하게 사이언톨로지와 만난 8년 후, 캐시가 설명했다. "그걸 미끼로 모든 게 바뀌어요. '소통'이나 '인생의 고점과 저점'에 관한 프로그램으로 시작하는 거예요. 그럼, 사람들은 '와, 진짜 도움이 되네'라고 생각하죠." 캐시는 나와 달리 자신의 컬트 경험을 솔직히 털어놓는 아버지 밑에서 자라지 않았다. 그는 개방적이고 긍정적이며, 무엇보다 발을 담그기 전까지 사이언톨로지에 대해 전혀 몰랐다. "1991년이었고, 구글이 없던 시절이니 찾아볼 수도 없었어요." 캐시가 설명했다. "그냥 내가 좋아하는 배우가 소속되어 있으니 그러려니 한 거죠." 돈을 내고 프로그램을 수강하고 결국 깊숙이 교단에 얽히게 된 이후에도, 캐시는 개인적으로 사이언톨로지를 파헤치지 않았다. 교단의 규칙이 그런 일을 엄격히 금지했기 때문이다. "인터넷이나 신문, 아니면 사이언톨로지에 관한 '블랙 PR'을 들여다보지 말라고 했어요." 캐시가 말했다. "그런 사람들이나 기자들은 사이언톨로지가 인류의 유일한 희망이라는 걸 알기 때문에 자기들을 파괴하려고 한댔죠." 캐시는 (물론 선불인) 상담 세

---

* 역주: 투자 동원력이 없는 배우나 감독. 자신의 이름을 걸고 모집할 수 있는 투자 규모에 따라 배우 및 감독을 A, B, C 등급으로 나눈 '울머 척도'에 속하지 못한 이들을 뜻한다.

션을 시작할 때마다 다음과 같은 질문을 들었다. 인터넷을 찾아봤나요? 사이언톨로지에 관해 나쁘게 이야기한 사람은 없었나요? 바람을 피웠나요? 마약을 했나요? 기자와 이야기했나요? 대사관이나 정부, 정계, 혹은 변호사와 관련이 있나요? "광기였어요." 캐시가 회상했다. 당시에는 그저 일상적인 경계심이라고 생각했지만 말이다.

순식간에 캐시의 새로운 집단은 우리 vs 저들 이분법을 활용해 그를 외부와 단절시켰다. "사이언톨로지스트가 아닌 사람은 더 못한 존재로 보이게 만드는 방식이 있어요." 캐시가 회상했다. 사이언톨로지에 대한 비판은 그 무엇이라도 '암수 범죄'로 명명되었다. 사이언톨로지를 위협하는 사람이나 행위는—예를 들어 SP(억압자, 기자나 회의적인 가족처럼 나쁜 영향을 끼치는 사람)와 어울리는 일—곧장 PTS^potential trouble source, 즉 잠재적 문제 요소가 되었다. 사이언톨로지에는 PTS의 유형을 규정하는 기나긴 목록이 있다. 이 PTS 분류(1-3 유형과 A-J 유형이 있다)는 교단의 다양한 적들을 가리킨다. 의심하는 사람, 범죄자, 공개적으로 사이언톨로지를 비방하거나 고소한 사람, SP와 지나치게 가깝게 지내는 사람, '정신착란'을 겪은 사람 등. 잠재적인 '저들'을 낱낱이 정해 놓은 PTS는 교단의 말을 따르지 않는 사람에 대한 비방이나 박해를 정당화하기 위해 사용되었다.

"사이언톨로지 친구 그레그, 맥도날드 광고 감독 알죠? 그가 자살한 뒤, 교단에서는 그가 PTS 유형 3이라고 했어요. 정신착란을 겪었다는 말이죠." 캐시가 말했다. "하지만 그레그는 자기 돈과 아버지 돈을 전부 쏟아부었고, 집도 팔고 직장도 잃었어요. 완전히 파괴됐죠." 'PTS'가 아니라, 사이언톨로지가 그의 삶을 황폐화한 것이었다. 수화기 건너편에서 캐시가 한숨을 쉬었다. "지금 생각해 보면, 인생의 20년을 거기에 낭비한 거예요." 하지만 당시의 캐시는 사이언톨로지가 영원을 약속한다고 믿었다. "이런 앎을 가지고, 다음 생에 다시 태어나 다른 사람들이 못하는 일을 할 거라고요. 이해하겠어요?"

사이언톨로지 교리에서, L. 론 허버드의 '테크(tech, 신앙 체계)'에는 결점이 없다. 교단에 있으면서도 불행하다면, 분명 뭔가 나쁜 일을 '불러올 만한' 짓을 한 거다. 이 고전적인 사이언톨로지 사고 중단 클리셰의 의미는 당신이 어떤 부정적인 경험을 하든 그건 당신의 탓이지 누구의 책임도 아니란 말이다. "당신이 초래한 일이라는 거예요." 캐시가 말했다. "길을 걷다가 삐끗해서 발목을 삐면, 보도블록의 틈 때문이 아니라 내가 *불러*들인 일이라는 거죠." 마음에 의심을 품고 있었거나 SP와 너무 가까이 어울렸는지도 모른다. 만약 당신이 결혼생활이나 친구 관계, 직장 생활에서 문제를 겪는다면 관계를 끊거나, 그들을 "다루거나(교리에 동의하도록 설득하거나)" "브리지로 그들을 이끌어야 했다". 그 사람들을 사이언톨로지로 개종시켜야 한다는 뜻이다.

책상 가득 쌓인 책자와 DVD를 앞에 두고 마니가 반쪽짜리 배우에게 동의의 표시로 고개를 끄덕이는 동안, 나는 고등학교 때

들었던 어머니의 일장 연설을 떠올렸다. 우리 가족이 친구의 초대를 받아 멕시코 해변 리조트에서 봄방학을 보내기로 했을 때였다. "도착하면 그 사람들이 곧바로 우리를 작은 방으로 데려가서 공동 소유 별장을 사라고 할 거야." 어머니가 근엄하게 경고했다. "간식을 잔뜩 주고, 칭찬을 퍼붓고, 근사한 얘기를 늘어놓겠지. 하지만 **절대** 공동 소유 별장을 사선 안 돼. **절대로.** 인생을 망치는 길이야. 그냥 계속 '괜찮아요'라고 말해야 해. 그럼 이번엔 또 다른 작은 방으로 데려가서 소개 영상을 보여 줄 거야. 무슨 일이 있어도, 그 방에 순순히 들어가선 **절대 안 돼.** 그 자리에서 일어서서 떠나는 거야."

열아홉 살, 사이언톨로지 본부에 붙들린 지 네 시간째를 향해 가던 그때, 나는 그 '교회'가 35달러짜리 자기계발 워크숍에서 시작된 거짓 약속으로 평범한 사람들에게 남긴 수백만 달러 규모의 심리적 트라우마에 대해서는 꿈에도 몰랐다. 그저 모든 게 공동 소유 별장 판매처럼 느껴질 따름이었다. 그 방에 순순히 들어갈 수는 없었다.

그래서 나는 벌떡 일어나 말했다. "**괜찮아요. 저희랑 맞지 않는 것 같아요. 보내 주세요. 마니, 가자.**" 스프레이 태닝남이 파란 양복 사나이와 눈을 맞추더니 문 쪽으로 손짓했다. 나는 마니의 손을 붙들었고, 우리는 교실 밖으로 달려 나왔다(사실 전력 질주했다). 그리고 뮤지엄 홀과 로비를 지나, 문을 뛰쳐나와 시빅에 올라타고 재빨리 출발했다. 다시는 L. 론 허버드 웨이로 들어서지 않기 위해서였다.

'납치당했다'라는 말은 사이언톨로지스트와 내가 맺은 관계를 설명하기엔 살짝 과장된 표현일지도 모르지만…… 그들이 실제로 그런 일을 저지른대도 이상할 게 없다. 몇 년 뒤, 나는 만약 그날 프로그램 중 하나라도 등록함으로써 한 발짝 더 나갔더라면 영화관으로 끌려가 사이언톨로지 입교 환영 영상을 봤을 테고, 등 뒤로는 문이 잠겼으리라는 사실을 알게 되었다.[1] 그때 사이언톨로지스트가 되었더라면 더 많은 프로그램과 일대일 세션에 등록하고, 수천, 어쩌면 수백만 달러를 쏟아붓고, 가진 모든 것을 교회에 헌신했을 것이다.

그랬다면 내 궁극적인 목적은 '정화되는 것', 즉 L. 론 허버드의 가장 고차원적인 깨달음에 도달하는 일이 되었을 테니 말이다. 교단은 모든 구성원에게 이 목표를 강요하지만, (비밀리에 영구히 유지되는) 복잡한 계층구조로 인해 정화되는 것은 사실상 불가능하다. 사이언톨로지에서 몇 년을 보낸 뒤, 캐시는 다이어네틱 클리어dianetic clear 단계에 도달했다. 캐시가 아는 한, 최종 단계였다. "난 '세상에, 잘됐다. 난 정화됐고, 더는 반응적 마음reactive mind도 없어. 새로운 깨달음을 가지고 세상으로 나갈 거야'라고 생각했어요." 캐시가 회상했다. 하지만 사이언톨로지에서는, 원래 최고 단계라고 들었던 곳에 도달하면 곧바로 더 높은 단계가 있다는 사실이 드러난다. 사실 거기서부터가 시작이다. 당신은 이제 막 새로운 영성의 벌집을 건드렸기 때문이다. 이제는 다음 단계, 또 다음 단계로 올라가는 수밖에 없다. 게다가 이전 단계를 오르는 데 5000달러나 1만 달러가 들었다면, 앞으로는 10만 달러나 그 이상이 들 수도 있다.

내가 사이언톨로지의 '완전한 자유를 향한 다리(정화되기 위해 거치는 길)'를 계속 건넜더라면, 은하계 독재자 제누^{Xenu}나 보이지 않는 '바디 테탄(인간에게 들러붙고 파괴를 유발하는 고대 외계인의 영혼)' 같은 초자연적 개념을 마주쳤을 거다. 미친 짓이었겠지만, 어쩔 수 없이 계속했을 거다. 매몰 비용의 오류와 손실 회피 성향이 여기서 관둘 수는 없다고 속삭일 테니까. 여기까지 와 버렸으니까. 게다가 상급자들은 상급 감사가 한창인 지금 떠나면 불행을 불러오리라고, 질병이나 죽음까지도 불러올 수 있다고 경고한다. 마저리 웨이크필드라는 전 사이언톨로지스트는 OSA(사이언톨로지의 '정보국')에서 오랜 시간 일했다. 그는 1980년대 초 그의 정신 상태가 악화됐을 때 어떻게 교단이 자신을 '내려놓았는지(내쫓았는지)' 썼다. 사이언톨로지에서 10년 넘게 회원으로서 강력한 정신교육을 받은 뒤라, 마저리는 당시 단계에서 내려가는 일이 자신의 에너지에 극도로 위험한 일이라고 믿었으며, 12일 이내에 반드시 죽고 말 거라고 확신했다(그는 자신이 목숨을 부지해서 기절초풍할 정도로 놀랐다).

만약 마저리만큼 깊이 발을 담가 OSA나 SEA-Org(사이언톨로지의 준군사 집단)에 들어갔다면, 나는 영혼의 충성을 맹세하는 10억 년짜리 계약에 서명하고 교단이 연방 범죄를 저지르는 걸 돕는 훈련을 받았을 거다.[2] 무단 침입, 정부 문서 도용, 도청, 범죄 증거 인멸, 위증, 그 외에도 교단을 보호하려 무슨 짓이든 하기 위해서 말이다. 마저리는 두 사람을 살해하려는 교단의 공식 계획을 본 적도 있다고 말했다. 이탈자였던 한 명은 OSA에 붙잡혀 모텔 방에 갇혔다. "다음 날 그를 바다로 데려가 제거할 계획이었다. 추를 매달아 바다에 던지려는 거였다." 마저리가 1990년 진술서에 적은 내용이다. 다른 한 명은 사이언톨로지를 비판하는 책을 쓴 기자였다(내가 애써 잊으려 하는 사실이다).

내가 결국 배우게 되었겠지만 '사이언톨로지 법 〉 워그법'이라는 부등식이 성립하기 때문이다. ('워그wog'는 외부인을 의미한다. 오래된 인종 비하 단어와 관련이 있는 듯지만, 정확한 어원은 알려지지 않았다.) 전 사이언톨로지스트 여럿의 증언에 따르면, 워그에게 거짓말하는 법을 가르치는 코스가 따로 있을 정도다. 트레이닝 루틴 라이Training Routine Lie를 줄여 TR-L이라고 부르는 프로그램인데, 알려진 바에 따르면 사이언톨로지스트들은 TR-L을 통해 극한의 스트레스 상황에서도 흔들리지 않는 당당한 태도로 거짓말하는 기술을 배운다.[3] 마저리 웨이크필드는 진술서에서 OSA 활동 당시 어떤 판사를 성범죄로 무고하도록 강요받은 사건을 자세히 기술한다. 해당 판사는 사이언톨로지에 관한 사건을 담당할 예정이었는데, 아마도 그가 마음에 들지 않아 제거하고자 했던 교단이 마저리를 시켜 판사가 성추행했다고 주장하도록 한 것이다. 마저리가 증언 전에 위증에 관해 상급자에게 묻자, 그는 허버드 방침을 인용해 대답했다. "최대의 다이내믹을* 위한 최대선." 사이언톨로지의 생존을 위해서라면 무슨 일이든 해야 한다는 의미였다. 마저리의 TR-L을 활용해 순종하라는 뜻이었고, 결과가 모든 수단을 정당화한다는 의미였다.

이 단계에 도달했다면, 나는 사이언톨로지 독트린에 너무나 깊이 빠져 교단 바깥의 누구와도 대화할 수 없게 될 거다. "고위급 사이언톨로지스트 두 명이 대화하는 걸 들어 봤나 모르겠네요." 통일교도였던 심리학자 스티븐 하산이 내가 말했다. "하나도 못 알아들을 거예요." 다른 모든 컬트 종교에서와 마찬가지로, 사이언톨로지에서도 언어가 모든 것의 시작이자 끝이기 때문이다. 어떤 의미에서는, 언어가 곧 신 그 자체다.

III

종교적 언어의 힘이 바로 그렇다. 어릴 때부터 들어서 다른 의미를 전혀 고려하지 않는 성경의 단어들부터(하나님, 계명, 죄악) 신흥종교의 대안적인 문구까지(감사, PC, 완전한 자유를 향한 다리), 종교적 발화는 강렬한 힘을 발휘한다. 언어가 단순히 현실을 반영하

---

* 사이언톨로지에서 '다이내믹'은 개인에서 시작해 가족, 공동체, 전 인류, 나아가 신이나 영원까지 확장되는 우주의 요소를 가리킨다. 허버드는 총 여덟 가지 다이내믹을 설명했는데, 사이언톨로지스트들은 이를 두문자어를 이용해 나타낸다. 예를 들어, 배우자는 2D, 친구 집단은 3D 등이다.[4]

는 게 아니라 적극적으로 현실을 만들어 간다는 언어 수행성 이론을 기억하는지? 일부 학자들은 종교적 언어야말로 가장 수행적인 발화 유형이라고 말한다. "대부분의 종교적 언어는 '알려주기[inform]' 보다는 '수행'하며, 우리가 인간 본성의 최선과 최악을 행하도록 만든다."[1] 게리 이벌리가 저서 『위험한 말』에서 한 말이다.

종교적 발화가 사건을 일으키는 방식은 신자들에게는 형언할 수 없이 심오하게 느껴진다. "우리는 어떤 것을 드러내거나, 어떤 일이 일어나게 하거나, 스스로 어떤 것을 믿게 하려고 성가를 사용했어요." 스물일곱 살 사회복지사 애비 쇼가 말했다. 그는 티베트 불교에서 파생된 논쟁적 분파인 샴발라의 전 신도다. 나는 그를 로스앤젤레스의 한 파티에서 만나 며칠 뒤 인터뷰했다. "사랑해서 지금까지도 떠올리는 말도 있고, 경험해 본 가장 기이한 트라우마를 겪게 한 말도 있죠."

종교적 상황에서 나타날 수 있는 모든 수행적 동사들을 생각해 보라. 축복하다, 저주하다, 믿다, 고백하다, 용서하다, 맹세하다, 기도하다. 이런 단어들은 비종교적 언어와는 차원이 다른 방식으로 중대한 변화를 유발한다. "하나님의 이름으로"라는 문구로 발화자가 결혼하고, 이혼하고, 심지어 누군가를 추방할 수도 있다. "카일리 제너의 이름으로"라는 말로는 할 수 없는 일이다. (당신이 진심으로 카일리 제너를 숭배한 나머지 제너가 당신의 삶과 사후를 관할하는 유일한 존재라고 믿지 않는 한 말이다. 만약 그렇다면, 나는 오류를 인정하고 이 책을 쓸 때 당신을 인터뷰하지 않은 걸 아쉬워할 것이다.) 물론 전혀 종교적이지 않은 방식으로 "하나님의 이름으로"(그리고 당연히 "카일리 제너의 이름으로")라고 말할 수도 있다. 성경 구절들은 우리 일상에 만연하다. #blessed처럼 성경에서 온 은어를 생각해 보라. 하지만 종교적 문맥에서 이런 표현들은 특별하고 초자연적인 힘을 상정한다. 발화자가 자신의 선언에 의미를 부여하기 위해 자신이 믿는 궁극적인 권위를 불러내기 때문이다.

"종교적 언어는 우리를 가장 커다란 문맥 속에 위치시킨다." 이벌리는 말한다. 이는 직장이나 정치의 범주를 넘어서는 문맥이다. 진심으로 믿는다는 것은 시공간을 넘어서는 일이다. "야구 심판이 '아웃'을 외치는 일은 경기라는 맥락 안의 야구장에서 수행적이다. 하지만 종교적 언어는 개인의 자아와 존재 자체의 수행을 수반한다."

대다수 종교에서 기도를 권장하는 데는 다 이유가 있다. 언어가 믿음을 강화하기 때문이다. 심리인류학자 타냐 루어만은 현대의 마녀와 '카리스마파 기독교인'*(본인들이 그렇게 말한다면**)에 관한 연구에서, 더 높은 힘을 알고 싶은 사람이 있다면—자신의 신이 실재하기를 원한다면—입을 열어 신에게 말을 걸어야 한다

---

* 역주: 성령, 영적 은사(카리스마), 현대의 기적을 강조하는 기독교 분파.

** 사실 '카리스마'라는 용어 자체가 기독교와 수 세기 동안 관련이 있다. 카리스마는 '선물이나 은혜'를 의미하는 고대 그리스어에서 유래했는데, 1600년대 중반이 되자 가르침이나 치유처럼 '신이 주신 능력'을 의미하게 되었다. 1930년대가 되어서야 카리스마가 지상의 재능인 리더십이라는 뜻을 내포하게 되었고, 지금처럼 일반적으로 '개인의 매력'을 의미하게 된 것은 1950년대 말부터였다.

는 걸 알아냈다. 루어만이 관찰한 기독교인과 마녀의 신학적 어휘는 서로 상당히 달랐지만, 양쪽 모두 반복적인 기도나 주문을 통해 그 기도를 받는 대상에 대한 "신자들의 정신적 이미지를 강렬하게 만든다"라는 공통점이 있었다. 영적인 권위에 말 걸고 또 말 걸어 보라. 그럼 어느 순간, 야훼든 외계인 독재자든 당신이 말을 걸고 있는 그 대상이 대답하는 마법 같은 경험을 하게 된다. 결국, 그런 대화(루어만은 이를 '상상의 대화'라고 부른다) 중에 동시에 어떤 생각들이 떠오르면—예를 들어, 어떤 사람의 얼굴이나 당신이 몰두하던 질문의 해답인 것처럼 느껴지는 장면—그 생각들은 자신이 만들어 낸 것이 아니라 더 높은 권능에서 곧바로 내려온 것처럼 느껴진다. 루어만이 내게 한 말에 따르면, 사람들은 초자연적인 힘을 실제로 느끼도록 도와줄 만한 것을 필요로 한다. 바로 그게 언어가 하는 일이다.

종교적 언어의 어마어마한 힘을 건전하고 윤리적으로 유지하려면, 언어가 제한된 '의례 시간'에만 사용되어야 한다. 의례 시간은 '언약' 같은 성경의 단어들을 사용하거나 티베트 성가를 읊는 것이 갑자기 완벽히 적절해 보이는 은유적인 영역을 말한다. 의례 시간에 들어서기 위해서는 일반적으로 특정한 상징적 행위가 이루어져야 한다. 노래를 부르거나, 촛불을 밝히거나, 소울사이클 신발을 신는 일 말이다(농담이 아니다). 이런 의례적 행위는 일상에서 우리가 하는 일과 지금 이 종교적 행위를 분리한다는 신호다. 마지막에도 특정 행위가 있는 경우가 많은데(촛불을 끄거나,

'나마스테'라는 말을 반복하거나, 신발 끈을 푸는 행위), 이를 통해 우리는 의례 시간에서 나와 매일의 일상으로 되돌아간다. '성스럽다 sacred'라는 단어가 말 그대로 '따로 떼어내다'라는 의미를 지니는 데는 이유가 있는 것이다.

하지만 억압적인 집단은 의례 시간에서 벗어나도록 허용하지 않는다. 분리는 없다. 다른 신념을 가진 사람들과 함께 어울리고, 점심 식사 도중에 만트라를 외우거나 십계명을 읊조리는 일이 암묵적인 규칙을 위반하는 행위라는 사실을 인지하는 현실로 돌아갈 수 없다는 의미다. 사이언톨로지나 통일교, 다윗교, 3HO, (나중에 이야기할 근본주의 기독교 컬트인) 더 웨이 인터내셔널The Way International을 비롯한 수많은 파괴적인 집단에서는, 특별한 언어를 위한 '성스러운 공간'이 더는 존재하지 않는다. 이제 '가증' '저주' '낮은 진동'처럼 집단만의 독특한 어휘는 전능한 힘을 쉴 새 없이 발휘한다.

미국 문화에서 종교적 언어는(특히 개신교 언어가 그렇다) 도처에서 우리가 알아차리지도 못하는 사이에 우리의 세속적 선택에 영향을 미친다. 최근에는 저칼로리 맥앤치즈 포장지에 '죄악 없는'이란 단어가 찍혀 있는 걸 본 적도 있다. 전자레인지에 돌려 먹는 파스타 이야기를 하면서 죄악을 언급하는 건 과장된 감이 있지만, 미국 문화에 종교적인 언어가 얼마나 깊이 자리하는지 잘 보여 주는 사례다. 죄인과 성인이 있다면, 후자는 유지방 2퍼센트짜리 유제품을 선택하는 것이다.

자본주의 시장의 수많은 분야에서 제품을 홍보하기 위해 신의 이름을 부르는 것도 문화와 종교 사이의 구멍 뚫린 경계선 덕분이다(특히 다단계 마케팅 산업이 그러한데, 여기에 대해서는 4부에서 자세히 얘기하겠다). 메리케이 코스메틱이나 서티원 기프트 같은 기독교 계열 직판 회사는 하나님이 자기들에게 화장품과 자잘한 장식품을 판매하고…… 다른 이들도 그렇게 하도록 개종시킬 '기회'를 적극적으로 '제공해 주셨다'는 말로 판매원들을 독려한다.[2] 십억 달러대의 사업가 메리 케이 애시^{Mary Kay Ash}는 한 인터뷰에서 곤란한 질문을 받기도 했다. 그의 유명한 슬로건 "첫 번째는 하나님, 두 번째는 가족, 세 번째는 메리케이"에 관해 예수를 마케팅 수단으로 이용하는 게 아니냐는 질문을 받자, 그는 대답했다. "아뇨, 그분께서 저를 이용하시는 겁니다."[3]

IV

전 세계 컬트 종교가 신도의 전향, 조건형성, 강제를 위해 사용하는 사고 중단 클리셰나 로드된 언어, 우리 vs 저들 이분법을 열거하자면 이 책보다도 더 긴 글이 완성될 것이다.

먼저 샴발라를 보자. 샴발라에서 사고 중단 클리셰는 지혜로운 불교의 진리로 둔갑한다. 2016년, 전 샴발라 신도 애비 쇼는 프런트 데스크에서 일하며 명상을 공부하기 위해 샴발라의 한적한 버몬트 코뮌으로 이사했다. 예정대로라면 그저 평범했을 여름을 보내기 위해서였다. 캘리포니아에서 갓 대학을 졸업하고 광고계에서 일하기 위해 뉴욕으로 이주한 애비는, 캘리포니아대학교 샌타크루즈캠퍼스 학생 시절 살던 공동주택이 그리웠다. 게다가 이십 대 중반이 되면서 영적인 리셋 버튼이 필요해졌다. 바로 그때 그는 티베트 명상 수업을 만났고, '기본선basic goodness'에 관한 가르침을 금세 사랑하게 되었다. 모든 존재는 온전하고 가치 있게 태어났지만, 살아가면서 길을 잃는다는 내용이었다. 명상이 필요한 이유도 바로 그거였다. 우리의 기본선을 되찾기 위해서.

애비는 더 배우고 싶은 마음이 가득했지만, 심화 명상 피정은 너무 비쌌다. 그때 강사가 그림 같은 작은 마을에서 일하며 3개월 동안 무료로 샴발라와 함께 지낼 기회가 있다고 알려 주었고, 애비에게는 그야말로 찾아 헤매던 '여정'처럼 보였다. 샴발라는 전 세계 수십여 곳에 명상 센터와 피정 공간을 보유하고 있으며, 버몬트는 규모가 가장 큰 곳 중 하나다. 애비는 도시를 어서 벗어나고 싶어 전전긍긍하며 표를 예약했다.

샴발라에는 곧장 사랑에 빠질 요소가 많았다. 동료의식, 너그러움과 수용에 대한 가르침. 심지어 나무들조차 완벽히 아름다웠다. "그렇게 많은 종류의 녹색은 샴발라에 도착해서 처음 봤어요." 샴발라를 탈출하고 2년 뒤, 커피를 마시며 애비가 내게 말했다.

1970년대, 티베트 승려이자 명상 구루인 초걈 트룽파Chögyam Trungpa가 샴발라를 창시했다.[1] 티베트 불교를 서구에 전파하는 데 큰 역할을 한 트룽파는 옥스퍼드에서 비교종교학을 공부했고, 샴발라 신도가 아닌 이들에게조차 깨달음을 얻은 천재로 명성을 얻었다. 그의 제자 중에는 시인 앨런 긴즈버그, 작가 존 스타인벡, 데이비드 보위, 그리고 조니 미첼도 있다. "지금도 트룽파를 어떻게 생각해야 하는지 헷갈려요. 트룽파의 책들은 엄청나거든요." 애비가 고백했다. "그는 언어에 통달했어요. 시인이에요."

하지만 트룽파는 심각한 알코올중독이었고, 모두가 이를 알면서 묵인했다. 1987년 그는 마흔여덟의 나이에 알코올 남용에 따른 합병증으로 사망했고, 이후에는 그의 아들 사콩이 아버지의 뒤를 이었다. 트룽파는 중독을 감추지 않고 오히려 자신의 가르침에 활용했다. 사실, 샴발라 기념행사는 넘치는 술과 방탕한 분위기로 악명 높다. "불교계에서는 샴발라 교인들을 파티 불교 신자라고 불러요." 애비가 양가적인 감정이 드는 듯 말했다. 트룽파는 또한 많은 제자와 잠자리를 했다고 알려져 있는데, 이들 중 일부는 애비의 스승이 되었다. "그게 다 합의에 따른 것일 리는 없죠." 애비가 인상을 찌푸렸다. "하지만 다들 그냥, 아, 70년대가 그랬지 하는 식이었어요."

트룽파는 샴발라 '만다라'의 중심이었다. 만다라는 샴발라의 지휘 계통으로, 수많은 어중이떠중이 군사와 그 스승들의 위계 체계로 이루어졌다. 트룽파는 특히 영국 체류 이후 군사와 위계에 집착했고, 전쟁 은유를 반영한 수사법을 사용했다. 예를 들어, 추종자들은 스스로 '샴발라 전사'라고 불렀다. 하지만 권력 피라미드는 그 자체로 불교 교리에 반하는 일이었으므로 트룽파는 이를 만다라, 즉 '꼭대기' 없이 안락한 중심이 있는 원으로 위장했다.

질문이나 불만이 있어도, 절대 위계를 뛰어넘어선 안 됐다. 만다라 중심 가까이 위치한 한 부유한 백인 남성 아차리아(고위급 스승)의 아내는, 애비의 표현을 빌리자면, "진짜 나쁜 놈"이었다. 자신의 알량한 권력을 흠뻑 누리며, 아차리아의 아내는 애비 같은 일벌들에게 하찮것없는 잡일을 잔뜩 시키곤 했다. 애비는 행주를 손으로 빨거나 그 앞에서 지루한 반복 작업을 해야만 했다. 하지만 애비가 샤스트리(낮은 급의 스승)에게 그의 행동에 대해 문제를 제기할라치면, 매번 같은 사고 중단 클리셰가 돌아왔다. "좀 더 숙고해 보지 그래?"

이런 방식은 "모든 것이 마음먹기에 달렸다"라는 불교의 주요 가르침을 왜곡한 것이다. 이 말은 원래 부정적인 일을 경험할 때, 외부 세계를 바꿀 수는 없으므로 마음속을 들여다봄으로써 갈등을 해결한다는 의미다. (그래서 NXIVM의 키스 래니어부터 틸 스완 부류의 자기계발 가이드까지 많은 미심쩍은 뉴에이지 구루들이 비슷한 가르침을 활용해 추종자들을 속인다. '마음속의 일'이나 '두려움을 극복하기' 등의 말로 학대를 정당화하는 것이다.) "사람들이 알고자 하는 건," 애비가 말을 이었다. "불교의 커다란 철학적 질문이기도 한데요, 어떻게 사회적 불의에 맞서냐는 거예요." 어떻게 불교의 원칙을 따르면서도 자신으로부터 비롯하지 않은 게 분명한 외부의 문제를 해결할 수 있을까? "정말 흥미로운 답변이 많아요." 애비가 말했다. "하지만 샴발라에는 어떤 답도 없죠." 버몬트에서 제시된 '해결책'은 언제나 똑같았다. 좀 더 숙고해 보지 그래?

샴발라는 기이하게 수동적인 방식으로 기만적인 컬트 언어를 사용한다. 창립자가 섬세함과는 거리가 멀었던 사이언톨로지와는 전혀 다른 방식이다. L. 론 허버드는 영적 지도자보다는 팬덤을 너무 멀리 데리고 간 공상과학 매니아에 가까웠다. 그는 우주 판타지와 조지 오웰에 집착했고, 사이언톨로지 교리의 기반이 된 공상과학 소설 수백 편을 썼다. J. R. R. 톨킨의 중간계 언어 같은 인공어 형식으로, 허버드는 사이언톨로지 자체 사전을 두 권이나 집필했다.[2] 기술 사전과 행정 사전을 합치면 표제어는 3000개 이상이다. 지금 이 순간에도 온라인에서 기술 사전을 펼쳐 A부터 Z까지의 표제어를 살펴보며 정신이 혼미해지는 경험을 할 수 있다.[3] 허버드는 기존의 영단어('다이내믹' '감사' '정화' 등)에 사이언톨로지만의 의미를 부여하거나 신조어를 만들어 사전을 채웠다. 다이어네틱스dianetics와 테탄thetan이 가장 널리 알려진 신조어의 예다.

심리학이나 소프트웨어 개발 같은 분야의 전문용어가 주는 기술적인 인상을 좋아했던 허버드는 기술 용어 수십 개를 차용해 재정의해서 사이언톨로지의 신념 체계가 실제 과학에 바탕을 두고 있는 것처럼 보이게 했다. 예를 들어 '베일런스valence'라는 단어는 언어학, 화학, 수학 분야에서 다양한 의미를 지니며 일반적으로 대상의 값을 가리킨다. 하지만 사이언톨로지에서 '베일런스'는 악한 영혼이나 인물에게 사로잡힌 상태로, "SP 베일런스를 미리 대비해야지!"처럼 쓰인다. 마찬가지로 신경심리학자에게 '기억 심상engram'은 저장된 기억과 관련된 뇌의 변화를 가정하는 말이지만, 사이언톨로지에서는 PC의 무의식 속 고통스러운 과거 사건이 남긴 정신적 이미지를 뜻한다. 기억 심상은 반응적 마음에 저장되며 PC가 정화되고자 하는 마음이 조금이라도 있다면 감사를 거쳐야 한다. (이 문장을 이해했다면, 축하합니다! 당신의 사이언톨로지 언어가 점점 더 유창해지고 있습니다.)

허버드가 창조한 그럴듯한 언어 세계가 너무나 탁월하고 포괄적으로 들린 나머지 '컬트 지도자' 카피캣 무리가 생겨났다.[4] NXIVM의 창립자 키스 래니어는 '억압적' '테크' '코스' 등 사이언톨로지 용어 여러 개를 직접 도용하기도 하고, EM(Exploration of meaning, 의미 탐구. NXIVM 버전의 감사)이나 DOS(Dominus Obsequious Sororium, 지배-복종 자매단을 의미하는 라틴어로 NXIVM 내부 소위 '주인'과 성착취 '노예'로 이루어진 여성 전용 집단) 같은 얼핏 학문적으로 들리는 허상의 두문자어를 만들기도 했다. 사이언톨로지와 마찬가지로, 래니어는 독점적인 지혜를 향한 추종자들의 지적 허영을 잘 알았다. 그가 만든 짝퉁 허버드어는 이런 점을 이용해 먹을 수 있는 도구였다.[*]

허버드는 또한 다채로운 의미 스펙트럼을 지닌 일상적인 영어 단어 수십 개를 가져와 뉴스피크 형식으로 단 하나의 절대적인 사이언톨로지 의미만을 남겨 놓았다. '클리어clear'라는 단어는 일상 영어에서 최소 서른 가지 의미가 있다(이해하기 쉬운, 텅 빈, 방해받지 않는, 무죄인, 여드름이 없이 깨끗한 등등). 하지만 사이언톨로지에서 이 말은 단 한 가지로 정의된다. "정화 코스를 완수한 사람."[5] 다른 의미로 이 단어를 사용하면 허버드의 교리를 제대로 이해하지 못했다는 뜻이 된다. 그럼 교단을 위협하는 PTS로 간주될 수 있고, 그건 무슨 일이 있더라도 피해야 하는 일이다.

사이언톨로지는 자체적인 컬트 언어 없이는 교단의 권력도 없다는 사실을 알지만, 마찬가지로 그 언어로 인해 교단이 위험한 컬트 집단으로 여겨질 수 있다는 것도 알고 있다. 그래서 사이언톨로지는 최대한 은밀하게 스스로 보호하기 위해 저작물, 용어, 이름, 심지어 상징물에 대해서도 어마어마한 저작권을 보유하고 있다. 끝없는 소송으로 악명 높은 사이언톨로지는 공공연하게 자기네 언어를 언급하거나 풍자하는 (웁스!) 외부인과 탈주자들을 밑도 끝도 없는 법적 소송과 형이상학적 위협으로 덮어 버린다. 귀가 훈련되지 않은 사람이 은하계 독재자 제누의 말이나 높은 단계의 사이언톨로지 개념에 노출되면 "파괴적이고 충격적인 영혼의 위해"를 입게 되리라고 위협하는 것이다.

캐시와 통화하면서, 나는 그해 여름 로스앤젤레스 사이언톨로지 본부에서 파란 양복의 사나이가 은하계의 악독한 군주나 테

---

* 하지만 허버드만큼의 비전은 없었던 래니어는 사이언톨로지 수준의 제국을 건설하는 데 다다르지 못하고 갈취와 성매매로 체포되어 기소되었다. 2018년, 변호사이자 종교 연구자 제프 트렉슬러Jeff Trexler는 《배니티페어Vanity Fair》에 다음과 같이 논평했다. "모두('컬트 지도자' 지망생들)가 L. 론 허버드만큼 재능을 지닌 건 아니다. (…) [허버드는] 탁월했다." NXIVM은 '운동'보다는 실패한 피라미드 사기에 가까웠고, 트렉슬러는 농담으로 NXIVM이 "섹스의 암웨이"라고 말하기도 했다. (비록 나는 거대 다단계 마케팅 집단 암웨이가 NXIVM보다 언제나 더 사회에 위험하다고 생각하지만 말이다. 4부에서 더 이야기하겠다.)

탄을 언급했던 기억은 없다고 이야기했다. "아, 당연하죠." 캐시가 대답했다. "그런 얘기로 시작하진 않죠. 그럼 도망가잖아요. 그들이 처음부터 내게 외계인 얘기를 했더라면 나도 도망쳤을 테고, 그럼 돈도 많이 아꼈을 거예요." 바로 이런 이유로, 사이언톨로지 입문 코스는―'소통'이나 '인생의 고점과 저점'―꽤 지루한데다 평범한 영어로 진행된다. 사람들이 천천히 교단의 이념에 친숙해지도록, 고유한 언어는 조금씩 등장한다.

"처음에는 많은 단어를 줄여 말하는 것으로 시작해요." 캐시가 말했다. 실제로 사이언톨로지 어휘는 내부에서만 사용하는 두 문자어와 줄임말로 가득하다.[6] 그들은 줄여 쓸 수 있는 단어는 모두 줄인다. ack(acknowledgment, 인정), cog(cognition, 인식), inval(invalidation, 무효), eval(evaluation, 평가), sup(supervisor, 상급자), R-팩터(reality factor, 현실 요소), tech(technology, 기술), sec(security, 보안), E-Meter (electropsychometer, 전기심리계), OSA와 RFP(내부기관명), TR-L과 TR-1(트레이닝 루틴), PC, SP, PTS, 등등…… 예를 들자면 끝이 없다.

교단에서 10년 내지 20년을 보내고 나면, 개인의 어휘는 완전히 허버드의 언어로 대체된다. 다음의 대화를 보라. 이 대화는 마저리 웨이크필드가 1991년 『사이언톨로지 이해하기Understanding Scientology』를 위해 구성한, 사이언톨로지스트들 사이에 분명 일어날 법한 대화의 예시다.[7] 대괄호는 (애석하게도 내가 직접 작성한) 번역본이다.

사이언톨로지스트 두 명이 길에서 만난다.

"어떻게 지내?" 한 명이 묻는다.

"흠, 솔직히 말하면 내 두 번째 다이내믹[연인]이랑 PTP[현재의 문제]가 있어서 최근에 아웃 루드*[피곤하거나 배고프거나 화난 상태] 상태야. 그 애 아파트의 내 MEST[질량, 에너지, 공간, 그리고 시간, 물리적 우주에 속한 어떤 것]와 관련된 바이패스 차지[다시 표면화된 과거의 부정적 에너지][8] 때문에. 내가 그 집으로 들어갔을 때 개한테 R-팩터[호된 잔소리]를 주긴 했지만, 그래도 우리가 ARC[친밀감, 현실성, 소통: 좋은 상태]인 줄 알았거든. 근데 최근에 개가 좀 PTS 상태인 거 같길래 AO[고위 조직]의 MAA[SEA-Org의 요원]를 만나 보는 게 어떻겠냐고 했지. 차지를 좀 날려 버리고[기억 심상 에너지를 지우고] 자기 윤리를 좀 익히라고[사이언톨로지식으로 정신을 좀 차리라고] 말이야. MAA가 그 애한테 F/N[떠 있는 바늘, 감사가 끝났다는 신호] 리뷰[감사 평가]를 줬는데, VGI[지표가 아주 좋음]이 나왔는데도 개가 롤러코스터인 거야[호전되었다가 악화했다가 하는 거야]. 그러다 보니 개 라인[감사 및 훈련 방식] 어딘가에 SP가 있다는 생각이 들었지. 내가 직접 개를 감사해 보려고 했는데 바늘이 지저분하더라고[E-미터 결과가 불규칙적이더라고]······ 게다가 진짜 1.1[은연중에 비협조적]로 굴고. 그래서 결국 그 애 라인의 엔세타[최근에 블랙 PR을 접했다면 일어나는 일]를 찾아내려고 개

---

* 역주: out rudsrudiments, rudiments는 기본이라는 의미다.

를 퀄[자격 심사 부서]에 보냈어. 그것만 빼면 다 괜찮아……."

처음 이런 독자적인 어휘를 배운 화자들은, 말하자면, 쿨하다고 느낀다. "초반에는 아주 재미있었고…… 그때라면 '세타theta'라고 했겠죠." '멋지다'라는 뜻의 사이언톨로지 단어를 언급하며 캐시가 대답했다. 누군들 비밀 언어를 싫어하겠는가? "다른 사람들에게는 없는 언어를 알게 됐고, 그걸 이해하기 위한 과정을 거쳤으니 스스로 우월하다고 느끼게 돼요."

추종자들에게 왜곡된 엘리트 의식을 주입하기 위해 언어를 활용하는 건 종교적 컬트 지도자들만이 아니다. 나는 비슷한 우리 vs 저들 수사법을 삶의 다른 컬트적 분야에서도 발견했다. 몇 년간 폐쇄적인 온라인 패션 매거진에서 작가로 일하면서, 나는 시크한 새 동료들이 그야말로 불가해한 줄임말을 사용한다는 걸 깨달았다. 동료들은 심지어 말하는 데 정확히 원래 단어만큼의 시간이 필요한 줄임말을 만들어 내기도 했다(예를 들어 '더 리추얼The Ritual'이라는 웹사이트를 '티. 리추얼T. Ritual'이라고 불렀다). 이유는 단순했다. 이런 줄임말은 '쿨하지 못한' 사람들이 알아들을 수 없는, 특권적인 언어로 들리기 때문이었다. 그러나 내 눈에는 이 언어가 내부자와 외부자를 감지하는 시스템으로 작용하는 게 분명히 보였다. 또한 이는 통제권을 얻고 부하 직원이 같은 언어를 사용하며 순응하도록 구슬리는 방법이기도 했다. 특별한 기회를 얻고 승진하기 위해 '선택받고자' 하는 부하 직원들은 열렬히 이런 방식을 따랐다.

사이언톨로지의 경우, 우스운 줄임말 몇 개가 얼마나 해로울 수 있는지 눈치채기는 쉽지 않다. 그러나 근본적으로 이런 줄임말은 의도적으로 이해를 방해하기 위해 작동한다. 일반적인 전문 분야에서 특수 용어는 더 명료하고 구체적으로 정보를 교환하는 데, 즉 명확한 소통을 위해 필요하다. 그러나 컬트 환경에서 특수 용어는 정확히 반대 역할을 한다. 화자가 혼란에 빠지고 지적 능력을 발휘할 수 없도록 하는 것이다. 그럼, 그들은 순응할 수밖에 없다.

이런 혼란은 더 큰 계략의 일부다. 평생 사용해 온 언어를 의심할 정도로 방향을 잃었다는 느낌이 들면, 옳은 길을 보여 주겠다고 약속하는 카리스마 넘치는 리더에게 더욱 헌신하게 될 수 있다. "우리는 현실 감각을 원해요. 그리고 무슨 일이 일어나고 있는지 자기 자신에게 설명하기 위해 언어를 사용합니다." 스티븐 하산이 설명했다. 자신의 이야기를 할 수단이 위협받으면 우리는 압박을 느낀다. 하지만 인간은 천성적으로 높은 수준의 내적 갈등을 싫어한다. 이렇게 당황스러운 상황에서, 우리는 무엇이 진실이고 안심하려면 뭘 해야 하는지 일러 주는 권위적인 인물의 뜻을 따른다.

직장에서든 교회에서든 언어가 당신 자신의 인식을 의심하게 만든다면, 그건 일종의 가스라이팅이다. 처음 '가스라이팅'이라는 단어를 알게 된 건 착취적인 연인 관계의 맥락에서였지만, 사실 이 말은 더 넓은 범위의 관계에도 등장한다. 상사와 부하 직원,

정치인과 지지자, 영성 지도자들과 제자들의 관계도 마찬가지다. 분야를 막론하고 가스라이팅은 누군가를 (혹은 다수의 사람을) 심리적으로 조종해 그가 자신의 현실을 의심하도록 만듦으로써 통제권을 얻고 유지하는 방식이다. 심리학자들은 가스라이팅 가해자가 자기 확신에 차 있는 것처럼 보이지만, 사실 그의 행동은 자기 생각과 감정을 스스로 조절할 수 없는 상태에서 오는 극단적인 불안에서 비롯한다는 데 동의한다. 때로는 가해자들조차 자신의 행위가 통제적이라는 것을 백 퍼센트 인식하지 못할 때도 있다. 하지만 컬트에서 가스라이팅은 의도적으로 진실의 기반을 약화하는 수단이다. 추종자들은 뭘 믿을지 알지 못해 전적으로 지도자에게 기대게 된다.

'가스라이팅하다'라는 말은 1938년 동명의 영국 연극에서 유래했다. 극 중에서 남편은 착취적인 방식으로 아내가 스스로 미쳤다고 생각하게 만든다. 그 일환으로 그는 집 안 가스등을 어둡게 하고, 아내가 변화를 알아챌 때마다 환각을 보는 거라고 주장한다. 1960년부터 '가스라이팅'이라는 단어는 타인을 속여 전적으로 합당한 경험을 스스로 불신하도록 만들려는 시도를 가리키는 일상어로 자리 잡았다.* "가스라이팅은 때로 사람들이 잘 이

---

* 비록, 특히 소셜미디어상에서 '가스라이팅'이란 말을 아무 데나 갖다 붙이기도 하지만 말이다(예를 들어, 통제나 착취 문제가 없는 단순한 의사소통의 문제를 지나치게 드라마틱하게 표현하기 위해서). 단어의 원래 의미가 매우 구체적이고 유용하다는 점에서 상당히 안타까운 일이다.

해하지 못하도록 언어가 사용될 때 일어납니다." 사회학자 에일린 바커가 말한다. "사람들은 혼란에 빠지고 스스로 바보 같다고 느끼게 되죠. 어떤 말은 가끔 우리가 생각하는 뜻과 정확히 반대의 의미를 나타내거든요. 악마적인 집단이 바로 그렇게 만들죠. 악이 곧 선이고 선이 곧 악이 되는 겁니다." 로드된 언어나 (샴발라의 '좀 더 숙고해 보지 그래' 같은) 사고 중단 클리셰는 추종자들이 자신의 직관을 무시하게 만든다. 바커는 또 다음과 같이 말한다. "언어는, 당신 자신이 누군지조차 알 수 없게 만들 수 있거든요."

사이언톨로지 가스라이팅의 가장 해괴한 형태는 '단어 정화 word clearing'라는 과정에서 드러난다. 교단에서 MU misunderstood words 라고 부르는, 잘못 이해된 특정 단어들을 교인들의 어휘에서 없애 버리는 기상천외한 훈련에 관해 처음 읽었을 때, 나는 내 눈을 의심했다. "교리에 따르면, 이 글을 읽고 있는 독자 모두가 지금 이 순간 사이언톨로지 프로그램 교실에 앉아 있지 않은 이유는 여러분이 MU를 갖고 있기 때문이다."[9] 전 사이언톨로지스트인 마이크 라인더가 블로그에 썼다. "LRH*의 테크는 흠이 없고 의심할 여지도 없다. 그의 모든 글은 이해하기 쉬우며 완벽하다. 뭔가 이해가 되지 않는 점이 있다면, 그건 그 사람이 MU를 알아채지 못하고 지나쳤기 때문이다."

코스 프로그램이나 감사 세션 도중에 교단의 글을 읽으면, 교

---

* 역주: L. 론 허버드.

인은 사이언톨로지 기준에 맞게 각각의 단어를 전부 이해했다는 걸 증명해야만 한다. 그러기 위해서 그는 사이언톨로지가 승인한 사전(교단은 선택받은 소수의 출판사를 인정한다)을 집어 들어 마주치는 모든 MU를 찾아본다. 만약 처음 MU 표제어 설명에서 또 다른 MU가 하나라도 등장하면, 그 역시도 새로 찾아봐야만—단어 사슬이라고 부르는 공포의 프로세스를 끝내야만—계속 글을 읽어 나갈 수 있다. 모호하고 긴 다음절 용어부터 극히 세세한 전치사까지,* 모든 MU는 반드시 제거되어야만, 즉 정화되어야만 한다. 사전에서 MU를 찾아보고 나서도 정화할 수 없다면, 이제 그 어원을 추적하고, 문장에서 활용해 보고, 플레이도를 이용해 그 문장의 물리적 샘플을 빚어야 한다. 이 해괴망측한 과정은 전부 허버드의 교육 방법론, 스터디 테크에 포함되어 있다.

그렇다면 감사 담당자는 당신이 어떤 단어를 잘못 이해했다고 어떻게 판단할까? 무관심이나 피로(하품이라든지)를 드러내는 것도 징후가 될 수 있는 듯하고, 읽은 내용에 이의를 제기하는 건 확실한 기준이다. 캐시는 언젠가 『생존의 과학Science of Survival』이라는 책을 읽다가 악몽 같은 단어 정화 늪에 빠졌다. 책 속에는 동성

---

* 사실 사이언톨로지는 삶의 열쇠Key to Life라는 거창한 이름의 심화 코스를 제공한다. 여기에서는 접속사, 한정사, 한 글자 단어 등 모든 기본 문법을 '단어 정화'한다. "'~의of'라는 단어를 찾아봐야 한다고 생각해 봐요." 캐시가 내게 말했다. (사실 언어학자로서 나는 그렇게 할 수 있다. 하지만 절대 사이언톨로지의 방식대로는 아니다.) 삶의 열쇠 과정을 마치는 일은 극히 영광스럽다고 여겨지는데, 그 이유는 단순히 교단을 위해 그 지루한 일에 엄청난 시간을 쏟아부었기 때문이다.

애를 비난하는 부분이 있었다. "'이해가 안 되는데요.' 그랬더니 모든 단어를 정화하게 만들었어요. 그러다가 결국 내가 동의하지 않았다고 윤리부서로 보냈죠." 캐시가 회상했다. 비용이 많이 드는 데다 버텨 낼 수가 없는 과정이었다. "상상이 가요?" 캐시가 말을 이었다. "수업을 듣는데, 일주일에 한두 번은 저녁에 거길 가야 하고, 단어 하나에 붙잡혔다고 세 시간 동안 그걸 정화해야 한다는 게요? 어느 순간부터는 아무것도 묻지 않게 돼요. '그냥 하자. 그냥 알았다고 하자' 이렇게 되는 거죠."

V

괴상한 줄임말이나 만트라, 단어 정화는 컬트 종교의 언어라는 말을 들었을 때 내가 바로 떠올리는 대상은 아니다. 사실 나는 단 한 가지만을 떠올린다. 방언speaking in tongues.

열네 살 때 처음으로 다큐멘터리 〈지저스 캠프Jesus Camp〉를 본 이래 방언에 관한 생각을 도저히 멈출 수 없던 나는 그 행위를 이해하려고 절박하게 애써 왔다. 노스다코타에서 촬영한 〈지저스 캠프〉에는 "예수님께 미국을 돌려드리는" 법을 배우기 위해 오순절교회 여름학교에 참가한 어린아이들이 등장한다. 2006년 부모님이 빌려 온 DVD를 처음부터 끝까지 홀린 듯 눈을 떼지 못하고 두 번 돌려 보았다. 글이나 읽을 수 있을까 싶은 어린아이들에게 진화, 공립학교, 해리포터, 동성애, 낙태의 죄악을 설파하는 화면

속 어른들이 꿈인지 생신지 알 수가 없었다. 한 오십 대 남자 목사가 땀을 뻘뻘 흘리며 닥터 수스의 『호튼Horton Hears a Who』에 나오는 "아무리 작아도 사람은 사람이다"라는 문장을 반복하며 낙태 반대를 설파하는 장면도 있다. 격한 감정이 담긴 설교에 어린 참가자들을 울음을 터뜨리고, 목사는 아이들에게 자기를 따라 우렁차게 외치라고 부추긴다. "예수님, 예수님의 피로 저의 죄악과 이 나라의 죄악을 씻어 주소서. 주님, 낙태를 멈추고 미국을 부활시키소서." 그는 또 아이들을 시켜 로 대 웨이드Roe vs Wade 판결을 뒤집을 수 있도록 의로운 대법관을 세워 달라고 주님께 요청한다. 목사를 둘러싼 한 무리의 아이들이 외친다. "의로운 대법관을! 의로운 대법관을!" 목사가 '생명'이라는 단어가 휘갈겨진 빨간 테이프를 아이들의 입에 붙이고, 아이들은 기도하며 자그마한 손을 하늘 높이 들어 올린다.

물론 이런 장면도 당시 열네 살 내 마음을 사로잡았지만, 영화에서 내가 가장 좋아하는 장면은 아이들이 방언으로 얘기하는 장면이었다. 연구자들은 사람들이 종교적으로 격앙된 상태에서 외국어 단어처럼 들리는 알아들을 수 없는 소리를 내뱉는 이 행위를 보통 '글로솔라리아glossolalia'라고 부른다. 글로솔라리아는 오순절 교회 같은 일부 기독교 종파에서 흔히 발견되며, 더 웨이 인터내셔널 같은 보다 논쟁적인 소수 종교 단체에서도 찾아볼 수 있다.

글로솔라리아는 신도들 사이에서는 보통 신이 주신 선물로 여겨진다. 이들은 화자의 입에서 쏟아져 나오는 '언어'가 천사의 말이나 고대의 성스러운 언어라고 믿는다. 이 언어는 다른 사람에 의해 '통역'되는데, 그 역시 통역이라는 별개의 은사를 받은 사람이다. "재미있는 건 글로솔라리아를 말하는 사람이 통역에 대해 보이는 반응입니다. 가끔은 통역자가 하는 말이 마음에 들지 않는다는 게 훤히 보이거든요. 그래도 그들은 계속합니다." 럿거스대학교의 언어학자이자 거의 유일한 현대 방언 연구자인 폴 드 레이시Paul de Lacy가 말했다.

드 레이시 같은 연구자들은 글로솔라리아 발화자의 입에서 나오는 단어가 전부 외국어는 아니라는 점을 밝혀냈다. 이 단어들은 사전에서 찾을 수는 없지만, 발화자의 모국어와 동일한 음성 및 음운 규칙을 따르는 경향이 있다. 예를 들어, 영어 모국어 화자가 방언을 할 때 /dl/자음군으로 단어를 시작할 리는 거의 없다는 의미다. 이 음성이 영어에는 존재하지 않기 때문이다(히브리어 같은 다른 언어에서는 찾아볼 수 있다). 마찬가지로, 불가리아어 화자의 방언에서 미국식 R계 /r/ 발음을 들을 리도 없다. 요크셔 출신 화자가 방언을 한다고 해서 갑자기 북부 영어 억양의 특징들이 사라지지도 않을 거다.

글로솔라리아는 믿음에 바탕을 둔 행위이므로, 누구도 과학적으로 그 정체를 설명할 길은 없다. 그러나 글로솔라리아의 역할만은 분명하다. "글로솔라리아의 가장 주요한 기능은 집단의 유대감입니다." 드레이시의 설명이다. "방언을 함으로써 집단의 일원이라는 걸 증명하는 거죠." 또 다른 연구에서는 방언하는 행위가 단순히 즐거운 일이라는 점을 보여 준다. 자유롭게 긴장을 풀기 위해 몸을 흔드는 일의 언어적 버전인 셈이다. 《미국 인간 생물학 저널American Journal of Human Biology》의 2011년 보고서에 따르면, 글로솔라리아는 스트레스 감소의 두 가지 전형적인 신호인 코르티솔 감소와 알파아밀라제 효소 활성화와 연관이 있다.[1] 자존감을 높이고 자기 억제를 완화하기도 하는데, 찬송으로도 같은 효과를 낼 수 있다. (2019년 홍콩에서 실시된 소규모 연구에서는 비종교적인 노래나 휴식 상태와 비교했을 때, 불경을 외우면 뇌와 심장의 활동이 마음을 비우고 초월적인 행복을 느끼는 방향으로 이루어진다고 밝혔다.)[2]

이론상으로 방언에는 어떠한 위험도 없다. 하지만 실생활에서는 다르다. 1970년대 중반, 심리학자이자 『방언의 심리학Psychology of Speaking in Tongues』의 저자 존 P. 킬달John P. Kildahl은 글로솔라리아가 더 강력한 신앙심을 불러일으키는 효과가 있다는 점을 관찰했다.[3] 특히 개인이 일정 기간 극심한 트라우마를 겪고 난 뒤 처음 방언을 하게 되는 경우 더욱 그랬다(킬달의 관찰에 따르면, 이런 경우가 꽤 많았다). 누군가 인생이 송두리째 뒤바뀐 사건 이후 첫 방언을 경험하면, 그는 대체로 자신의 방언 경험에 의존하게 된다. "존재의 이유나 다름없어진다." 킬릴이 말했다. 즉, 글로솔라리아가 강력한 전향을 일으킬 수 있다는 뜻이다.

방언이 개인을 외부 영향에 취약한 상태로 만드는 이유는 여러 가지다. 위에 이야기한 《미국 인간 생물학 저널》 연구의 저자 크리스토퍼 린Christopher Lynn은 글로솔라리아가 기본적으로 의식의 구역이 서로 분리된 심리 상태인 해리의 일종이라고 결론지었다.[4] 해리 상태의 행동이나 경험은 개인의 통제를 벗어나 무아지경에서 스스로 발생하는 것처럼 느껴진다. 심각한 해리성 정체감 장애부터 손에 들고 있는 휴대전화를 온갖 군데서 찾거나 모닥불을 응시하며 멍해지는 때의 흔한 분리감까지, 연구자들이 해리로 보는 상태는 무척 다양하다. 그러나 해리는 때로 자기기만이기도 하다. 그렇지 않음이 명백함에도 실제 모습보다 의식 속 모습을 더 실체로 인식하는 경우가 그렇다. 의도가 불순한 지도자의 압력 아래, 글로솔라리아 발화자는 구루의 강력한 영향력에서 비롯한 압도적인 형이상학적 경험을 해석할 능력을 잃을 수 있다.

이처럼 로드된 언어의 궁극적 형태인 글로솔라리아는 감정을 통제하는 강력한 도구이며, 일부 종교 집단의 상급자들은 의심할 여지 없이 이 점을 활용한다. 폭력적이고 통제적인 복음주의 기독교 집단 더 웨이 인터내셔널은 널리 알려졌다시피 교인들에게 진정한 신앙인이라면 방언을 할 수 있고 해야만 한다고 가르친다. 방언이야말로 "당신이 다시 태어났다는 볼 수 있고 들을 수 있는 유일한 증거"이기 때문이다. 익명의 전 더 웨이 신도는 '예스 앤드 예스Yes and Yes'라는 블로그에서 어린 시절 트라우마로 남은 글로솔라리아 경험을 회상했다. "열두 살 때, 나는…… 모든 사람 앞에서 방언을 하라는 지시를 받았지만, 너무 부끄러워서 할 수 없었다." 그가 적었다. "그때 수업을 주관하던 남자는…… 내게 얼굴을 바짝 들이대고 방언으로 말하라고 윽박질렀다." 그의 부모는 인지 부조화로 무감각해진 채 방 건너편에서 이 모든 상황을 지켜보았다. "나는 울고 있었다. 남자의 얼굴은 내 얼굴에서 고작 몇 인치 떨어져 있었고…… 그는 사랑의 언어를 무섭게 남을 몰아붙이는 데 쓰고 있었다."[5]

더 웨이 인터내셔널에서 어린 시절을 보낸 생존자나 '지저스 캠프'에 참가한 아동을 떠올려 보자. 이 아이는 억압적인 종교 환경에서 자랐고 그 집단의 언어밖에는 알지 못한다. 아마 그 아이에게는 다른 길이 없는 것처럼 보일 것이다. '세뇌'가 모두에게 영향을 발휘한다면, 그 아이 역시 자극에 취약한 상태일 테니 말이다. 하지만 사실, 아주 어리고 실제로 의심을 입 밖에 내지는 못하는 상황에서도 회의감이 들 가능성은 충분하다.

플러 에드워즈가 그 증거다. 이제 삼십 대 작가가 된 플러는 회고록 『종말의 아이Apocalypse Child』에서 언급했듯 근현대사에서 가장 악명 높은 종말론적 기독교 컬트 '하나님의 자녀파'에서 자라났다. 나중에 ('브랜딩'을 이유로) 더 패밀리 인터내셔널로 명칭을 바꾼 이 집단은 1968년 캘리포니아에서 시작됐다. '파더 데이비드'라고도 알려진 지도자 데이비드 버그David Berg는 나중에 추종자들에게 개발도상국으로 이주하라고 명령했는데, 서구 사회가 "가장 먼저 지옥 불에 타 버릴 것"이기 때문이었다. 플러는 어린 시절 부모님과 형제자매 열한 명과 1980년대 대부분을 태국에서 보냈다.[6]

하나님의 자녀파는 특히 기독교 교리와 사랑, 섹스가 혼재된 혼란스러운 교리로 널리 알려져 있다. 버그는 성인 남성 교인에게 심지어 미성년자 여성을 비롯한 그 누구와도 섹스하도록 장려하면서 자신의 교리를 완곡하게 "사랑의 법칙"이라고 이름 붙였다. 또 다른 악명 높은 관습으로는 플러티 피싱*이 있다. F로 시작하는 두 단어로 이루어진 이 이름은 아무 문제도 없는 아이폰 게임 제목처럼 들린다. 하지만 플러티 피싱은 섹스로 남성을 유혹해 포교하라고 여성 신도들에게 내려진 명령이었다. "요즘 언론에서는 '예수를 위한 매춘'이라고 불러요." 플러가 인터뷰 중 내게 말했다. 목소리에서 가벼운 동요가 느껴졌다. "성경에는 '나를 따라오라 내가 너희를 사람을 낚는 어부가 되게 하리라'라는 말이 있어요. 제 기억에는 예수가 제자들에게 그물을 내려놓고 자신을 따라오라고 이를 때 한 말이에요." 하지만 스스로를 예언자적 통역자로 여긴 버그는 저 말이 여성들이 나가서 몸을 이용해 '남성을 낚으라'는 의미라고 단정했다. 하나님의 자녀파 모두는 "주님은 사랑, 사랑은 섹스"라는 슬로건을 알고 있었다.

버그의 히피 추종자들은 외설스러움과 종교를 이렇게 나란히 놓는 일을 급진적이라고 느꼈다. "버그는 말도 험하게 하고 욕도 했어요. 격식이 없었죠. '신도들이여, 잠시 이야기하고자 할 것이 있어 어쩌고저쩌고……' 그런 식이 아니었어요." 플러가 설명했다. 버그의 단호한 반자본주의, 반교회 입장은 1970년대의 많은 구도자에게 반향을 일으켰다. 이들은 교회가 다시 태어나야 한다

---

* 역주: flirty fishing, 시시덕거리는 낚시라는 의미.

는, 즉 새로운 교회가 오래된 교회를 대체해야 한다는 버그의 기독교 철학에 열광했다. "늙은 아내를 새로운 아내로 대체해야 하는 것처럼 말이죠." 플러가 말을 이었다. "버그는 실제로 우리가 예수님을 위한 젊고 섹시한 새 아내라고 말하기도 했어요."

플러가 성년이 되기까지 지낸 언어학적 환경은 바로 이런 것이었다. 하지만 그에게는 여전히 저항할 힘이 있었다. 적어도 혼자서는 말이다. "하나님의 자녀파 가정에서 태어났지만, 항상 뭔가 의심스러운 마음이 분명히 있었어요. 그걸 입 밖으로 내는 건 금지되어 있었지만요." 플러가 말했다. 그의 의심은 어디에서 왔을까? "직감이죠." 그가 답했다. "가끔은 단순히 '뭐야, 자기는 저렇게 말하는데 우리는 이렇게 해야 한다고? 왜 매일 우리를 숨겨야 해? 왜 학교에 다니는 척해야 해?' 하는 당연한 질문이었어요. 하지만 더 중요한 건 형제자매에 대한 보호 본능 때문이었죠. 아이들을 특정 방식으로 대하는 게 옳지 않다는 걸 알았어요. 6개월밖에 안 된 아이를 훈육해서는 안 되죠. 한참 어린 나이에 '예수님을 위한 매춘부'가 되라고 훈련받아서도 안 되고요. 그런 짓을 뭐라고 부르든 간에요."

착취적인 종교에 몸담고 머무르는 이들이 항상 문제를 겪고 있거나 현명하지 못한 건 아니지만, 그런 진퇴양난에 머리끝까지 빠져 있다는 사실을 깨닫는 것도 '아무나' 할 수 있는 일은 아니다. 4부에서는 왜 어떤 사람들은 플러 같은 직관을 지니고 다른 사람들은 그렇지 않은지 알아볼 것이다.

VI

BDSM─발이나 채찍 페티시 같은 것들─성향의 사람들을 묘사할 때 '섹슈얼 너드'라는 표현을 쓰는 걸 들은 적 있다. 이 사람들을 '너드'라고 부르는 건 실제로 이들이 하는 일이 전통적으로 쿨하거나 매력적이지 않은 형태의 성문화를 실험하는 것이기 때문이다. 마찬가지로, 나는 특정 컬트 종교 신도를 '영적 너드'라고 부를 수 있다고 본다. 이들은 다른 사람들이 이해하지 못할 법한 독특한 신학 이론에 심취하고, 자기 앞에 인생의 목적을 향한 평생의 여정이 놓여 있다고 여긴다. 그리고 그 여정을 위해 기꺼이 상자 밖을 내다보고자 한다. "언제나 사회의 변두리가 궁금했거든요." 전 샴발라교도 애비 쇼가 내게 말했다. "난 큰 도시의 부유한 전통 유대교 집안에서 자랐어요. 그런데 지금은 불교 신자고 스키드 로에서 일해요."

영적 너드가 되는 일 자체에는 아무 잘못도 없다. 서로 다른 신앙 체계를 탐험하고, 주일학교에서 배운 내용을 곧이곧대로 받아들이지 않고, 스스로 결정하는 일은 정도의 차이는 있지만 21세기 젊은이들이 이미 하고 있는 일이다. 애비가 말했다. "샴발라를 찾기 전까지 오랫동안 헤매고 있었어요. 그러다 샴발라에 들어가서 생각했죠. 여긴 뭐라고 하는지 한번 보자고요." 하지만 애비는 지금도 당시 스승들을 얼마나 무조건적으로 믿어야 했는지를 떠올리면 심란해진다. 가끔은 매일같이 읊어야 했던 「사쿙을 위한 탄원」이라는 기도문을 떠올리기도 한다. 트룽파의 후계자이자 그들의 지도자 사콩의 장수를 부처에게 비는 이 기도문을 통해, 신도들은 사콩을 향한 끝없는 헌신을 강요당했다. 항상 그에게 불편함을 느꼈던 애비는 의례를 통해 그를 추앙해야 한다는 의무에 당당히 맞섰다. 하지만 동시에 공동체를 깊게 사랑했던 애비는 좋은 면만을 보려고 애쓰며 꿋꿋이 견뎠다. 당시 자신의 믿음이 얼마나 오래 유지됐는지 돌이켜 보면 복잡한 마음이 된다. "내 인생에서 2년이나 쓸 일은 절대 아니었어요." 애비가 털어놓았다.

BDSM 은유로 돌아가 보자. 채찍과 결박을 사용하면서 건설적이고 트라우마를 남기지 않는 경험을 하는 방법은 단 한 가지뿐이다. 하나의 주요 기준을 완전히 충족하면 된다. 바로 합의다. 파트너가 그만두고 싶을 때 정확히 알아차릴 수 있도록 세이프워드*를 정해 둬야 한다. BDSM은 세이프워드 없이는 애초에 성립할 수 없다. 은유적으로 말하면, 종교에서도 세이프워드가 필요하다. 신념이나 신앙과 관련된 경험에도 질문하고, 불안을 드러내고, 외부의 정보를 살필 여지가 필요하기 때문이다. 경험 초기든, 신앙이 깊어진 이후든 마찬가지다. "가장 중요하게 기억해야 할 사실은 뭔가가 정당하다면 철저한 조사에도 무너지지 않으리라는 겁니다." 스티븐 하산이 내게 말했다.

2018년, 폭탄급 뉴스가 터졌을 때 애비는 이미 샴발라를 떠나

---

* 역주: BDSM에서 관계를 진심으로 중단하고자 할 때 말하는 안전어.

기로 마음먹은 상태였다. 그해 여름,《뉴욕타임스The New York Times》
는 사콩의 성폭행을 고발하는 여러 건의 중대 발표를 내보냈다.[2]
샴발라를 떠난 여성들이 힘을 합쳐 사콩뿐 아니라 다른 고위급
스승들에 대해서도 증언한 덕이었다. 애비는 생각에 잠겨 숨을
내뱉었다. "공동체 전체가 무너지는 모습을 지켜보는 일은 초현
실적이었어요."

사실이 밝혀지고 얼마 뒤 애비는 조용히 버몬트를 빠져나왔
다. 영향력 스펙트럼에서 사이언톨로지 정도는 아니었던 샴발라
를 탈출하는 일은 그의 신체적 안위를 위협하거나 인생을 송두리
째 파괴하지 않았다. 사실 애비의 퇴장은 터질 듯 빵빵했다가 바
람이 빠지며 바닥에 힘없이 떨어지는 풍선처럼 별일이 아니었다.
애비는 로스앤젤레스로 이주해 사회복지 석사과정을 밟았고, 지
금은 덜 위계적인 형태의 불교 신자가 되었다. 다양한 명상 그룹
에 참여하고, 직접 사들인 아파트로 귀가한다. 그는 세 명의 룸메
이트와 함께 산다("아직도 공동체를 못 버린 거죠." 애비가 소리 내어 웃
었다). 방에는 작은 제단을 두었고, 때로는 혼자 버몬트에서 얻은
가르침을 되새기기도 한다. "좋았던 점은 취하고 나머지는 버리
려고 해요." 애비가 말했다. "여전히 왜 그런 일이 일어나게 된 건
지 알아보고 있어요."

캐시 센켈버그 역시, 사이언톨로지는 물론이고 그 당시 맺었
던 오랜 관계들과 멀찍이 거리를 두고 대안적인 영적 체험을 시도
하고 있다. 교단을 떠난 후에는 모든 인연을 갈아 치워야 했다. 친

구들, 소속사, 매니저, 회계사, 치과의사, 지압사까지 모두가 교단 사람들이었기 때문이다. 하지만 여전히 전혀 생각지도 못한 때에 일상에서 사이언톨로지 용어가 귀에 들려오고, 그럼 그가 그토록 오랜 시간 겪어야 했던 고통스러운 피해망상이 신경계를 파고든다. "나 같은 전 사이언톨로지스트 친구가 그런 단어를 쓰면 속이 뒤집혀요. PTSD인 거죠." 캐시가 털어놓았다. "부탁인데, 사이언톨로지 용어 좀 안 쓰면 안 될까? 내가 너무 힘들어. 이렇게 말하죠. 지금은 한 번 써 볼게요. 그런 말은 저를 *엔터뷸레이트*해요."

내 오랜 사이언톨로지 동료 마니와는 거의 10년 전 성격 검사 '납치' 사건 이후로 만난 적이 없는데, 3부를 쓰기 시작하면서 그에게 연락해 보았다. 마니는 여전히 로스앤젤레스에서 배우로 일하고 있다. 마니는 오래전에 잊은 사건인데 내 편도체가 기억을 과장한 건 아닐까 두렵던 차였다. "그날 일에 대해 생각할 때 있어?" 내가 문자로 물었다. 곧바로 답장이 왔다. 전부 대문자였다. **"항상 생각해."**

그날의 시련에서 가장 또렷하게 기억나는 건 마니의 영문 모를 차분함과 인내심이었다. 마니는 몇 시간 동안 그 모든 일을 즐겁게 따랐다. 잔뜩 경계하며 떠나겠다고 애원하는 나와 달리, 부자연스러운 조연 역할을 최선을 다해 해내는 것 같았다. 하지만 마니는 자신도 상당히 고통스러웠다고 회상했다. "우리 둘을 떨어뜨려 놓은 게 기억나." 답장이 왔다. "어떤 여자가(엄중하게) 금방 끝날 거라고(사실이 아니었지), 자기들이 내게 필요한 게 뭔지 정확히 판단하기 위한 유일한 방법이니 솔직하게 대답하면 된다고, 그리고 '친구와는 눈 깜짝할 사이에 다시 만나게 될 거라고' 했어." 마니는 지난 10년간 사이언톨로지와 관련된 더 무서운 경험을 여럿 했다고 털어놓았다. 하지만 우리의 성격 검사야말로 '진짜 서론'이었다.

로스앤젤레스의 배우 지망생들에게, 그리고 어디에서든 꿈을 꾸는 이들에게 사이언톨로지는 직업적 위험 요소 같은 일이다. 영적 깨달음이나 영원한 구원을 구하든, 아니면 톰 크루즈만큼 유명해져서 결국 이 땅의 신이 되고 싶든, 너무 거대해서 천국 자체를 위험에 빠뜨리는 뭔가에 인생을 거는 일에는 커다란 위험과 괴로운 헌신, 그리고 꽤 강력한 현실 도피가 따른다. 그런 일이 가능하다고 믿어야 하기 때문이다. 그렇게 녹록지 않은 일이다. 어떤 경우에는 단 몇 시간 만에 그저 조금 동요된 상태로 빠져나올 수도 있다. 그렇지 않으면 모든 걸 잃게 된다. 하지만 그렇더라도, 이야기는 남는다.

자신의 언어를 되찾고 나면, 곧바로 그 이야기를 할 수 있게 된다.

4부

#보스베이브가
되고
실나요?

I

장미는 빨간색

돈은 초록색

아메리칸 드림은

피라미드 사기

헤이 걸! 당신 게시글 **너무** 좋아요. 재밌는 에너지가 정말 **넘쳐요!!** 그런 에너지로 부업해 보고 싶다는 생각 안 해 봤어요?[1] 질문 하나 할게요 ;) 집에서 파트타임으로 일하면서 풀타임만큼 벌 수 있는 사업이 있다면 혹시 어떨 거 같아요? 내가 하는 일이 바로 그렇거든요. 이런 일에 마음을 꾹 닫고 스스로 기회를 제한하는 사람들도 있는데, 당신은 새로운 일에 활짝 열려 있는 것 같아요. 성공으로 가는 태도죠! 좀 더 자세히 알고 싶나요? 이번 주 중으로 내가 전화할까요? 메시지로 쓰기에는 내용이 너무 많거든요 lol. 내 전화번호는 xxx-xxx-xxxx예요. 그쪽은? 답장 기다릴게요, 보

스베이브*! xoxo

지긋지긋한 페이스북 낚시 글에 깊이 빠져 버렸다. 이 끈질긴 웜홀을 통해 나는 난데없이 일면식도 없는 누군가가 2008년 졸업 무도회에서 입었던 옷에 관한 게시물에 붙들리게 됐는데, 거기서 몇 번 더 클릭하니 상상도 못했던 게시글에 닿았다. 바로 중학교 동창 베카 매너스가 자신의 '친구' 3416명한테 미심쩍은 다이어 트 상품을 팔려고 애쓰는 글 말이다.

내가 아는 한 볼티모어 카운티 전역에서 가장 자신만만한 십 대 초반의 베카를 처음 만난 건 7학년 뮤지컬 리허설에서였다. 우 리는 지저분한 농담을 계기로 친해져 12학년까지 쭉 붙어 다녔 다. 함께 학교 드레스코드를 무시하고, 자동차에서 고래고래 앨 러니스 모리세트 노래를 부르고, 서로의 집에서 셀 수 없이 많은 밤을 지새웠다. 그리고 지금, 스물일곱의 우리는 2700마일 떨어 진 곳에서 소셜미디어를 통해 서로의 삶을 판단하고 있다. 서로 대화하지 않은 지는 거의 10년이 되었지만, 주기적 온라인 염탐 으로 베카가 결혼했고, 술을 마시지 않으며, 부모님 댁 바로 윗길 에 살고, (현재 로스앤젤레스에 살며 터무니없이 비싼 칵테일과 매연 구 름을 들이켜는) 나를 포함한 모든 페이스북 친구들이 자신의 새로

---

* 역주: boss babe. 주로 다단계 마케팅에 종사하며 SNS를 활용해 홍보하는 여성들을 부르는 말. 이런 여성들을 비꼬는 말로도 쓰인다.

운 #웰니스#wellness 비즈니스 기회에 관해 물어봐 주길 바란다는 걸 알 수 있다.

초여름, 내 오랜 친구가 재빨리 날려 버린 체중을 상징하는 설탕 봉지들 옆에서 스쿼트를 하고 있는 사진이 피드를 도배하기 시작했다. 모든 사진에 "기분이 좋다, 여정이 이제 막 시작되었다! #슈가샷" 같은 모호한 캡션이 달려 있다. 베카는 절대 정확한 상품명이나 브랜드를 언급하지 않았지만, 어딘가 의욕 넘치는 상태 업데이트와 억지스러운 느낌표, 애매한 해시태그를 보면 의심할 여지 없이 직접판매 특유의 발랄한 언어라는 걸 알 수 있다. "야, 또 하나 골로 갔다." 나는 지금 가장 친한 친구 에스터에게 문자를 보냈다. 플로리다에서 자란 에스터는 베카와 똑같은 '컬트'에 매몰된 고등학교 동창의 이름을 못해도 열댓 명은 댈 수 있다. 바로 다단계 마케팅 컬트다.

다단계 마케팅, 네트워크 마케팅, 인간관계 마케팅, 직접판매…… 피라미드 사기의 합법적 형제나 다름없는 다단계 마케팅에는 수많은 이름이 있다. 한때 서구 자본주의의 기둥이었으나 이제 노동인구의 주변부로 밀려난 다단계 마케팅 조직은 급여를 받는 직원이 아니라 돈을 낸 '어필리에이트Affiliate'들이 다른 이들을 끌어들이는 방식으로 운영된다. 대부분 백인 남성이 설립하고 백인 여성이 운영하는 뷰티 및 '웰니스' 브랜드들로, 회원들은 가족과 친구들에게 (페이스 크림부터 에센셜 오일, 다이어트 보조제까지) 값비싼 상품을 판매하는 동시에 그들 역시 셀러로 등록하라고 설득한다. 다단계 마케팅의 슬로건은 늘 비슷하다. '일생일대의 기회'를 잡아 당신 본연의 모습인 '보스베이브'가 되어 '독립적인 사업을 시작'하고, '집에서 파트타임으로 일하면서 풀타임만큼 수입을 올려' 늘 갈망하던 '경제적 독립'을 이룩하라는 것이다. 미국에는 수백 개 다단계 마케팅 기업이 있다. 가장 널리 알려진 암웨이, 에이번, 메리케이부터 허벌라이프, 영리빙 에센셜 오일, 룰라로[2], 립센스, 도테라, 팸퍼드 셰프, 로단앤필즈, 센시, 아르본, 유니크, 그리고 전설의 타파웨어[3]까지.

전형적인 다단계 마케팅 셀러라고 하면, 내 동창 베카 같은 여성이 떠오른다. 고향에 머물고, (혹은 플로리다로 떠나고…… 항상 플로리다) 일찍 결혼해서 곧바로 아이를 가지고, 페이스북에서 상당한 시간을 보내는 중산층 비유대인 여성. 아이들을 키우며 집에서 수년간 지내던 이들은 로단앤필즈의 끈적이는 세럼이나 룰라로의 얇디얇은 레깅스, 혹은 비슷한 상품(없는 게 없다. 뭘 생각하든 분명 내 뉴스피드에 올라온 적이 있을 거다) 판매에 이끌리게 된다. 다단계 마케팅은 대부분 경제활동을 하지 않는 전업주부를 노린다. 지금과 같은 형태의 직접판매가 생겨나던 1940년대부터 늘 그랬다. 직접판매 홍보는 항상 당시 트렌디한 '여성 임파워먼트' 유행어를 반복해서 늘어놓는다. 미드센추리 시대에는 타파웨어가 회원 모집 마케팅을 위해 "여성에게 투표권이 생긴 이래 최고의 것!"이라고 약속했다. 소셜미디어의 시대에는, 상업화된 제4물결 페미니즘 운동의 언어가 거짓으로 의욕을 고취한다.

현대 다단계 마케팅 언어는 짤막하고 희망찬 글귀로 정의된다. 멋들어지고 화려한 청첩장용 필기체로 인쇄될 법한 핀터레스트용 글귀들이다. "할 수 있어, 보스베이브" "당신 안의 #걸보스를 보여 주세요" "여성제국*을 건설하자" "맘프러너**가 되자" "#WFH***로 아이들을 떠나지 않고도 진정한 SHE-E-O****가 되어 돈을 벌자!!" 이런 문장은 처음에는 잠재적 셀러들을 향한 러브바밍 언어로 작용한다. 그러다가 시간이 지나면서 이 문장들에 아메리칸 드림 자체의 무게가 실리게 되고, 회원들이 사업을 '포기하는' 건 삶의 궁극적인 목적을 포기하는 것이라고 믿게 되는 조건을 형성한다. 초기 직접판매 셀러들은 집에서 '파티'라고 불리는 제품 설명회를 열어 화학제품 냄새가 풀풀 나는 터무니없는 가격의 싸구려 제품을 소개했다. 그러나 지금은 많은 여성이 새로운 방식으로 소셜미디어에 상품을 보란 듯이 전시하고, 그들의 동창생들은 민망해하며 재빨리 스크롤을 내린다. 내 가장 친한 친구인 스물여섯 살 에스터는 호지킨 림프종을 이겨 냈다. 에스터는 암을 이겨 낸 삶에 관한 포스트를 자주 올리는데, 이는 다단계 마케팅 셀러들이 절호의 기회로 여기는, 건강을 중시하는 긍정적인 기운을 내뿜는다. 그래서 그는 일주일에 한두

---

* 　역주: fempire. 여성이라는 뜻의 female과 제국이라는 뜻의 empire를 합성한 단어.
** 　역주: mompreneur. 어머니라는 뜻의 mom과 사업가 entrepreneur를 합성한 단어.
*** 　역주: Work From Home. 재택근무의 약자.
**** 　역주: 여성 3인칭 단수 주어 she를 사용해 CEO를 변형한 신조어.

번씩 인스타그램 DM으로 다양한 직접판매 셀러들의 유혹 메시지를 받는다. "헤이 걸보스!!! 콘텐츠 너무 좋네요!!! 진짜 호락호락하지 않은 분이네요!!! 암 투병 여정을 사업으로 전환해 볼 생각 없어요?!?!" 그럼 에스터는 메시지를 캡처해 내게 보내고 삭제한다.[*]

내가 아는 한, 다단계 마케팅 회사와 피라미드 사기의 관계는 스타벅스의 바닐라빈 크림 프라푸치노와 밀크셰이크의 관계와 같다. 전자는 아름답게 채색된 후자일 뿐이라는 말이다. 물론 헌신적인 다단계 셀러라면 이런 말에 아연실색하겠지만, "피라미드 사기에는 **절대** 연루되지 않을 거예요. 그건 **불법**이잖아요." 그들은 자신을 변호하며 이렇게 말한다. 이 말은 꽤 재밌는 사고 중단 클리셰다. 한 단계만 더 논리적으로 따져 보면, 단순히 불법이라고 말한다고 실재하지 않는다거나 자신이 연루되지 않았다는 뜻이 되는 건 아니기 때문이다. 은행을 털어 놓고 체포된 후 "제가 안 그랬어요. 은행을 터는 건 불법이잖아요"라는 말로 결백을 증

---

[*] 다단계 마케팅 셀러들은 암 진단부터 팬데믹까지 그 어느 비극적 사건이라도 물건을 팔고 셀러를 영입할 기회로 삼는다. 2020년 초 코로나19가 미국을 휩쓴 직후, 다단계 셀러들은 자신들의 상품이 바이러스와 재정적 불안으로부터 지켜 줄 수 있다고 공공연히 홍보하기 시작했다. 미국 연방거래위원회는 아르본, 도테라, 로단앤필즈를 비롯한 열다섯 개 직접판매 기업에 경고를 보냈다.[4] 해당 기업의 어필리에이트들이 #코로나 #예방 해시태그와 함께 '면역 부스팅' 에센셜 오일 이미지로 소셜미디어를 도배하고, "로단앤필즈는 격리 기간에도 언제나 활짝 열려 있습니다! 전 이제 3년째 재택근무 중인데, 다른 사람들이 노는 지금도 돈을 벌고 있어요! 제가 무슨 일을 하고 이 회사가 어떻게 돌아가는지 여러분도 궁금해할 때가 되지 않았나요……? #재택근무 #경제적자유"와 같은 과장된 문구를 퍼뜨렸기 때문이다.

명할 수는 없는 일이다. 앨라배마 모빌시에서 플라스틱 콘페티를 뿌리는 일은 불법이다.[5] 그렇다고 플라스틱 콘페티가 아예 없거나 사람들이 사용하지 않는다는 뜻은 아니다. 모빌 시민들은 때로는 불법이라는 걸 모르는 채로 플라스틱 콘페티를 사용하거나, 불법이라는 걸 알면서도 자신들이 쓰는 콘페티가 플라스틱 재질이라는 걸 미처 몰라서 그냥 뿌려 버린다. 어느 쪽이든 불법은 불법이고, 좋은 일은 아니다.

피라미드 사기는 합리적인 이유로 실제로 불법이다. 사람들을 속여 수백 달러를 뜯어내거나 심지어 파산이나 절망에 이르게 할 위험이 있기 때문이다. 공동체를 산산이 무너뜨리기도 하고 때로는 나라 전체 경제를 파탄 내는데, 알바니아나 짐바브웨는 피라미드와 폰지 사기로 치명타를 입었다.[6] 따라서 피라미드 사기 집단이 스스로 정체를 드러내지 않는 건 당연한 일이다. 이런 회사들은 그 대신 선물 서클(혹은 베틀, 연꽃, 프랙탈 만다라), 투자클럽, 그리고 가장 흔하게는 줄여서 MLM^{multi-level marketing}이라고 부르는 다단계 마케팅 회사 등 각양각색의 완곡한 표현 뒤로 숨는다.[7]

종교와 컬트를 구분하는 일이 까다로운 것처럼, 피라미드 사기와 '합법적인' MLM 사이에 객관적인 차이는 크지 않다. 이론적으로 둘의 차이는 에이번이나 암웨이 같은 MLM 회원들이 특정한 상품이나 서비스를 판매함으로써 수익을 올린다면, 피라미드 사기 회원들은 최대한 빨리 신입 셀러를 영입해서 보상을 받는다는 점이다.[8] 하지만 실질적으로 피라미드 사기는 그저 형편없이 운영되어 적발된 MLM일 뿐이다(곧 다시 얘기하겠다).

양쪽 다 구조는 같다. 카리스마 넘치는 창립자가 러브바밍으로 소수의 회원들을 구슬려 자체 사업을 시작하도록 만든다. 일반적인 창업과 달리, 이수해야 할 교육이나 요구되는 경력도 없다. 그저 '인생을 바꾸고 싶은' 사람이라면 누구에게나 기회는 열려 있다.

기본급은 없다. 아니면 이 일은 직장이 될 테고 당신은 직원이 될 테니까. MLM은 이런 직업이나 직원 같은 단어에 관료주의적 고용계약이 불러오는 종속과 불행의 이미지를 덧칠한다. 그 대신 당신은 직접 관리해서 판매하는 상품에 대해 일부 수수료를 얻을 수 있다. 이런 시스템이 곧 '사업 기회'고, 당신을 '사업가'로 만들어 주는 것이다. 훨씬 낫지 않은가?

경제적 자유를 향한 잘 닦인 길을 떠나기 위해서는 단 두 가지 과정만 거치면 된다. 첫째, 샘플과 마케팅 교재가 포함된 스타터 키트를 구입한다. 금액은 50달러에서 1만 달러, 혹은 그 이상도 될 수 있다. 그래 봐야 창업 비용으로는 푼돈이지만. 가게를 열거나 인터넷 쇼핑몰을 론칭하는 건 훨씬 비쌀 텐데, 그저 이런 흐름에 올라타면 된다고? 생각해 보면 거저나 다름없다.

둘째, 매달 새로운 회원을 열 명씩(가끔은 이보다 적어도 되지만 자주는 안 된다) 영입해 팀을 꾸린다. 팀 이름은 다이아몬드 스쿼드나 굿 바이브 트라이브처럼 경쾌할 수도 있고, '이길 때가 있으면 취할 때도 있다"*처럼 발칙할 수도 있다. 그런 다음, 회원 각자가 다시 매달 새로운 셀러 열 명을 영입하도록 용기를 북돋는다. 그럼 당신은 밑에서 발생하는 수익에서 얼마간 수수료를 얻을 수 있다(당신이 영입한 회원의 스타터 키트와 재고품 비용부터, 그들이 상품을 팔아서 얻은 이익에서도). 당신 아래 단계의 셀러들은 '다운라인', 당신을 영입한 셀러는 '업라인'이라고 불린다. 그런 와중에 이 사면체 맨 꼭대기에 얌전히 앉아 있는 MLM의 창립자는, 이 모든 수익에서 자기 몫을 챙긴다.

상품을 팔고 다운라인을 확대하기 위해서는 알고 지내는 모든 사람에게 근사한 새 사업에 관해 알려야 한다. 따라서 실제로도, 온라인으로도 자주 파티를 주최하는 게 좋다. 스낵과 와인을 좀 사거나, 참여율을 높이기 위해 귀여운 가상 액티비티 아이디어를 짜내며 시간을 보낼 필요가 있다. 손님들에게는 브로슈어를 넘겨보거나 로션이든 뭐든 사용해 보라고 간청하며 그들이 뭐라도 사거나—더 좋게는—직접 물건을 팔아 보겠다고 가입서에 사인하기를 소망하면 된다. 회사 제품이 좋은 상품인지, 혹은 시장의 기준에 적합한지는 중요하지 않다. 합류하는 데 판매 경력이 전혀 필요하지 않다는 사실도 마찬가지다. 기본적인 경제 규칙은 여기에 적용되지 않는다. 어떤 경우에라도 시스템이 알아서 돌아

---

* 역주: You Win Some, You Booze Some. 이길 때가 있으면 질 때도 있다는 'You Win Some, You Lose Some'이라는 속담에 '술에 진탕 취하다'라는 의미의 booze를 넣어 만든 말.

갈 테니까. 가입비를 내고 회사의 방침을 꼼꼼히 따르기만 하면, 그리고 너무 많이 질문하지만 않으면, 아메리칸 드림은 당신의 것이다.

이렇게 돈을 내고 또 영입하는 패턴이 반복되면서 회원, 어필리에이트, 컨설턴트, 디스트리뷰터, 가이드, 앰배서더, 프레젠터, 코치, 그 외에도 뭐든 회사가 사업가처럼 들리는 이름으로 칭하는 사람들은 특별히 선택받았다고 느끼게 된다. 사실상 돈만 내면 누구나 가입할 수 있음에도 말이다. 새 회원들이 내는 돈은 업라인으로 빠져나가 상위 회원들의 달별 혹은 분기별 판매 할당량을 채우는 데 쓰인다. 이 할당량은 '목표'나 '타깃' 등으로 친근하게 불리지만, 기간 내 최소 금액을 만족하지 못한다면? 강등되거나 퇴출당할 각오를 해야 한다. 하지만 그럴 수는 없다. 모두를, 특히 당신 자신을 실망하게 만들 테니까. 그래서 결국 당신은 직접 재고품을 다 사 버리거나 손해를 자비로 메꾸게 된다. 당신의 눈은 마침내 얻게 될 보상에 고정되어 있다. 회사 체계에서 승급하는 것. 단계가 있는 피라미드로 표현되는 일은 절대 없고 '층'이 있는 '사다리'로 묘사되는 기하학적 구조의 상위로 가는 것. 다음 달에는 틀림없이 신입 회원을 잔뜩 모집하고, 목표를 달성하고, 시니어 컨설턴트, 헤드 코치, 세일즈 디렉터 같은 더 호화로운 이름표를 얻게 될 것이다.

"내가 희망 매매라고 부르는 것과 관련된 다양한 논의가 있습니다." 미네소타 햄린대학교의 경제학 교수 스테이시 보슬리[Stacie]

Bosley가 말했다. 보슬리는 전 세계에서 유일하게 공식적으로 MLM을 연구하는 금융 연구가다. 남성 위주의 경제학 분야에서 #걸보스가 지배하는 산업을 흥미로운 학문적 논의의 출발점으로 여기지 않는 건 명백해 보인다(얼마나 틀린 생각인지). "심지어는 사람들이 구매하는 게 실제로 일종의 희망이라고 MLM 산업이 인정할 때도 있어요." 보슬리가 말한다. MLM의 홍보 언어가 대부분 지나치게 과장되고 간접적인 것도 이런 이유에서다. 이들은 '투자'나 '고용' 같은 기술적인 용어들을 배제하고 '멋진 기회'나 '임파워링 활동' 등 동기부여를 위한 문구를 사용한다.

하지만 알록달록 칠해진 이런 표현 뒤에는 상당히 수상한 숫자가 숨어 있다. 다운라인 세대가 확대되면 시장은 이미 포화 상태인 공동체를 갈퀴로 긁어모아 자기 아래 신입을 등록하려고 애쓰다가 실패하는 이들과 그 어머니들(말 그대로다)로 빠르게 과밀화된다. 희망을 품은 회원의 수는 상위 극소수에서 서로를 밟고 올라서려는 최하 단계까지 기하급수적으로 늘어난다. 업라인 회원들과 창립자가 사업 프레젠테이션과 수백만 달러짜리 워크숍을 통해 반복적으로 주입하는 MLM 모델이 정말로 계획대로 돌아간다면, 그렇다, 당신도 1년 이내에 부자가 될 수 있다……. 하지만 간단한 산수로 그 12개월이 지났을 때 당신의 다운라인에 들어와야 할 회원이 몇 명일지 계산해 본다면? 1조가 넘는다. 세계 인구의 142배이자 그 많은 다이어트 약보다도 많은 수다.

수많은 연구에서 MLM 회원 99퍼센트는 땡전 한 푼 벌지 못하고, 최상위 1퍼센트만이 다른 이들 모두의 희생으로 이익을 본다는 사실이 밝혀졌다. 수치는 자명하다. 그러나 완전히 빈털터리가 되고 가진 거라곤 아무도 원치 않는 아이크림으로 가득한 서랍과 텅 빈 통장뿐일지라도, 당신은 적어도 팀의 일부로 남아 있을 수 있다. 당신이 자매라고 부르는 동료 셀러들이나 심지어 엄마, 아빠라고 부르는 상급자들로 이루어진 '가족' 말이다. 여기에 이르면, 당신은 이들과 감정적으로 서로 깊이 의존하게 된다. 온종일 서로 문자를 보내고, 비밀 페이스북 그룹을 만든다. 매주 화상회의를 열어 함께 로제 와인을 마시고("그럴 자격이 있으니까!"), 서로에게 속속들이 마음을 터놓는다. 동료 보스베이브들을 직접 만나기 위해 1년 내내 돈을 모아 회사가 여는 값비싼 콘퍼런스에 참여할 비용을 마련한다.

그래서 당신은 결국 손해를 못 본 체하고, 산수 결과는 잊고, 버틴다. 이 모든 과정이 끝나면 커다란 보상을 받게 되리라는 확실한 약속을 받았으니 말이다. 게다가 당신 아래위에 있는 모든 사람이 당신에게 기대어 돈을 벌고 있다. 지금 포기하면 다이아몬드 스쿼드는 크게 실망할 것이다. 당신의 가족과 또 다른 '가족'도 마찬가지다. 주님께서도 실망하실 테고, 더는 #걸보스가 되지도 못할 거다. 당신은 아무것도 아닌 존재가 된다. 이런 압박 아래서, 상황은 여지없이 컬트적이 된다.

MLM은 사기성이 짙지만, 그냥 흔한 사기가 아니다. MLM은 자체적인 언어와 문화를 갖추고 인생을 잡아먹는 복잡한 조직이다. 강력하고 쉽게 스며드는 이데올로기는 선교를 위한 것과 다름없으며, 회원들은 단순히 회사를 성공으로 이끄는 것을 넘어 종교적 차원에서 세계를 지배하고자 하는 창립자를 숭배한다. 시카고대학교의 저명한 사회학자 에드워드 실스Edward Shils는 '컬트 카리스마'를 "한 개인이 인간 존재의 주요한 질문과 연결되어 있다고 여겨지는 상태"라고 정의했다. 이런 측면에서 MLM 리더들은 3HO의 요기 바잔이나 샴발라의 초감 트룽파와 같은 수준의 영향력을 발휘한다. 이들은 칭찬과 감탄사, 거짓 동기부여로 전향을 유도한다. 또, (자주 하나님을 언급하는) 로드된 언어로 조건을 형성하고 회원들을 강제하며 반대 의견을 잠재우기 위해 사고 중단 클리셰를 활용한다. 그리고 회원들을 훈련해 그들 역시 지인들을 대할 때마다 이러한 기술을 이용하도록 한다.

MLM은 우리 vs 저들 이분법으로 회원들 간의 연대를 공고히 하고 일반적인 미국의 직장인보다 그들이 우월하다는 생각을 심어 준다. 세계 최대의 MLM 암웨이에서는 업라인 멘토가 아닌 '고용주'를 위해 일하는 사람은 누구든 J.O.B., 즉 'jackass of a boss(망할 상사)'가 있다는 비웃음을 산다. "다른 사람을 위해서 일하면 절대 자신의 가치만큼 돈을 벌 수 없다." 암웨이 회원들은 이 말을 배워 되풀이한다.『카리스마적 자본주의: 미국의 직접판매 조직Charismatic Capitalism: Direct Selling Organizations in America』의 저자이자 캘리포니아대학교 데이비스캠퍼스의 사회학자 니콜 울시 비가트Nicole Woolsey Biggart는 MLM 회원에게 '사업가'라는 말은 단순히 직업뿐 아니라 "경제 안에서 존재하는 도덕적으로 우월한 방식"[9]을 의미한다고 말한다.

MLM은 흠잡을 데 없는 자신들의 체계를 따랐는데도 성공하지 못했다면 잘못은 개인에게 있다고 믿도록 회원들을 가스라이팅한다. "의지가 있고 열심히 일하는 사람은 이 사업에서 성공할 수 있습니다. (…) *훌륭한 시스템이 언제나 작동하니까요!*" 암웨이 팸플릿에서 직접 발췌한 사고 중단 클리셰다. 널리 알려졌듯 동기를 부여하는 슬로건과 실패에 대한 어두운 위협을 극단적으로 병치하는 MLM 언어는 당신이 아직 돈방석에 앉지 않았다면 그건 회사의 탓이 아니라 당신 잘못이라고 조건을 형성한다. 당신이 충분히 믿음을 가지고 꾸준히 노력하지 않았기 때문에 잠재력을 펼치지 못하고 떼 놓은 당상이나 다름없었던 보상을 얻지 못했다는 것이다. 온라인에는 감정을 건드리는 뻔한 이야기로 가득한 MLM 비전 보드가 수도 없이 많다. "사람들이 시작도 하기 전에 MLM에서 자주 실패하는 이유는 심장이 아니라 머리로 접근하기 때문이다" "일하지 않는 가난한 사람들이 가난하다고 투덜대는 게 정말 싫다. #억만장자마음가짐" 하는 식이다. 〈온라인 MLM커뮤니티닷컴OnlineMLMCommunity.com〉 사이트에서 내건 '역대 MLM 인용구 탑 50'이라는 기사에는 왜곡된 동기부여 문구가 끝도 없이 등장한다.[10] 여기에는 윈스턴 처칠이 한 말이라고 잘못 적힌 다음과 같은 격언도 있다. "비관론자는 모든 기회에서 어려움을 본다. 낙관론자는 모든 어려움에서 기회를 본다." 마치 영국의 저명한 정치인 처칠이 성공한 데 직접판매가 무슨 관계라도 있다는 듯이, 마치 정말로 처칠이 한 말이라는 듯이.

"정신적인 복지 같은 거예요."[11] 기독교 계열 화장품 MLM 유니크의 '프레젠터'였던 해나가 가스라이팅 경험을 떠올리며 말했다. 대학생이던 해나는 판매용 재고를 사들이는 데 500달러를 쏟아부은 뒤 판매 할당을 채우지 못해 퇴출당했다. "만약 대학에 다니지 않았거나, 파트너가 없었거나 다른 공동체에 속하지 않았더라면…… 스스로가 정말 끔찍하게 느껴졌을 거예요……. 당신이 부족한 사람이라고 하루에도 몇 번씩 듣게 되면 정말 인생을 망칠 수 있거든요."

결론적으로, MLM은 사업가에게 스타트업 벤처를 판매하는 사업이 전혀 아니다. 대부분의 파괴적인 '컬트'가 그렇듯이, 이들이 하는 일은 실재하지 않는 대상에 대한 초월적 약속을 팔아넘기는 것이다. MLM의 상품은 물건이 아니라 수사법이다. 물건 하나 팔아 본 적 없는 많은 신입들에게 MLM은 이런 경험으로 이루어진다. 공동체에 참여하고 자랑스럽게 스스로를 컨설턴트라고 부르며 서로 용기를 북돋는 콘퍼런스 콜을 하고, 화려한 행사에 참여하는 것이다. 숫자는 말이 안 되지만, 언어는 그들을 그곳에 붙잡아 둔다.

베카 매너스의 다이어트 게시 글이 갑작스럽게 페이스북 피드에서 사라지고 나서 몇 달 뒤, 나는 단어를 고르고 골라 메시지를 보내기로 마음먹었다. 조심스럽게 접근해야만 했다. 모든 걸 잃은 베카가 공공연히 속았다는 걸 인정하기는 창피하지 않았을까? MLM이 은밀하거나 노골적인 위협으로 베카의 입을 막은 걸까? 사실은 비밀리에 큰돈을 벌어서 자신이 사기꾼이라는 걸 밝히지 않으려는 걸까? "너무 급작스럽다면 정말 미안하지만, 내가 맞게 기억하고 있는 거라면 네가 과거에 직접판매 마케팅에 참여했던 것 같은데 맞니?" 내가 적었다. "다단계 마케팅 언어에 관한 책을 쓰고 있어서 네 경험을 들을 수 있다면 정말 좋을 것 같아."

베카의 모든 '애프터' 사진에는 건강과 행복이 넘쳐흘렀지만, MLM의 회원 규칙과 소셜미디어에서 완벽하게 보이고 싶은 보편적인 욕망을 생각해 보면 거짓이 아니라는 보장도 없었다. 기쁘게도 베카는 한 시간도 안 되어 답을 보냈다.

Omg 당연히 말할 수 있지! 작년에 옵타비아라는 망할 다이어트 프로그램을 했어. 근데 그건 합법적인 미친 컬트였어.

"오, 그랬구나." 내가 답했다.

II

헤에에이 보스베이브! 답장 줘서 너어어어무 고마워요!! 진심으로 당신은 완벽하게 해낼 수 있을 거 같아요! DM으로 보낼 만한 정보는 별로 없고, 웹사이트는 기존 고객들을 위한 거지만, 이루고자 하는 목표에 따라 다양한 플랜이 있어요. 우린 고객들을 가족처럼 대하기 때문에 더 진행하기 전에 당신에 대한 제대로 된 정보를 얻는 게 정말 중요해요. 직접 얘기하기 전까지는 아무래도 잘 모르겠네요. 통화는 20분이면 충분할 거예요 :) 더 자세히 알려 줄 수 있어서 너무 신나요‼ xoxo

느낌표를 남발하며 "그저 자신을 믿으세요, 그럼 부자가 될 수 있어요"라는 MLM 특유의 붕 뜬 말투는 내게는 유독한 낙관주의의 악취를 풍기고…… 혹은 상당히 복잡하고 혼란스러운, 더 깊게 살펴봐야 할 경험을 억지로 예쁘장하게 포장하는 것처럼 느껴진다.

암웨이부터 옵타비아까지, 내가 살펴본 모든 MLM이 전달하는 메시지에는 놀랍게도 긍정적인 마음가짐의 힘에 관한 러브바밍과 부정적인 마음의 위험에 대한 무시무시한 경고가 뒤섞여 있었다. 얼핏 보기에 사업 파트너들에게 당당한 태도를 고취하는 건 아무 문제없는 훌륭한 일처럼 보인다. 그러나 MLM이 조건형성으로 회원들로 하여금 '부정적 성향'을 너무나 두려워하도록 만들기 때문에, 이들은 회사나 회원 중 누구에 대해서도 소리 내서 비판하지 못한다. "뒷얘기를 해서도, 다른 사람을 험담해서도 안 돼요. 당신이 그런다는 걸 직접이든 간접이든 디렉터가 들으면, 이제 디렉터가 당신을 험담할 테니까요." 전 암웨이 디스트리뷰터의 말이다. 암웨이는 마음에 들지 않는 표현이나 태도에 '냄새 고약한 생각stinkin' thinkin''이라는 딱지를 붙인다. 이 귀엽고 기만적인 캐치프레이즈로, 암웨이는 조직의 성공에 위협이 되는 냄새 고약한 생각을 하는 외부인으로부터 회원들을 분리한다. 만약 당신의 친구나 가족이 회사에 대한 이의를 제기하면, 당신은 그들을 '인생에서 잘라 내라'는 지시를 받게 된다.

추종자들은 MLM의 부자연스럽게 발랄한 언어를 어디에서나 사용하도록 조건형성된다. 친구, 가족, 타인과는 물론 특히 소셜 미디어상에서 그렇다. 인스타그램이나 페이스북에서 상품을 노골적으로 언급하든 언급하지 않든 보스베이브 계정을 즉각 알아보는 건 어렵지 않다. 그저 기계적으로 쾌활한 표현이 있으면 된다. 하다못해 그저 반려견에 관한 게시물을 올리려고 글을 쓸 때조차 누군가 뒤에 서서 가상의 채찍을 휘두르며 제대로 물건을 팔고 신입을 모집하고 있는지 확인하고 있는 것처럼 말이다. 억압적인 종교의 추종자들과 마찬가지로, MLM 회원들은 결국 의례 시간에 사로잡히고 만다.

사실이라기엔 지나치게 좋은 수사를 들으면, 내 본능은 죽기 살기로 도망치라고 외친다. 그러나 직접판매가 늘어놓는 휘황찬란한 헛소리를 믿는 사람이 구제할 길 없는 멍청이라고 비난하는 게 마음이 편할지는 몰라도, 사실 이 유해하게 낙관적인 수사법은 미국 사회에 근본적으로 뿌리를 내리고 있다. 다단계 마케팅 컬트는 서구 자본주의라는 '컬트' 그 자체의 직접적인 산물이다.

미국에서는 1930년대 대공황 이후 뉴딜정책으로 도입된 고용 규제에 대한 반응으로 우리가 지금 아는 형태의 네트워크 마케팅

이 시작됐다. 하지만 직접판매 산업이 폭발적으로 성장한 것은 몇 년 뒤 제2차 세계대전이 끝나고 난 뒤였다. 바로 이때부터 직접판매는 여성들의 게임이 되었다.

제2차 세계대전이 발발하자 전투에 참여하기 위해 해외로 나간 남성들을 대신해 전례 없이 많은 여성이 경제활동에 뛰어들었다. 그러나 전쟁이 끝났을 때 여성들은 다시 집으로 돌아가 아이들과 참전 용사 남편을 돌보아야 했다. 1950년대, 미국인 2000만 명이 교외로 이주했다. 그곳에는 여성을 위한 일자리가 거의 없었고, 많은 여성이 경제활동에서 오는 즐거움과 독립심, 만족감, 그리고 수입을 그리워하기 시작했다.

이즈음, 얼 터퍼Earl Tupper라는 사업가가 튼튼한 폴리에틸렌 음식 저장 용기를 개발하고 타파웨어라고 이름 붙였다. 타파웨어가 날개 돋친 듯 팔리기 시작한 건 직접판매에 탁월한 재주가 있었던 디트로이트 출신 싱글맘 브라우니 와이즈Brownie Wise(진짜 이름이다) 덕분이었다. 상품을 접한 와이즈는 교외 지역 엄마들이 타파웨어의 훌륭한 소비자일 뿐 아니라 강력한 판매책이 될 수 있다고 판단했다. 그렇게 와이즈와 터퍼가 손을 잡으면서, 가정에서 열리는 '타파웨어 파티'가 탄생했다.

해시태그가 발명되기 훨씬 전부터, 와이즈는 이미 사이비 여성 임파워먼트 언어를 활용해 자신이 구축한 판매책, 매니저, 유통책 네트워크에 여성들을 끌어들였다. 그리고 이로써 MLM의 역사 깊은 가짜 페미니즘 선동의 무대가 마련되었다. "타파웨어 커리어는 정말 보람차요!" 체리색 필기체로 쓰인 빈티지 광고의 문구다. 포스터 속의 상류층 여성은 옥수수색 머리에 진주 귀걸이를 하고, 캐시미어 스웨터를 입고 있다. 그는 책을 손에 들고 (읽지는 않고) 화면 밖 (아마도) 그의 꿈에 시선을 고정한 채 행복에 겨워 미소 짓는다. "타파웨어 판매인이 되면 곧바로 수익이 나기 시작해요!" 또 다른 1940년대 삽화 속 어여쁜 백인 여성의 말이다. "원하는 만큼 돈을 벌 수 있어요. 배우면서 돈을 벌 수 있어요. 여러분은 독립적인 비즈니스 오너, 여러분 자신의 보스입니다. (⋯) 타파웨어 딜러처럼 수입을 얻을 기회는 없으니, **지금 바로!**"

이후 몇십 년간, 직접판매 산업의 주역들은 백인 주부를 타깃으로 하는 상품과 언어를 십분 활용하는 와이즈의 방식을 따랐다. 경제적인 독립을 약속하면서도 여성스러운 아내라는 전통적인 이미지를 위협하지 않는 말들이 넘쳐흘렀다. 지금까지도 특히 블루칼라 지역에 사는 비고용 상태의 여성들이 MLM 셀러의 대부분을 차지하고 있다.

직접판매 업계는 여기에서 그치지 않고 재빨리 고상한 고용 시장에서 밀려난 다른 공동체를 노릴 방법을 찾아냈다. 스페인어를 쓰는 이주자들, 경험이 없는 대학생들, 경제적으로 소외된 흑인들이 추가로 타깃이 되었다. 교회나 군부대, 대학 캠퍼스에서처럼 이미 끈끈한 연대감으로 뭉친 사람들 사이의 신뢰 역시 유용하다. MLM의 이상적인 신입 회원은 경제적인 안정을 간절히 추구하는 동시에 삶에서 확고한 신념과 낙관적인 태도를 지닌 사람이다. 그게 다른 나라에서 새롭게 출발하려는 희망이든, 미래를 향한 젊은 열정이든, 높은 권능에 대한 믿음이든 말이다. 전형적인 MLM 회원은 빠르게 일확천금을 벌려는 욕심 많은 얼간이가 아니라, 기본적인 생활비를 벌고자 하는 평범한 사람들이다. 재정적인 어려움과 돈독한 공동체, 그리고 이상주의가 합쳐지면 업라인 셀러에게는 잭팟이 터지는 셈이다.

기독교 공동체는 MLM의 온상이다. 많은 MLM이 '신앙 기반'을 자처하고, 메리앤마사, 크리스천 블링, 유니크, 서티원 기프트, 메리케이를 포함한 수많은 MLM이 노골적으로 종교적인 색채를 드러낸다. 미국 방방곡곡에서 한 손에는 성경을 다른 손에는 값비싼 로션 샘플을 든 세상의 소금들을 만날 수 있다. 세계 어느 곳보다 유타주에 가장 많은 MLM 본사가 있는 이유도, 직접판매 지도자들이 눈치챘듯 모르몬교도들이야말로 이상적인 판매원이기 때문이다. "예수그리스도 후기 성도 교회 신도들은 선교자로 태어나고 길러집니다. (…) 따라서 친구들에게 복음을 전하는 일은 때로 자연스럽게 MLM 상품을 판매하는 일로 이어집니다."[1] 한 정보원이 탐사 팟캐스트 〈더 드림The Dream〉에서 말했다. "삼촌이 와서 '삶을 송두리째 바꿀 기회가 있단다'라고 말하면, 교회에서 나 들을 법한 메시지처럼 들릴 때가 있는 거죠."

종교는 심지어 미국이 존재하기 전부터 MLM과—그리고 전반적인 미국 노동문화와—깊이 엮여 있었다. 신의 축복과 금전적인 '축복'의 결합의 역사는 500여 년 전 종교개혁까지 거슬러 올라간다. 사회학자들은 16세기 종교개혁이 근대 자본주의를 탄생시켰다고 본다. "하루치의 일A good day's work" "코를 박고 일하다 Keeping your nose to the grindstone"* "약속한 시간에 정확하게 돈을 지불하는 사람은 다른 사람 지갑의 주인이다The good paymaster is lord of another man's purse" 등 현대 미국 회사의 기본 가치 중 많은 부분이 이 시기에 탄생했다. 특히 프랑스의 종교 사상가 장 칼뱅을 위시한 개신교 개혁가들은 신이 인간 존재의 정신적 성패뿐 아니라 금전적인 부분에서도 주요한 역할을 한다는 사상을 창시했다. 이런 사상은 성실한 노동과 개인의 노력, 부의 축적을 강조하는 '프로테스탄트 윤리'가 탄생하는 데 일조했고, 이는 당대 유럽 자본주의 경제의 성장과 딱 맞아떨어졌다.

이내 모든 이들이 경건하고 독자적인 사업가가 되기를 꿈꾸기 시작했다. 직업적인 노동이 기독교적 삶의 핵심이 됨에 따라, 자기 자신을 숙련되고 근면한 경제활동 인구로 여길 수 있다는 것은 신께 선택받은 자라는 의미가 되었다. 그리고 '자본주의 정신'은 그 여파가 긍정적이든 부정적이든 서구인의 가치체계에 깊이 뿌리내렸다. '성스러운' 증권거래소 오프닝 벨부터 '전지전능한 달러almighty dollar'까지, 수많은 자본주의 용어가 종교적인 색채

---

* 이 속담은 다음과 같은 원문에서 파생된 것으로 알려져 있다. "이 말씀은 그들이 코를 숫돌에 너무 세게 대도록 해서 그들의 얼굴을 완전히 망가뜨렸다." 이는 처벌을 피하려고 열심히 일한다는 뜻으로, 영국 가톨릭교회를 공개적으로 비난했다는 이유로 몇 달 뒤 화형당한 개신교 목사 존 프리츠가 1532년에 쓴 글이다.[2] 교회와 국가가 분리되지 않는 게 재밌지 않은가?

를 띠는 데는 이유가 있다. 종교개혁의 유령이 드리운 것이다.

1800년대에는 프로테스탄트 윤리가 미국 전역에 퍼져 나갔지만, 그 내용은 조금 바뀌었다. 이제 부유함은 신의 은사가 아니라 개인의 성취와 훌륭한 인성의 상징이 되었다. 새로운 버전의 프로테스탄트 윤리는 야망과 집념, 경쟁을 강조했고 이는 (대량생산과 더 명확한 분업으로 정의되는) 산업자본주의의 발달과 맞물렸다. 19세기에는 신사고운동New Thought이라는 철학적 경향이 생겨나면서 끌어당김의 법칙처럼 우리에게 익숙한 자기계발 사상들이 나타났다. 이 시기의 베스트셀러는 마크 트웨인의 『왕자와 거지The Prince and the Pauper』나 찰스 디킨스의 『위대한 유산Great Expectations』 같은 자수성가 소설이었다. 첫 번째 '자조' 서적은—말 그대로 『자조론Self-Help』이라는 제목으로—1859년에 출간되어 블록버스터급 성공을 거두었다. "하늘은 스스로 돕는 자를 돕는다"라는 문장으로 시작되는 이 책은 빈곤이 개인의 무책임에서 비롯한다고 주장했다. 정신력의 힘을 강조하며, 자기 자신을 믿기만 하면 운명을 통제하고 직업부터 신체적 건강까지 모든 걸 뜻대로 할 수 있다는 이런 태도가 우리가 익히 아는 아메리칸 드림을 만드는 데 일조했다.

이어지는 20세기에 카네기 스틸, 록펠러 스탠더드 오일, 시카고 유니언 스톡 야드 정육단지 등 미국 내 대기업들이 발달하면서 프로테스탄트 이상은 또 한 번 변화했다.[3] 동료들과 어울리며 함께 시간을 보내고, 열심히 일해서 차근차근 승진하는 사람이 선망의 대상이 되면서 독자적인 성공이나 경쟁력은 경시되었다. 이 시기 출간된 책이나 강좌에서 드러나는 신사고 사상은 어떻게 좋은 직원이 되느냐를 중시한다. 데일 카네기Dale Carnegie의 『인간관계론How to Win Friends and Influence People』, 나폴레온 힐Napoleon Hill의 『부와 성공의 열쇠Think and Grow Rich』, 노먼 빈센트 필Norman Vincent Peale의 『긍정적 사고방식The Power of Positive Thinking』은 모두 1935년에서 1955년 사이에 출간되었다.

20세기 중반 내내, 긍정적인 사고와 건강한 자아가 부자가 되는 길이라는 메시지가 미국의 교회들을 휩쓸었다. 『긍정적 사고방식』은 뉴욕시에서 마블 협동교회라는 보수 개신교 교회를 운영했던 저명한 목사 노먼 빈센트 필의 저서다. 교회에서 필은 가장 부유하고 영향력 있는 맨해튼 주민 교인들에게 '번영 복음'을 전파했다. 이들 중에는 어린 도널드 트럼프도 있었다(트럼프가 하드코어 MLM 열성분자로 자라난 건 우연이 아니다). 용기를 북돋는 자조론적 웅변으로 알려진 필이 전도하는 가치는 "텅 빈 주머니는 누구의 발목도 잡지 않는다. 오직 텅 빈 머리와 가슴만이 그렇다"라거나 "자신을 믿어라! 자신의 능력에 믿음을 가져라! 자신의 힘에 대한 겸손하지만 합당한 자신감 없이는 성공하거나 행복해질 수 없다"라는 식이었다.

그로부터 반세기 뒤, 도널드 트럼프의 연설이나 소셜미디어 게시물에서는 여전히 필의 영향력을 느낄 수 있다. "성공 팁: 승리했다고 생각하라. 그럼 옳은 방향으로 가게 될 것이다. 당신의 기량과 재능을 발휘하라—그리고 집요해져라." 2013년 트럼프가 올린 트윗이다. 2016년 대선 캠페인을 시작하면서 자립심에 대한 그의 외침은 편집증적인 수준이 되었다. 그해 초 외교정책 자문을 누구에게 구하냐는 질문에 그는 "나는 제일 먼저 나 자신과 얘기합니다. 왜냐하면 나는 두뇌가 매우 좋고 많은 얘기를 하기 때문입니다. 내가 뭘 하고 있는지 잘 압니다. (…) 내 최우선 자문은 나 자신입니다."

개신교와 자본주의, 그리고 기업화의 기묘한 사생아 MLM은 이렇게 복잡한 역사에서 탄생했다. 프로테스탄트 윤리의 많은 부분이 여전히 미국 직장 문화에 남아 있고, 우리는 그 수사법—열심히 일하고 열심히 놀기, 하루 벌어 하루 살기 같은—을 내재화하며 자라난다. 나와 내 파트너는 소소한 격언으로 장식된 머그잔을 한가득 수집했는데, 하루는 그걸 살펴보다가 모든 컵이 온통 유해한 생산성 도그마를 뻔뻔스럽게 전도하고 있다는 걸 처음으로 깨달았다. 어떤 머그잔에는 "잠은 약자들이나 자는 것이다"라고 쓰여 있고, 다른 잔에는 "하품은 커피를 부르는 고요한 외침일 뿐이다"라고 적혀 있었다. 고요한 외침이라고? 우리 모두 과로로 기진맥진한 상태가 낭만적이라 여기도록 조건형성되고 여가와 '게으름'에 공포를 느낀 나머지 컵까지 그런 귀여운 농담을 찍는 거야? 아무래도 21세기 미국에서는 그런 것 같다.

프로테스탄트 자본주의 언어는 어디에나—심지어 커피 잔에도—있지만, 미국인의 가장 기묘한 열망과 가장 심각한 두려움을 동시에 충족하는 MLM 산업에서 가장 핵심적인 역할을 한다. 이는 특히 MLM이 강조하는, 돈과 지위가 모두 개인 노력의 산물이라는 능력주의에서 잘 드러난다. 능력주의는 사람들이 자신의 삶을 대부분 통제할 수 있고, 자수성가에 관한 수많은 속담처럼 진정으로 노력하는 한 더 나은 삶을 살 수 있다는 믿음에 기반을 둔다. 미국인들은 성공한 사람은 그럴 만했으니 성공했고, 고생하는 사람은 단순히 가치가 덜한 사람이라는 신화를 사랑한다. '성공'이 오직 판매와 영입에서 오는 수수료에 달린 MLM 회원들은 더욱 그렇다. MLM 이데올로기에 따르면 뭔가를, 혹은 누군가를 희생하지 않고 그냥 얻을 수 있는 승리는 없다. 마찬가지로, 부당한 실패라는 건 없다.

내가 살펴본 대부분의 직접판매 프로파간다는 판매 팀을 꾸리는 데 필수적인 "피, 땀, 눈물, 심장, 그리고 영혼"을 강조한다. 셀러들은 자신의 노력을 조국의 영광을 위한 배지로 여기도록, 그리고 미소를 띠고 배지를 착용하도록 요구받는다. 수도 없이 많은 MLM이 민족주의 슬로건을 활용해 #보스베이브로 등록하는 일이 나라를 섬기는 길이라는 인식을 강화한다. 다이어트 보조제 MLM 중에는 실제로 이름이 '아메리칸 드림 뉴트리션'인 곳도 있다. '유나이티드 사이언스 오브 아메리카'라는 회사도 있다. 가정용품을 비롯해 비누나 치약 같은 개인 위생용품을 판매하는 암웨이는 '아메리칸 웨이'의 합성어다.

현대의 많은 기업이 자신들의 상품을 더 넓은 범위의 긍정적인 정체성과 결부시켜 마케팅한다. 예를 들어, 이 트렌디한 립글로스나 재생 플라스틱으로 만든 비치 타월을 구매하면, 당신은 힙하고 건강하고 섹시하고 환경친화적인 사람으로 거듭나는 것이다. 사회학자들이 '조직 이데올로기'라고 부르는 이런 방식이 항상 나쁜 것은 아니다. 성공한 브랜드의 창업자들은 오늘날의 불안정하고 가변적인 시장에서 강력한 가치와 의례를 바탕으로 한 '컬트적인 기업 문화'가 단골을 확보하고 직원들의 충성심을 강화하는 데 필수적이라고 입을 모은다.[4] 그러나 이런 조직 이데올로기를 곧이곧대로 받아들여서는 안 된다. 이윤 추구가 목적인 기업이 할 법한 말을 바탕으로 개인의 정치 성향, 건강관리 방식, 그리고 심지어 정체성을 결정하는 건 위험하기 때문이다. 스스로 아무리 '윤리적이고' '지속가능' 어쩌고 하는 기업이라도 마찬가지다(이들이 특히 위험하다). '깨어 있는 자본주의'는 사회 정의와 동의어가 아니다. 페이스북 친구들에게 다이어트약을 파는 게 신의 축복을 받았다는 의미가 아닌 것처럼 말이다.

MLM의 조직 이데올로기는 기본적으로 다른 기업들보다 훨씬 더 나아가 일상의 세속적 이익뿐 아니라 삶의 의미 그 자체까지도 회사와 연관시킨다.[5] "'유'니크Younique한 것이 완벽한 것보다 낫다"거나 "존재하는 것과 사는 것은 다르다. 하나를 선택해라" 등의 직접판매 슬로건은 영적으로 고양된 약속을 남발한다.[6] 에센셜 오일 MLM 도테라가 만든 핀터레스트 핀에서는 오일 블렌딩 레시피 '용서'를 소개하는데, 이 레시피 덕에 소비자는 "공감하고,

용서하고, 자유롭고, 가볍고, 사랑하고, 관대하고, 이해심을 가질" 수 있다. 암웨이의 억만장자 공동창업자 제이 밴앤덜Jay Van Andel은 사망 전 사람들이 암웨이 회원이 되면 "흥분과 약속, 수익, 희망으로 가득한 새로운 삶이 시작될 것"이라고 단언하기도 했다.

힙하기는커녕 복고에 가까운 직접판매가 이미 시대에 뒤떨어졌다고 생각할 수도 있다. 그러나 믿기 어렵지만, 수많은 전 MLM 회원들이 회사의 심리적 학대와 금전적 피해에 관한 증언을 쏟아낸 인터넷에서도 직접판매는 살아남았다. 유튜브에서 'MLM 사기'를 검색하면, "MLM의 '걸 보스' 서사는 거짓이다" "룰라로 때문에 파산하고 이제 투잡을 뜁니다" "암웨이: 최후의 일격(음성 증거 포함!)—어떻게 MLM 컬트에서 빠져나왔는가" 등의 동영상이 끝도 없이 이어지고, 조회 수는 수백만에 달한다. MLM 반대자들은 인스타그램이나 틱톡에서도 열정적인 활동을 펼친다. 2020년, 틱톡은 플랫폼 전반에서 MLM 신입 모집자들의 활동을 금지했다. #보스베이브 산업에 불리한 증거는 차고 넘쳤다.

그러나 인간 정신을 정확히 노리는 MLM의 수사법은 일관되게 강력하고 적응력도 뛰어나서, MLM 기업들은 계속해서 번창할 따름이다. 2010년대, 상품의 원자재에 민감한 밀레니얼 세대가 소비자 시장을 점령하면서 '천연' '무독성' 원료를 사용한 개인 위생용품에 대한 수요가 증가했다. 그리고 기민한 MLM 기업가들은 이런 상황에 재빨리 적응했다. 직접판매는 더는 저 옛날 수지 홈메이커Suzy Homemaker식* 주부들이 아니라, 똑부러지는 젊은 층을 위한 것이 되었다. '클린 뷰티' MLM 기업들은 더 세련되고 업데이트된 패키지로 무장하고, 작은 블로그를 운영하면서 몇천 명의 팔로워를 거느린 '마이크로인플루언서'들을 자기들의 판매 기반으로 만드는 데 집중한다. 이들은 자신들의 피드가 얼마나 *어메이징*한지 칭송하며 클린 뷰티 '운동'에 참여하는 동시에 부차적인 수입을 얻지 않겠느냐는 번지르르한 DM에 넘어갈 법한 여성들이다. 자기 사업체를 운영하는 인플루언서의 화려한 이미지와 멋지게 짝을 이루어, 더 '힙해진' 새로운 MLM은 완벽한 부업으로 자리 잡았다. 발 빠른 직접판매 산업은 언제나 다시 태어날 방법을 찾아낸다. 환생을 멈추지 않는 자본주의 바퀴벌레처럼.

III

헤이 레이디! 우리가 지금 인생을 뒤바꿀 사업 얘기 중이라는 거 잊지 않았죠!! 우린 돈을 벌죠, 사실이에요. 하지만 그보다 더 중요한 일이에요……. 이건 **운동**이거든요. 사람들도 그 일부가 될 자격이 있지만, 아직 깨닫지 못하는 것뿐이에요. 그러니 당신이 그들에게 빛을 보여 줘야 해요!! **모두에게** 손을 내밀어야 해요……. 가족, 친구, 인스타 팔로워, 스타벅스에서 당신 뒤에 줄 선 사람까지. 대화를 시작하고, 그들이 있는 그 자

---

* 역주: 1966년 토퍼 토이스사에서 발매한 미니어처 장난감 가전제품 라인. 수지 홈메이커라는 표현은 특히 1950년대와 1960년대의 전통적인 주부상을 따르는 여성을 묘사할 때 쓰인다.

리에서 만나는 거예요. 우리 제품은 기본적으로 알아서 잘 팔리니까, 목표를 채우지 못하면 보스베이브답게 더 **열심히** 더 **똑똑하게** 일해야 해요. 당신은 엄청난 잠재력이 있어요. 저를 실망시키지 말아요. 그리고 더 중요한 건, 당신 **자신을** 실망시키지 말아요!! xoxo

중학교 친구 베카에게 마침내 전화를 걸어 MLM 경험에 관해 이야기를 나누었을 땐, 마지막으로 그의 목소리를 들은 지 10년이 지난 후였다. 이제 스물여덟이 된 베카는 메릴랜드의 작고 하얀 시골집에서 남편과 개 두 마리, 고양이 네 마리와 함께 살고 있다. 9시부터 5시까지 일하고, 고등학교 때도 그랬듯 금요일 밤이면 백스테이지 바비큐 카페에서 노래를 부른다. 일주일에 몇 번 AA 모임에 나가고 저녁이면 대부분 어린 조카와 함께 놀며 시간을 보낸다. "나도 알아, 내가 어떻게 됐는지 좀 봐." 오래전의 냉소적인 태도 그대로 베카가 삐딱하게 말했다. 더는 어디서도 들을 수 없는 포근한 고향의 전설모음 억양을 알아차릴 수 있었다.

베카는 처음부터 옵타비아(이전엔 메디패스트라고 불렀다)가 미심쩍은 사업이라는 걸 알아차렸다. 들으면 알 수 있었다. "그 거창하기만 한 마케팅 헛소리라니. 민망할 지경이었어." 베카가 말했다. 나는 베카가 희망으로 커진 눈을 하고 어쩌다 피라미드 사기 밑바닥에 놓일 법한 인물은 아니라고 생각했다. 그는 옵타비아의 사기 시스템을 꿰뚫고 있었지만, 자신의 광대한 페이스북 친구 네트워크를 활용하면 오히려 유리하게 이용할 수 있을 거라는 자신감이 있었다. "그게 컬트라는 걸 100퍼센트 알고 있었어." 베카가 말했다. "근데 뭐랄까, '어쩌라고, 나도 한번 해 보지 뭐.' 이렇게 생각한 거야. 사기나 쳐 보자, 이렇게. 이해돼?"

"그럼, 그럼." 나는 침을 꿀꺽 삼켰다.

옵타비아는 뉴트리시스템이나 비스트로MD처럼 소비자의 집으로 도시락을 배달하는 다이어트 프로그램이다. "자신의 보스가 되세요, 집에서 일하세요, 어쩌고 하면서 사람들을 꼬드기는 거야." 베카가 전화기 너머에서 눈을 굴렸다. 베카의 친구 중 몇몇은 논란이 많았던 MLM 룰라로 활동에 연루되어 있었다. 십억 달러 가치의 레깅스 회사 룰라로는 피라미드 사기 행위로 2019년 위싱턴주 법무장관으로부터 소송당했다. (이 책을 쓰고 있는 지금, 해당 사건은 미결 상태다.) 베카는 룰라로가 얼마나 잔인하게 친구들의 삶을 갉아먹었는지, 그들이 얼마나 많은 금전적 피해를 겪었는지 지켜보았다. 하지만 시어머니가 가입비와 판매 쿼터가 상대적으로 낮은 옵타비아를 권했을 때는 적당한 시기에 적당한 MLM이 나타났다는 생각이 들었다.

그로부터 1년 전, 베카의 약혼자는 서른도 되지 않은 나이에 희귀 혈액암 진단을 받았다. 약혼자가 항암 치료를 마치고 마침내 회복되기 시작했을 때, 베카는 기진맥진했다. "그 사람을 돌보느라 엿같이 살이 쪘거든. 우울했고, 술을 끊은 지도 얼마 안 됐어. 그리고 곧 담배를 끊었으니 저절로 살이 쪘지." 옵타비아 셀러였던 시어머니가 프로그램을 통해 체중을 많이 감량하긴 했지만, 한 달에 400달러라는 비싼 가격 때문에 베카는 직접 옵타비아를 시도할 생각은 없었다. 그때 시어머니가 제안을 하나 했다. 베카가 '코치'가 되어 일주일에 두 번씩 페이스북에 다이어트 여정을 게시하고 다른 회원 몇 명을 모집하면, 도시락 비용을 댈 수 있으리라는 거였다. "시어머니가 보스베이브 어쩌고 하는 헛소리를 하신 건 아냐. 그냥 있는 그대로 말씀하신 거지." 베카가 말했다. "그래서 난 '좋은데, 할 수 있겠어. 사람들한테 이리저리 떠벌려서 가입하게 하면 되겠지'라고 생각한 거야."

베카는 코치로 등록하고 착수금으로 100달러를 낸 뒤 다이어트에 돌입했다. "그대로 하면, 빠르게 살이 빠져. 나는 4개월 만에 50파운드를 뺐어." 베카가 털어놓았다. "그런데 옵타비아 도시락을 먹는 걸 관두는 순간, 피자가 눈에 들어오고 5파운드가 찌지. 그런 식으로 계속하는 건 말이 안 돼. 그래도 비포 앤 애프터 사진을 찍고, 온갖 장광설을 늘어놓으며 해시태그를 붙여 게시하는 거야. 그럼, 사람들은 내가 뭘 하고 있는지 알고 싶어 하지."

MLM에 등록하게 만드는 전략에는 비밀이 필수이므로, '코치'(회원)가 외부인에게 알려 줄 수 있는 내용에는 엄격한 규칙이 적용된다. 베카가 페이스북에 절대 옵타비아라는 명칭을 올리지 않은 것은 회사가 이를 명시적으로 금지하기 때문이었다. 그 대신 회사는 베카에게 토씨 하나 틀리지 않고 게시할 원고를 전달했다. 다이어트 프로그램이 아주 특별한 미스터리로 보이도록 하면서도, 사람들이 미리 검색해 보고 사이언톨로지에서 '블랙 PR'

이라고 부를 법한 내용을 찾아내지 못하도록 하기 위해서였다.

1970년대, 통일교 신도들은 교단의 교활한 포교 및 모금 방식을 '하늘의 속임수heavenly deception'라는 고상한 말로 불렀다.[1] 마찬가지로 MLM 회원들은 가족과 친구들을 달콤한 말로 꾀어 다른 사람을 속이는 데 참여하도록 만든다. 메리케이에는 완곡하게 '남편 비인식 플랜Husband Unawareness Plan'이라고 불리는 정책이 있는데, 이는 아내들이 남편의 '허락' 없이 활동에 참여하도록 장려하고 비용을 비밀에 부치는 방법을 일러 준다.[2] 메리케이 '수석 시니어 캐딜락 세일즈 디렉터'는 자신의 컨설턴트들을 위한 안내서에 자신만의 남편 비인식 플랜을 소개했다. "오늘 제품을 구매하고 싶다면, 제가 **현금**, 수표, 비자, 마스터카드, 디스커버, 아메리칸 익스프레스를 받는다는 사실을 알아 두세요. 또, 무이자 할부도 가능하고 남편 비인식 플랜, 달리 말해 현금 약간, 수표 약간, 카드 약간으로 이루어진 상당히 창의적인 지급 방식도 가능합니다. 총액이 얼만지는 아무도 모를 거예요."

베카는 잠재적인 다운라인과 실제로 통화하기 전까지는 자세한 사항을 알리지 말라는 지시를 받았다. 전화가 연결되면 그때야 베카는 '건강 문진'을 실시했다. 이 20점 척도 설문조사는 다음과 같은 사적인 질문들로 이루어져 있었다. "실패할 리 없다면, 살을 얼마나 **빼고** 싶나요? 마지막으로 그 몸무게였던 적이 언제인가요? 당시와 지금 달라진 점은 무엇인가요? 당시 기분이 어땠는지 기억하시나요? 다시 그렇게 된다면 어떨까요? 도와주고 싶은 다른 가족이 있나요? 말씀해 주셔서 정말 고맙습니다……. 원하시는 건강 목표에 도달하실 수 있도록 도와드릴 방법이 분명히 있는 것 같아요. 함께 나눌 수 있어서 진심으로 기쁘네요."

이런 문진은 공인된 영양사가 시행하는 건강검진이 아니었다. 이 조사는 베카나 그의 시어머니같이 평범한 사람들이 수행하는 트라우마 본딩* 전략이다. 회사는 회원들에게 코치, 시니어 코치, 프레지덴셜 디렉터, 혹은 글로벌 헬스 앰배서더 같은 직함을 부여하는 일의 효과를 정확히 알고 있다. 그 덕에 회원들은 자신에게 권위가 있다고 느낀다. "많은 여성이 자기가 실제로 헬스 코치라고 믿는 것 같아." 베카가 말했다. "그들은 우리가 사람들의 삶에 놀라운 선물을 주는 거라고 말해. 우리 비밀 페이스북 그룹에서 네 코치가 너를 공개적으로 칭찬하면, 다들 '너무 훌륭해요! 인생을 구하고 있어요!'라고 떠들지." 모두 마음 깊은 곳에서는 코치와 시니어 코치 사이의 차이가 전문적인 영양학 수준과는 아무 상관이 없다는 걸 알고 있다. 둘 사이의 차이는 사실 그 달에 얼마나 많은 다운라인을 추가로 모집하느냐에 달려 있다. 그러나 회사가 근사한 직함이라는 러브바밍 언어를 활용하고 당신을 생명의 은인이라고 칭송하면, 당신은 그 차이가 실질적인 거라고 해석할 수밖에 없게 된다. 당신이 원한다면 말이다.

연간 리더십 캠프와 행사만큼 옵타비아 코치들을 들뜨게 만

---

* 역주: 가해자에게 정서적으로 의지하며 자신을 믿지 못하는 상황.

드는 건 없다. 행사에 참여해 카리스마 넘치는 지도자이자 공동 창업자 웨인 앤더슨Wayne Andersen 박사를 만나기 위해 회원들은 필요하다면 가장 친한 친구의 결혼식과 손자의 생일을 건너뛰어 가며 1년 내내 돈을 모은다. "회원들은 그를 닥터 에이라고 부르는데, 그는 마치 통치자 같아." 베카가 자칭 "더 건강한 삶을 위한 운동의 지도자"로 탈바꿈한 마취과 의사 웨인에 대해 설명하며 인상을 찌푸렸다. "닥터 에이가 등장해서 우리가 한 명 한 명의 삶을 어떻게 구하고 있는지, 어떻게 건강한 미국을 만들어 나가고 있는지 고무적인 얘기를 광적으로 늘어놓지. 회원들은 당연히 그를 만나겠다고 엄청난 돈을 들여서 표를 사."

옵타비아처럼 모든 MLM이 토니 로빈스식의 화려한 자기계발 이벤트를 개최하는데, 참가만 해도 수천 달러가 든다. 타파웨어는 매년 기념식을 주최하고, 메리케이의 커리어 콘퍼런스는 빈틈없이 조직된 표창식으로 유명하다. 회원들에게는 단순히 재미를 위한 일이 아니다. 이런 행사는 그들이 진정으로 '성공하고' 싶다면 필수로 참여해야 하는 기회로 홍보된다. 비록 활용할 만한 판매 팁을 전수하는 자리가 아니라는 건 확실하지만 말이다. 이런 행사는 회사에 가능한 한 최대로 화려하고 독보적인 이미지를 덧칠해서 이미 헌신적인 회원들을 더더욱 깊은 곳으로 이끄는 역할을 한다. 대부분의 암웨이 행사는 기독교 텐트 부흥회와 정치 집회, 축구 게임, 그리고 대규모 가족 모임이 뒤섞인 형태다. 일부 콘퍼런스는 실제로 가족 모임이라고 불리기도 한다.

암웨이는 그 어떤 MLM 가족과 비교해도 믿기 어려울 만큼 회사에 직접 연루된 사람들에게뿐 아니라 미국 정치 시스템 전반에 강력한 권력을 휘두른다. 1959년에 창립된 암웨이는 100여 개 국가에서 운영되며, IBO(인터내셔널 비즈니스 오너)라고 불리는 400만 명에 달하는 디스트리뷰터 덕에 매년 90억 달러를 긁어모은다. 기독교 기업 암웨이의 근본적인 메시지는 우리가 미국을 한때 위대하게 만들었던 특징, 즉 성공을 추구할 개인의 자유와 전통적인 "미국의 가족적 가치"*, 그리고 하나님의 축복을 받은 미국을 향한 마르지 않는 헌신을 잃어버렸다는 것이다. "이 나라의 문제가 뭔지 제가 말씀드리죠." 1991년 행사에서 유니콘 급으로 보기 드문 수석 다이아몬드 회원 데이브 세번이 외쳤다. (암웨이의 상위 직급 명칭은 모두 진귀한 보석이나 보물의 이름을 따서 붙였다. 루비, 펄, 에메랄드, 다이아몬드, 더블 다이아몬드, 트리플 다이아몬드, 크라운, 크라운 앰배서더 등이다.) "저들은 우리가 지켜 내야 할 모든 것을 묵인했습니다. (⋯) **비기독교인들**을 고용해 기독교 기반의 사회를 운영하고 구성하게 함으로써 모든 걸 망쳐 버렸지요. (⋯) 암웨이 사업은 하나님의 법 위에 세워졌습니다."[3]

암웨이의 보수적인 공동창업자 제이 밴앤덜과 리치 디보스 Rich DeVos는 각각 2004년과 2018년 사망했다. 디보스의 이름은 아

---

* "미국의 가족적 가치"는 임신중지와 동성결혼, 페미니스트 정치가 태생적으로 반미국적이라고 공격하는 데 쓰이는 우파 정치의 전형적인 로드된 언어다.

마 들어 봤을 거다. 디보스가*는 미시간을 기반으로 상당한 정치적 영향력을 행사하는 억만장자 집안이다. 리치는 도널드 트럼프의 교육부 장관 벳시 디보스의 시부였다. 개인 순자산만 50억 달러가 넘는 그는 공화당전국위원회 재무위원장을 역임했으며, 제럴드 포드와는 절친한 친구였고, 수억 달러에 이르는 암웨이만의 세금 특혜를 확보했고, 공화당 대선 후보들에게 어마어마한 금액을 조달했다. 암웨이는 로널드 레이건, 아버지와 아들 부시, 그리고 당연하게도 역대 가장 직접판매 친화적인 대통령 도널드 트럼프의 대선 캠페인에 자금을 댔다. 2010년대 내내, 트럼프는 다수의 MLM에 대한 공개적인 지지로 떼돈을 벌었다.[4] 한 비타민 회사와 세미나 회사가 트럼프 캐릭터를 마스코트로 사용하고 회사명을 각각 트럼프 네트워크와 트럼프 인스티튜트로 변경하는 대가로 그에게 10억 달러 이상을 지급한 게 한 예다. (한 연방법원 판사는 2019년 트럼프와 그의 세 자녀가 해당 기업과 관련된 사기 혐의로 고소될 수 있다고 판결했다.)[5] 디보스의 호의에 보답하기 위해, 대통령들은 모두 공개적으로 모범적이고 애국심이 깊은 암웨이와 직접판매협회를 칭송했다.*

번영 신학에 대한 리치 디보스의 17세기식 해석에 따르면, 당신이 부자가 아니라는 건 하나님이 당신을 사랑하지 않는다는 뜻

---

* 심지어는 민주당 인사들도 디보스의 돈을 받고 공개적으로 암웨이를 거론했다. 빌 클린턴은 2013년 일본 오사카에서 열린 암웨이 콘퍼런스에서 연설하고 70만 달러를 챙겼다.

이다. 그가 선언했듯, "자유기업 체제는 (…) 하나님께서 우리에게 주신 선물이므로, 우리는 이를 이해하고, 포용하고, 믿어야만" 한다. 당신이 평생 그 체제에서 배제되었다고 느낀다면, 관료제를 붙들고 MLM으로 돌아서지 않는 어리석은 사람일 거다.

이런 사상은 암웨이의 전설적인 집회에 만연한 수사법이다. 집회는 다음과 같이 진행된다. 오순절파 설교자 같은 힘 있는 말투로, 사회자는 암웨이의 가장 성공적인 IBO 사례를 한두 건 소개하며 행사 시작을 알린다. 그러고 나면 특별 연사가 소개된다. 〈록키Rocky〉의 테마가 울려 퍼지고, 참가자들이 흥분으로 어쩔 줄 모르는 가운데 연사가 등장한다. 벅차오른 연사는—대개 백인 남성 보석 단계 IBO로, 연단에 서는 대가로 수만 달러를 챙긴다—암웨이 덕에 얻을 수 있었던 집과 요트, 자동차, 근사한 휴가지 사진으로 채운 파워포인트를 넘기며 자신의 성공담을 읊는다. "멋지지 않습니까?" "믿습니다!"라고 외치는 소리가 행사장을 가득 메운다. 다이아몬드와 펄 회원들은 "정말 달콤합니다!"라고 소리친다. 시상식이 이어지고, 마무리로는 청중 모두가 눈이 그렁그렁한 채 「갓 블레스 아메리카」를 합창한다. 그러고 나면, 업라인 회원들이 다운라인 회원들의 눈을 들여다보며 말 그대로 "사랑합니다"라고 속삭인다.

사업 구조상 하급 회원에게 '러브'바밍을 실시하는 게 얼마나 기만적인지 알아채는 것은 사회학자가 아니어도 된다. 특히 그들 사이의 관계에서 다운라인이 요트를 사기는커녕 한 푼도 벌지 못하리라는 것을 상급자가 인지하고 있다면 더욱 그렇다. 대부분 회원은 요트를 사고 싶은 마음도 없다. 요트는 쓸모가 없다. 다시 말하지만, 이들이 애초에 회사에 발을 담그고 결국 허풍스러운 콘퍼런스에까지 참여하게 된 건 제대로 된 삶을 살아 보려는 주부나 이민자이기 때문이다.

당신이 한동안 MLM 사업을 해 왔고 심지어는 콘퍼런스에도 한두 번 참석했지만, 마침내 떠나고 싶은 마음이 들었다고 가정해 보자. 이런 마음을 내부의 누구에게라도 발설했다간 당신의 메일함은 회원 유출을 막으려는 업라인이 보낸 죄책감을 유발하는 가스라이팅 메시지로 넘쳐흐를 것이다. 운 좋게도 베카의 시어머니는 꽤 냉정한 업라인이어서, 베카가 가입 1년을 앞두고 그만두기로 마음먹었을 때는 그저 전화 몇 통만 무시하면 됐다. 하지만 다른 MLM 회원들에게 탈퇴 비용의 무게는 엄청나다. 사이언톨로지처럼 외계인에게 몸을 빼앗길 위협은 없더라도, 당신은 꿈을 포기하고 또 다른 가족을 잃는다는 끔찍한 죄책감과 불안감에 시달리게 된다. 어떤 전 암웨이 IBO는 한때 사랑한다고 말하던 이들이 조금도 망설이지 않고 등을 돌렸을 때 얼마나 괴로웠는지를 비통하게 회상했다. "처음에는 사랑을 맞닥뜨리게 됩니다. (…) [그리고] 암웨이 회원들의 주목도요. 사람들이 정말로 저라는 사람에게 관심을 가진다는 인상을 받습니다. 절대 사실이 아니지요. 단지 집단에 묶어 두기 위한 방식일 뿐입니다."

헤이 베이브, 그룹 페이스북 채팅에서 당신 메시지 봤어요. 떠날 생각을 하는 것 같은데. 당혹스럽고 무기력하다고 느끼죠. 이해해요. **진심이에요**. 하지만 이 바닥에서 가장 성공하는 이들은 버티는 사람들이에요. 이게 시험이라고 생각해 봐요. 자신이 진정한 보스베이브라는 걸 증명하고 인생 역전할래요, 아니면 그냥 포기할래요? 이미 투자한 시간과 노력을 떠올려 봐요! 정말 그걸 다 내버리고 싶어요? 여기서 두 달만 더 버티면 만질 수 있는 돈을 생각해 봐요. 병원비를, 아이들을 떠올려 봐요. **이기적으로** 굴지 말아요. **강해져야** 해요!! 우리가 모두 가족인 거 잘 알죠. 그러니까 **내가 당신을** 도와주게 해 줘요. 후회할 일 하기 전에 전화로 얘기 좀 해요, 알았죠? xoxo

MLM의 언어가 어떤 이들에게는 수상쩍은 사기처럼 들리는 한편 다른 이들에게는 그럴듯하고 유혹적으로 들리는 데는 이유가 있다. "돈방석에 앉고 싶지 않아요?"라든가 "1년 안에 백만장자가 될 수 있어요!"라는 말을 사기와 연관 짓는 일은 (어떤 맥락에서도 그 자체로 매혹적인) 단어들 자체와는 상관이 없다. 대신 중요한 것은 사람들이 정보를 처리하는 다양한 방식이다. 이런 특징은 '속아 넘어감gullibility'에 대한 사회과학과 연관이 있다.[1]

노벨상을 수상한 심리학자 대니얼 카너먼Daniel Kahneman에 따르면, 사람이 잘 속는 것은 인간의 뇌 속 두 가지의 상반된 데이터

처리 시스템, 즉 시스템1과 시스템2 때문이다. 시스템1의 사고는 빠르고 직관적이며 자동으로 이루어진다. 누군가 무슨 말을 하면, 시스템1은 개인의 경험과 일화적 지식에 의존해 즉각적인 판단을 내린다. 평생에 걸친 대면 관계로 신뢰가 굳어진 소규모 집단 내에서 생활했던 고대 인류에게는 이러한 방식이면 충분했다. 당시에는, 다른 사람의 말을 의심할 필요가 없었다. 그 사람이 어머니거나 사촌이거나 적어도 평생을 알아 온 사람이었을 테니 말이다. 오늘날에는, 어떤 뉴스를 듣고 경험적으로 반응하며 즉각적인 판단을 내리는 경우 시스템1이 작동한다고 볼 수 있다.

다음으로 시스템2는 더 느리고 신중한, 합리적인 판단을 담당한다. 시스템2는 훨씬 최근에 발달했다. 익명의 수십억 인구가 온라인으로 소통하며 미심쩍은 주장과 해로운 음모론을 퍼뜨리는 '정보의 시대'에, 시스템2는 더욱 유용하다. 의심스러운 뭔가를 마주쳤을 때 결론을 내리기 위해 직관에만 의존하지 않아도 되기 때문이다. 시간을 들여 질문하고, 샅샅이 조사한 뒤에 어떻게 반응하고 싶은지 결정할 수 있게 된 것이다. 하지만 불행히도 시스템1보다 최근에 발달한 탓에, 시스템2가 항상 작동하는 것은 아니다. 또 우리 인간에게는 시스템2가 작동하지 않아 생긴 확증편향이나 상황에 적합하지 않은 인지 노동의 발생 등 논리적 결함이 깊게 내재해 있다.[2] 단순히 말해, 아주 다양한 대상에 관한 많은 정보를 처리할 수 있도록 진화했음에도 인간은 AI 로봇이 아니므로 항상 완벽하게 이를 수행하지는 않는다는 의미다.

현대사회에서 MLM 기업이 휘황찬란한 효과를 홍보하면, 대다수는 직관적으로 반응한다. 장단점 목록을 만들거나 심각하게 고민해 볼 필요도 없다. (게다가 대부분의 MLM 홍보는 쉽게 판단할 수 있는 지인으로부터 시작된다.) 사람들은 곧바로 "A. 정말 좋은 기회처럼 들린다"와 "B. 이 쓰레기 같은 건 나와 맞지 않는다" 중 하나를 선택할 수 있다. 시스템1이 작동하는 것이다. 그렇지만 어떤 이들은 좀 더 시간을 들여 고민할 필요가 있는데, 다행히도 우리에겐 시스템2가 있다.

경제학자 스테이시 보슬리는 피라미드 사기 회원 모집 과정에서 시스템1과 2가 어떻게 작용하는지 보여 주는 실험을 했다. 그는 주 박람회에 매대를 세우고, 관심을 보이는 행인에게 현금 5달러를 주며 현금을 그대로 가지거나 아니면 (피라미드 사기의 압축 버전인) '비행기 게임'을 시도해 보라고 권했다. 어떤 이들은 제안을 보자마자 "말도 안 되죠. 그냥 5달러를 가질게요. 그건 사기잖아요"라고 대답했다. 또 어떤 사람들은 시간을 들여 제안을 살펴보고, 규칙을 전부 읽고 고민한 뒤 말했다. "아뇨, 이건 별론데요." 같은 결론을 내렸지만, 시스템1 대신 시스템2를 활용한 것이다. 신중하게 고민했지만, 인식능력이나 문해력 등의 수단이 부족해서 결국 비행기 게임을 선택한 사람들도 있었다. 또 그저 충동적으로 게임을 하고 돈을 몽땅 잃은 이들도 있었다. 보슬리는 사람들이 사기에 취약한 정도를 진단하는 흔한 지표가 바로 충동성이라고 말한다.

왜 어떤 사람은 스파이더맨 수준으로 시스템1을 활용해 피라미드 사기나 수상한 치료법 등 비현실적인 메시지를 알아채는데 다른 이들을 그럴 수 없는지 명확한 이유는 밝혀지지 않았다. 유아기에 형성된 신뢰도의 수준에서 이런 차이가 생긴다고 보는 연구자들도 있다.[3] 이 이론에 따르면, 어린아이일 때 신뢰가 발달하면 평생 세상이 정직하고 호의적이리라는 기대가 형성된다. 아동기의 모든 자극은 외부에 대한 개인의 신뢰 정도에 영향을 미칠 수 있다. 어떤 이들은 우리 아버지처럼 부모의 부재나 다른 트라우마로 신뢰가 손상되기도 한다. 그러나 스트레스나 경제적 어려움 같은 요소가 추가되었을 때, 회의적인 본능을 무시하고 사기에 깊이 휘말리는 사람들이 있다는 건 분명한 사실이다. 피라미드 사기를 경멸하는 내 태도에는 사기의 냄새를 극도로 민감하게 구별하는 지능적인 코의 역할만큼이나, 그들의 약속을 절박하게 믿지 않아도 될 만큼 내가 혜택받았다는 사실이 작용한다는 것을 잘 안다.

사회학자들은 또한 고등교육과 과학적 방법에 대한 훈련이 일반적으로 사람들이 사기에 덜 속아 넘어가게 만든다고 말한다. 좋은 건지 나쁜 건지 모르겠지만, 기분이 나쁜 상태일 때도 마찬가지다. 연구자들은 다수의 실험을 통해 사람들이 기분이 좋을 때 더 순진해지고 의심도 덜 하는 반면, 우울할 때는 기만의 낌새를 더 잘 알아차린다는 사실을 밝혀냈다.[4] 들어 본 중 가장 까칠한 초능력이 아닐 수 없다.

V

MLM 셀러들이 사업을 변호하려고 늘어놓는 말 중 내가 가장 좋아하는 건 "이건 피라미드 사기가 아니야. 기업체에서 일하는 거야말로 **진짜** 피라미드 사기야"라는 말이다. 이건 말도 안 되는 사고 중단 클리셰이자 네온사인처럼 번뜩이는 우리 vs 저들 조건 형성의 신호다. 이처럼 MLM은 미국 기업을 수없이 비판하고 미국 기업은 MLM을 사기꾼의 농담 정도로 여기지만, 사실 그 둘은 같은 개신교 자본주의 역사에 뿌리를 두고 있다. 그리고 미국 사회가 진정한 능력주의 사회라는—열심히 일하고 믿음만 있다면 사다리 바닥에서 꼭대기까지 오를 수 있다는—해로운 긍정 신화는 우리의 '일반적인' 직장에도 마찬가지로 만연해 있다.

직원들뿐 아니라 고객들 사이에서도 극단적인 연대감과 충성심을 조성하는 데 성공한 트레이더 조스, 스타벅스, 이케아 같은 브랜드를 본받아, 현대의 많은 기업이 적극적으로 컬트에 가까운 추종 집단을 확보하는 데 주력하고 있다. 컬트적 기업 언어를 좀 더 자세히 알아보기 위해, 나는 네덜란드 경영학자이자 경영 컨설턴트인 만프레드 F. R. 케츠 데 프리스Manfred F. R. Kets de Vries에게 연락했다. 1970년대부터 직장 내 리더십 유형을 연구해 온 케츠 데 프리스는 어떤 회사가 불편할 만큼 컬트적인지 판단하는 데 언어가 핵심적인 단서가 된다고 확인해 주었다. 그는 격려의 말, 슬로건, 떼창, 암호, 그리고 의미 없는 기업 내 은어가 지나치게 많다면 경계할 필요가 있다고 말했다.

우리 대부분은 속 빈 강정같이 의미 없는 직장 내 횡설수설 방언을 들어 본 적이 있다. 인터넷에서도 쉽게 (가지고 놀기 좋은) 기업용 개소리* 생성기를 찾아 "신속하게 시장 중심의 결과물을 조직해 내는"이나 "월드클래스 인적 자원을 점진적으로 클라우드화하는" 따위의 표현을 뽑아낼 수 있다. 예전에 일했던 구식 패션 매거진 직원들은 항상 '시너지'(의견이 같은 상태), '바늘을 움직이다'(눈에 띄는 성과를 내다), '마인드셰어'(브랜드 지명도와 관계된 뜻이었나? 아직도 잘 모르겠다) 같은 '우우' 은유를 아무 데나 갖다 붙이곤 했다. 당시 상사는 특히 직원들이 의미 없이 명사를 타동사로 변환하거나 동사를 명사로 쓰는 걸 아주 좋아했다. '화이트보드'를 '화이트보딩'으로, '선셋'을 '선세팅'으로, '묻다ask'라는 동사를 '질문'이라는 명사로 쓰는 식이었다. 직원들은 자기가 무슨 말을 왜 하는지도 모르는 게 명백할 때조차 그렇게 했다. 나는 당연히 이런 순응적인 태도에 몸서리를 쳤고, 휴식 시간에는 장난스럽게 그런 말투를 따라 하곤 했다.

기술 분야 기자 애나 위너Anna Wiener는 회고록 『언캐니 밸리Uncanny Valley』에서 형태를 불문하고 기업의 내부 언어를 '쓰레기 언어garbage language'라고 불렀다. 비록 그 주제는 시간이 지나면서 변

---

* 역주: Corporate Bullshit, 줄여서 Corporate BS. 평범한 영어처럼 들리지만, 사실은 거대 기업이 소비자를 유혹하기 위해 늘어놓는 프로파간다와 거짓말로 가득 찬 언어를 지칭하는 말.

했지만, 쓰레기 언어는 실리콘밸리 이전부터 오랫동안 우리 주위에 있었다. 1980년대 쓰레기 언어는 주식 시장의 냄새를 풍겼다. '바이인buy-in' '레버리지' '휘발성volatility' 같은 단어들처럼.[1] 1990년대는 '대역폭bandwidth'* '핑 미ping me'** '일단 오프라인으로 하자let's take this offline'*** 같은 컴퓨터 이미지의 시대였다. 스타트업 문화가 자리 잡고 일과 삶의 구분이 사라지는(구글의 볼 풀장과 사내 마사지 치료사를 떠올려 보라) 동시에 '투명성'과 '포용'을 추구하는 21세기, 우리는 신비롭고, 정치적으로 올바른 자기 역량 강화 언어를 얻었다. '홀리스틱holistic' '현실화하다actualize' '정렬alignment'.

이런 업계 용어가 그 자체로 나쁜 건 아니다. 늘 그렇듯, 언어에는 문맥이 필요하다. 경쟁적인 스타트업 환경에서라면, 권력자들이 성공하고자 하는 직원들의 열망을 (그리고 일자리에 대한 기본적인 필요를) 착취하는 건 쉬운 일이다. 과도한 '쓰레기 언어'는 고위 경영진이 개별성을 억압하고 있다는 신호일 수 있다. 현실이 전적으로 회사의 규칙으로써 통제되는 일종의 의식적 공간 속에 직원들을 밀어 넣는 것이다. 그리고 이런 규칙은 공정함이나 개인에 대한 연민을 염두에 두지 않고 만들었을 가능성이 크다.

---

* 역주: 특정 시간 내 전송될 수 있는 데이터의 양을 뜻하는 단어지만, 일을 처리할 수 있는 역량이라는 뜻으로도 쓰인다.

** 역주: '핑' 하는 알림음에서 착안한 표현으로, 가볍게 연락 달라는 뜻.

*** 역주: 긴 논의가 필요한 주제이므로 연관 없는 사람들도 있는 이 자리에서는 우선 대화를 중단하자는 의미. 영어 화자들 사이에서도 해석이 분분한 표현이다.

(CEO 다섯 명 중 한 명은 사이코패스 성향을 보인다는 등의 사실이 연구를 통해 계속 드러나고 있다.)[2] "모든 기업이 특수한 용어를 사용합니다. 가끔은 말이 되지만, 가끔은 터무니없는 용어들이죠." 케츠 데 프리스가 말했다. "컨설턴트로서 가끔 사람들이 암호명과 두문자어를 사용하는 집단에 들어갈 때가 있는데, 사실 그들은 자신들이 무슨 말을 하는지 모릅니다. 그저 최고 경영진이 하는 말을 따라 하는 거지요."

예를 들어, 아마존의 제프 베이조스는 MLM 지도자들과 놀랍도록 비슷한 이상을 추구한다. 관료제에 대한 경멸, 위계에 대한 집착, 누가 짓밟히든 상관 말고 꼭대기까지 올라가라는 격려, 그리고 야심 찬 동기부여 연설과 실패의 은유를 병치하는 것까지. 베이조스는 자신만의 십계명인 '리더십 원칙'을 만들어 냈다.[3] 아마조니안들은 이 법에 따라 생각하고, 행동하고, 말해야 한다. 총 열네 가지 원칙이 있는데, "크게 생각하라Think big" "깊게 파고들어라Dive deep" "기개를 가져라Have backbone" "결과를 내라Deliver results" 등 전부 진부하고 모호한 내용이다. 그러나 직원들은 이 원칙들을 만트라처럼 읊어야 한다. 여파가 엄청났던 2015년《뉴욕타임스》아마존 폭로 기사에 따르면, 이 규칙은 아마존 일상언어의 일부다. "면접에서 쓰고, 회의에서 인용하고, 점심시간 푸드 트럭에 줄을 서서도 읊는다. 어떤 아마조니안은 아이들에게도 가르친다고 했다."

누군가 아마존에 고용되면, 그는 리더십 원칙에 쓰인 511개

단어 전부를 기억에 새겨야 한다. 그럼 며칠 뒤 테스트를 거치고, 원칙을 완벽히 암기한 사람은 상징적인 상을 받게 된다. 직장의 경계를 확장하는 존경할 만한 이들을 위한 캐치프레이즈 "저는 독특합니다I'm Peculiar"를 선언할 권리가 생기는 것이다. 그때부터, 회사는 (시나논 게임의 잔인한 대립과 비슷하게) 직원들이 회의 중 다른 사람의 아이디어를 찢어발기기를 기대한다. (리더십 원칙 13번에 따라) "그렇게 하는 것이 불편하거나 고통스럽더라도" 말이다. 만약 부하 직원이 상사 마음에 들지 않는 방식으로 의견을 제시하거나 질문에 답하면, 멍청이라고 불리거나 도중에 말이 끊기거나 그만 말하라는 지시를 받기 십상이다. 전 아마조니안들에 따르면, 사무실에서 자주 언급되는 격언에는 다음과 같은 것들이 있다. "벽에 부딪히면, 벽을 기어올라라" "일이 첫째, 삶이 둘째, 둘 사이 균형을 찾으려 애쓰는 것이 셋째다". 그리고 1999년 제프 베이조스가 주주 서한에 직접 썼듯, "나는 직원들에게 두려워하라고, 매일 아침 공포에 떨며 일어나라고 계속해서 상기시킨다".

직원들을 공포에 떨게 만들어 순종하게 하는 게 단기적으로는 회사의 목표를 이루는 데 도움이 될 수도 있다. 그러나 케츠 데 프리스는 엄격함이 혁신을 억누르며, 따라서 장기적으로는 사업과 직원들 모두에 나쁜 영향을 미친다고 말한다(윤리나 공감은 차치하고라도 말이다). 케츠 데 프리스는 경영 컨설팅을 하면서 고위 임원들에게 스스로 자문해 보라고 조언한다. 회사는 혁신을 주도하기 위해 개성과 비순응적 태도를 권장하는가? 회사는 직원 각자가 독자적인 삶과 언어를 가지도록 격려하는가? 아니면 모두가 수상쩍을 만큼 상사와 비슷하게 들리는, 똑같은 단어와 똑같은 억양으로 말하고 있지는 않은가? "최고 경영진의 자리에 있는 사람은 조심하지 않으면 반향실 안에 있는 것과 다름없습니다." 케츠 데 프리스가 설명했다. "사람들은 그가 듣고 싶은 이야기만 할 테고, 그럼 그는 점점 미쳐 가기 시작합니다. 그의 광기는 매우 빠르게 제도화되지요."

나는 '지속가능한 패션' 스타트업에서 일한 적 있는 사람을 한 명 인터뷰했다. 처음에는 태린 투미Taryn Toomey의 '더 클래스'(조금 뒤 5부에서 다룰 컬트 피트니스다)와 관련된 경험에 관해 묻기 위해서였다. 그러나 그는 애초에 자신이 '컬트' 운동에 빠진 건 마침내 지옥 같던 직장에서 빠져나온 데 대한 반응이었다고 말했다. 패션 회사에서 일했던 3년간, 외양은 눈부시지만 심리적으로는 사디스트였던 상사 때문에 그는 잠도 못 자고, 최저임금도 못 받고, 외부 관계를 유지할 수도 없었다. 결국 스스로 신경쇠약이라는 진단을 내린 그는 자아를 되찾기 위해 떠났고, 바로 그때 더 클래스를 만났다. 더 클래스는 결론적으로 그에게 상당히 긍정적인 경험으로 남았다. "더 클래스는 내 존재 전체를 집어삼켰던 예전 직장과는 비교할 바가 못 돼요." 그가 말했다. "상사는 우리가 회사를 종교로 섬기길 원했어요. 내 삶은 실제로 얼마간 파괴되었었죠."

미국인 수백만 명이 일정 수준으로 컬트적인 회사에서 일한 경험이 있고, 일부는 아마존처럼 압제적인 분위기에서 고통받기도 했다. 미국 자본주의라는 환상의 사다리에서, 돈이 아니라 거짓말을 지급하는 기업은 단지 몇 단계 떨어져 있을 뿐…… 별이 빛나는 MLM으로부터.

VI

위에서 MLM은 아직 적발되지 않은 피라미드 사기일 뿐이라고 말한 적이 있다. 그럼 어떻게 적발할 수 있을까?

정답을 찾기 위해, 이야기를 되짚어 올라가 연방거래위원회가 어떻게 최초로 MLM을 문 닫게 했는지 살펴보자. 1970년대 초, '홀리데이 매직'(연례 축제와는 아무 상관없다*)이라는 난해한 이름의 조잡한 화장품 회사에 대한 소송이 쇄도하기 시작했다. 그로부터 약 10년 전, 내가 본 직접판매 사업가 중 가장 어마어마한 허풍쟁이 윌리엄 펜 패트릭William Penn Patrick이 홀리데이 매직을 창업했다. 북부 캘리포니아에 기반을 둔 그는 당시 삼십 대 공화당 상원의원 지망생이었고, 한번은 《로스앤젤레스타임스Los Angeles Times》가 미국에서 '가장 이상한 정치인'이라고 칭하기도 했다.[1]

대부분의 MLM 창업자들과 마찬가지로, 패트릭은 번영 신학

---

* 역주: '홀리데이 매직'은 캘리포니아 애너하임 디즈니랜드에서 매년 열리는 불꽃놀이 쇼의 이름이기도 하다.

과 신사고 사상을 중시했으며, 특히 동기부여 슬로건을 위협적으로 만드는 것으로 유명했다. "[회원들에게] 홀리데이 매직 프로그램과 함께라면 더 행복해지고, 건강해지고, 부유해지고, 인생에서 원하는 것을 얻으리라고 말하라."[2] 패트릭은 이 말 뒤에 바로 뒷말을 덧붙였다. "홀리데이 매직 프로그램에 실패하는 이는 누구라도 다음 중 하나에 빠지게 될 것이다. 나태, 멍청함, 탐욕, 혹은 죽음." 패트릭은 또한 역사상 가장 해괴한 MLM 콘퍼런스를 주최한 일로도 유명하다. '리더십 다이내믹스'라는 이름의 콘퍼런스는 베이 에어리어의 형편없는 모텔에서 진행되었는데, 참가비는 1000달러였다. 패트릭은 이틀 내내 신입 회원들이 일련의 기이한 파워 게임에 참여하도록 했다. 그는 회원들이 관 안으로 기어들게 만든 다음 거대한 나무 십자가에 그들을 매달았고, 오후 내내 그 상태로 두었다. 짐 존스, 척 디트리히, (정도는 덜하지만) 제프 베이조스처럼 회원들에게 '그룹 테라피' 세션을 강요해 몇 시간 동안 서로를 헐뜯게 만들기도 했다.

패트릭의 행동은 어느 면에서 봐도 제정신이 아니지만, 연방거래위원회가 그를 법정으로 불러냈을 때 가장 불리하게 작용해 마침내 홀리데이 매직을 폐쇄하게 만든 주장은 그의 연설과 관련이 있었다. 결론적으로, 법원은 패트릭의 기만적인 과장법과 로드된 언어, 그리고 격려로 위장한 가스라이팅으로 미루어 볼 때 그가 피라미드 사기꾼이라고 판결했다. 합리적인 판결이었다. 사업이든 아니든 삶의 모든 부분에서 무언가 윤리적으로 잘못되었다는 게 마음 깊이 느껴지는데 정확히 그 이유를 짚어 내기 어려울 때, 언어야말로 좋은 증거가 될 수 있기 때문이다. 연방거래위원회가 홀리데이 매직을 궁지에 몰아넣은 것도 바로 이 지점이었다. 이후 몇 년간, 위원회 소속 변호사들은 MLM을 떼로 기소하면서 동일한 유형의 기이하고 사기성 짙은 메시지를 인용했다. 여기에는 연방거래위원회가 추적한 최대 MLM 암웨이도 포함되어 있었다.

1979년, 연방거래위원회가 마침내 제이 밴앤덜과 리치 디보스를 피라미드 사기 행각으로 기소했지만, 해당 사건은 한참 동안 종결되지 않았다. 그리고 우리도 이미 알고 있듯, 암웨이는 결코 문을 닫은 적이 없다. (다시 말하지만, 암웨이의 창립자들은 국가수반들과 골프를 치던 사이였다. 정부가 이들을 무너뜨릴 리는 처음부터 없었다.) 판사는 (헤비급 기업에는 푼돈에 불과한) 벌금 10만 달러를 선고했고, 암웨이는 즐겁게 제 갈 길을 갔다.

결론적으로, 연방거래위원회가 암웨이 사건에서 패배한 일은 이후 직접판매 업계 전체에 보호조치를 제공한 셈이 됐다. 1979년 이후로 연방거래위원회는 그저 한 줌의 MLM만을 폐쇄했으며, 규모가 큰 업체는 하나도 없었다. 이제 어떤 MLM이든 공격받을 때마다 다음과 같이 말할 수 있게 된 것이다. "아니, 아니, 아니에요. 오해하신 거예요. 저희 피라미드 사기 아니에요. 컬트도 아니에요. 저희 그냥 암웨이 같은 거예요. 능력주의 아시죠. 사업가, 비즈니스 오너, #보스베이브가 될 기회예요. 사기가 아니에요. 아메리칸 드림이에요."

법원이 듣기에는 MLM에 전혀 컬트적인 요소가 없다고 믿을
만큼 꽤 진실한 말이었나 보다.

헤이 걸. 이런 말을 하게 되어서 정말 불편하네요. 방금 위에서 연락을 받
았는데, 불행히도 당신을 놔줘야 할 것 같아요. 처음 우리 팀에 당신이 합
류했을 때, 당신의 잠재력에 정말 신이 났었어요. 하지만 당신의 성장을
위해 우리가 들인 그 많은 시간과 노력에도 불구하고, 당신이 그걸 진정으
로 원하는 것 같지 않아요. 어떤 사람들은 이런 기회를 잡기에 적합하지
않죠. 그리고 당신의 업라인으로서 진심으로 말하는데, 이건 당신보다 내
게 더 힘든 일이에요. 페이스북 그룹에서 당신을 삭제하고 계정을 비활성
화해야 할 것 같아요. 결국 당신은 보스베이브가 아니었던 것 같네요. x

5부

당신의 삶을 바꾸고……
몰라보게 근사해질 시간입니다

I

나는 장난감 병정처럼 열정적으로 제자리걸음을 하고 있다. 정신이 몽롱해지고 대충 끝내고 싶은 마음이 굴뚝같지만, 열과 성을 다해 계속하든지 아예 관두라고 스스로 다그친다. 근육이 허락하는 한 최선을 다해 팔뚝과 주먹을 앞으로 들어 올리고, 눈을 질끈 감은 채 "나는 비할 바 없이 강하다"라고 되뇐다.

충분한 공간이 있도록 살짝 비켜서 양옆에 선 부모님도 나와 같은 동작을 하며 함께 선언한다. "나는 비할 바 없이 강하다." 우리의 빛나는 지도자 퍼트리샤 모레노^{Patricia Moreno}가 부드러움과 사나움이 공존하는 목소리로 외친다. "구현하세요! 깨우세요!" 그는 이 동작을 **윌파워(의지력)**라고 부른다.

여덟 카운트가 몇 세트 지나고, 이제 우리는 눈앞의 공기를 때리며 한 번 훅을 날릴 때마다 몸통을 비튼다. 이 동작의 이름은 **스트롱(강함)**이다. "할 수 없다는 이야기는 멈추고, 자신의 힘을 불

러낼 수 있도록 하는 동작입니다." 모레노가 말한다. "**바로 오늘,
여러분**이 원하는 모든 변화를 만들 수 있을 만큼 강하다고 마음먹
는 것입니다. 따라 하세요. 나는 보이는 것보다 강하다." 여전히
주먹을 날리고 몸을 비틀면서 우리도 따라 한다. "나는 보이는 것
보다 강하다." "멋져요! 전사 같아요!" 모레노가 노래하듯 외친다.

네 가지 스텝으로 이루어진 우리의 루틴을 완성하는 동작이
두 개 더 있다. 다음 동작은 **브레이브(용기)**다. 한 발로 점프하면
서 다른 발을 뒤쪽으로 차고, 꽉 쥔 주먹을 한 번에 하나씩 하늘로
쏘아 올린다. "스트레스를 받을 때마다 이 동작을 해 보세요. 걱
정과 의심, 두려움을 멈추는 데 도움이 됩니다!" 모레노는 잠시도
쉬지 않는다. "이제 말을 바꿔 따라 해 보세요. 나는 생각보다 용
감하다!" 부모님과 나는 뛰어오르며 외친다. "나는 생각보다 용
감하다!"

마지막 동작, **어번던스(풍부함)**다. 손바닥을 가슴에 댔다가, 머
리 위로 힘차게 가져가 넓은 V 자를 그린다. 그리고 다시 손을 가
슴에 댔다가 이번에는 엉덩이 옆으로 내려 뒤집힌 V를 만든다.
그러면서 반복해서 외친다. "나는 필요한 것을 전부 얻도록 축복
받았다." "감사하는 마음은 **당신의. 삶을. 변화시키는** 태도입니
다!" 모레노가 고래고래 외친다. "여러분이 이미 받은 축복에 대
해 생각하고, 이야기하고, 집중해야 합니다." 이제 우리는 점핑잭
에 돌입해 팔은 머리 위로 넓게 벌리고 발가락 깊숙이 바닥을 짚
으며 외친다. "나는 필요한 것을 전부 얻도록 축복받았다!"

"모든 동작을 한 번 더!" 모레노가 재촉하고, 우리는 네 동작을 연달아 반복한다. **윌파워, 스트롱, 브레이브, 어번던스.**

그리고, 갑자기, 눈물이 터져 나온다. 모레노의 확언을 듣기 시작한 지 5분도 채 되지 않았는데, 목소리가 갈라지기 시작한다. 어머니가 나를 돌아보며 어색하게 미소 짓는다. "어맨다, 너⋯⋯ 우니?" 나를 나무라는 것처럼 보이지 않으려고 애쓰는 게 느껴진다. 부모님은 내가 우는 걸 2년 만에 보는 셈이다. "다들 이렇게 될 거라고 했어요!" 나는 예상치 못했던 눈물에 흐느끼는 동시에 낄낄대면서 항변한다.

마법은 그렇게 깨졌다. "됐어, 이제 충분해." 입고 있던 의상이 괴상하다는 걸 막 깨달은 사람처럼 동작을 멈추며 아버지가 투덜댄다. "차고에서 실내자전거나 탈래. **나 혼자** 운동하면 돼!"

"알아, 그레그. 재활용 쓰레기나 들고 가." 어머니가 여전히 팔을 들어 올리고 제자리걸음을 하며 쏘아붙인다.

몬텔 집안에서 보기 드문 소동이다. 과학 교수 부모님과 나, 이토록 냉소적인 삼인방이 온라인으로 진행되는 무료 인텐사티 intenSati 수업을 켜 놓고 팔벌려뛰기를 하며 "나는 필요한 것을 전부 얻도록 축복받았다!"라고 외치는 꼴이라니. 미디어가 주목하고 탄탄한 추종자층을 보유한 인텐사티는 2000년대 초, 전 에어로빅 챔피언이자 현 온라인 강사인 쉰다섯 살 퍼트리샤 모레노가 만들었다.[1] 지금 내 부모님 댁 일광욕실에 놓인 아이패드 화면 속에서 반짝이는 검정 머리를 올려 묶고 화사한 미소를 보내고 있는 그 사람이다. 〈코스모폴리탄닷컴Cosmopolitan.com〉이 "탄탄한 몸매의 멕시코 오프라 윈프리"가 "운동선수 버전 J. Lo"를 만났다고 묘사한 모레노는, 운동과 깨달음이 손쉽게 짝을 이루는 것처럼 보이게 한다. 에너지 넘치는 그의 테크닉으로 춤과 킥복싱, 요가 동작이 긍정적인 확언과 짝지어져서, 각 동작에 만트라가 하나씩 따라붙게 된다. 인텐사티 어휘에서 이런 동작-확언 콤비는 '주문incantation'이라고 불린다. 새천년이 도래했을 때 모레노가 토니 로빈스의 강연에서 배운 개념이다. (인텐시티intensity의 말장난인) 인텐사티는 '인텐션(목적)'과 고대 인도의 팔리어로 '마음 챙김'을 의미하는 '사티'의 합성어다. 그야말로 '우우'의 정의에 부합하는 의미라고 할 수 있다.

58세와 64세인 어머니와 아버지는 나보다 훨씬 탄탄한 몸을 유지하고 있다. 볼티모어에서 7년 전 샌타바버라로 이사한 뒤 늘 수영을 하고 자전거를 탄 덕분이다. 두 분은 늘 당신들이 그룹 스포츠 타입은 아니라고 말하지만, 주말에 부모님 댁을 찾은 내가 이 책을 쓰기 위해 연구 중이던 컬트 피트니스 수업을 들어 보자고 설득했다. "나도 홈 피트니스에 대해서는 모르는 게 없어." 어머니가 머리를 깔끔히 틀어 올리며 활짝 웃었다. "나 펠로톤에도 가입한 거 알지."

내게 인텐사티를 추천해 준 이는 2005년 모레노를 (신체적으로나 사상적으로) 따르기 시작해 결국 자신도 강사가 된 나탈리아 페트르첼라였다. 나는 나탈리아의 이야기가 매우 궁금했다. 그는 로스앤젤레스에서 흔히 보이는 전형적인 "컬트" 운동광, 그러니까 일주일에 세 번 소울사이클에 가고 나머지 나흘은 코어파워 요가에 다니며, 룰루레몬 레깅스밖에 입을 줄 모르고 〈더 베첼러 The Bachelor〉* 12시즌 이후로는 탄수화물을 입에도 대지 않는, 이퀴녹스 피트니스 클럽 멤버십이 있는 웰니스 활동가들보다 훨씬 더 현실적인 인상을 주었다. 스탠퍼드에서 박사학위를 받은 나탈리아는 뉴욕 뉴스쿨에서 피트니스 역사를 연구하며, 자신이 상대적으로 '스포츠 타입이 아니'고, '운동이 어색하다'고 생각한다. 그는 운동이라면 겁부터 내는 썰렁한 페미니스트인 내가 만에 하나 컬트 스포츠와 사랑에 빠지게 된다면, 그건 바로 인텐사티일 거라고 확신했다. "나도 딱 어맨다처럼 이런 컬트 스포츠에 회의적이었거든요." 나탈리아가 맹세하듯 말했다. "처음에 인텐사티가 '목소리와 시각화를 이용해 여러분의 몸과 외관을 변화시킨다'고 하길래 '아이고, 절대 안 돼. 이건 우우야'라고 생각했던 기억이 나요."

"알겠어요, 알겠어요." 내가 대답했다. "한번 해 볼게요."

신비로운 자기계발 메시지와 하드코어 운동 수업의 조합은 지금은 크게 특별하게 느껴지지 않지만, 나탈리아가 2000년대 초 처음 인텐사티를 발견했을 때는 이제 막 두 개념이 가까워지던 시기였다. 당시에는 모레노도 미처 몰랐으나, 2002년은 인텐사티를 론

---

* 역주: 2002년 ABC에서 처음 방영된 미국의 데이트 리얼리티 TV 시리즈.

칭하기에 알맞은 시점이었다. 21세기에 들어서면서 부티크 피트니스가 주요 산업으로 부상하기 시작했다. 1980년대와 1990년대 미국인들은 대부분 대형할인점에 딸린 헬스클럽이나 YMCA 같은 커뮤니티 센터에서 운동했다. 카리스마 넘치는 강사와 강력한 브랜딩, 초월적인 효과로 무장한 값비싼 소규모 운동 수업이 생겨나기 전이었다.

1950년대까지만 해도, 의학계는 여성들에게 보편적으로 운동을 권하지도 않았다(일주일에 몇 번씩 땀을 뻘뻘 흘리며 공개적으로 잘난 체하는 일이 훨씬 잦았다). 1920년대와 1930년대, 미국에서 가장 성공한 피트니스 살롱 체인 중 하나인 슬렌데렐라^{Slenderella}의 철학은 온전히 미용 목적으로 땀 흘리지 않고 살을 빼서 여성의 몸을 우아하게 만드는 것이었다. 리듬체조(간단한 스트레칭과 무용) 수업은 격렬하게 움직이는 '수고와 고통' 없이 여성 고객의 '모든 적절한 부위'를 매끄럽게 다듬어 준다고 약속했다. 격렬한 운동은 비여성적이며 '남자 같은' 우락부락한 근육을 만들고 생식의 위험을 초래한다고 멸시받았다. 미국 여성들은 그 대신 '체중 감량'에 집착하게 되었다(그 이후로도, 다이어트는 그 자체로 암울한 '컬트'로 남았다).

1960년대가 되어서야 모든 미국인이 땀날 정도로 운동하는 일이 모두에게 좋다는 생각에 동의하게 되었다. 1968년, 블록버스터급 성공을 거둔 피트니스 서적 『에어로빅스^{Aerobics}』 덕에 대중은 운동이 여성과 남성 모두에게 이롭다는 걸 깨달았다. 이어지는 10년에서 20년 사이, 여성들은 열광하며 운동을 받아들였고 이내 인지인류학 연구에서 나중에 밝혀질 사실을 깨달았다. 바로 여럿이 운동하면 더 재밌다는 거였다.[2] (다른 사람과 함께 운동할 때 더 강력한 엔도르핀이 분비된다.)[3]

1970년대와 1980년대, 한창 진행 중이던 여성해방운동과 타이틀 나인Title IX* 제정, 그리고 스포츠 브라의 발명과 함께 여성들은 함께 모여 건강해질 만반의 준비가 되어 있었다. 재저사이즈Jazzercise가 유행하기 직전이었다(1984년에 이르면, 재저사이즈는 도미노 피자 다음으로 미국에서 가장 빠르게 성장하는 프랜차이즈가 된다). 전문 댄서 주디 셰퍼드 미세트Judi Sheppard Missett가 발명한 재저사이즈는 수백만 여성을 커뮤니티 피트니스라는 개념으로 이끌었다. 제인 폰다나 라켈 웰치 같은 셀러브리티 강사들은 특유의 밝은 스판덱스 의상과 발랄한 전달력으로 최초의 '피트니스 인플루언서'가 되었다.

대형할인점 체육관이나 24시간 피트니스, 크런치 같은 헬스클럽들이 1980년대 말에서 1990년대 스포츠 시장을 잠시 장악했다. 요가가 미국인들의 일상에 자리 잡기 시작하던 시기였다. 물론 요가는 수천 년 전부터 존재했다.[4] 2500년 전 인도 문헌에서도 관련된 내용을 찾을 수 있다. 그러나 요가의 역사 대부분 동안, 요가는 종교 고행자들에 의해서만 행해졌다. 아크로바틱한 태양경

* 역주: 교육 현장의 성차별을 없애기 위해 1972년 제정된 법.

배 자세나 회전식 온도 조절 장치는 동양의 요기들에게는 해당하지 않았다. 요가는 오히려 정적을 중시하는 명상에 가까웠다. (현재까지도 인도의 일부 승려들은 며칠 동안 손가락 하나 까딱하지 않는, 움직임 없는 마라톤에 가까운 묘기를 계속 수행하고 있다.) 요가 이론에 대한 서구의 대중적인 인식은 대부분 1800년대 이후에 등장했다. 사진 기술이 발달하면서 요가 자세를 찍은 사진이 바다를 건너온 것이다. 이 이미지에 사로잡힌 유럽인들은 인도 요가 자세에 기존의 유럽 보디빌딩이나 체조 개념을 주입했다. 요가 역사학자들은 현대 미국인들이 요가라고 인식하는 것 중 많은 부분이 이런 혼합의 결과물이라고 본다.

20세기 말이 가까워지면서, 요가는 피트니스 스튜디오가 단순히 몸을 변화시키는 곳 이상의 공간으로서 정서적 웰빙의 내밀한 사원이자 영적 깨달음마저 얻을 수 있는 곳이라는 인식의 싹을 틔우게 된다. 그러나 신비주의적인 인상을 주기 위한 의례들—종교에 뿌리를 둔 확언, 만트라, 합창 등—은 아직은 강도 높은 운동과 나란히 놓이지 않았다. 신체와 형이상학을 뒤섞는 것은 아직 도넛과 크루아상을 가로지르는 것만큼 먼 이야기였다. 말인즉슨, 분명 도래할 것이고, 어마어마한 일이 될 테지만, 아직 정확한 레시피가 확립되지 않았다는 뜻이다.

그리고 그때…… 21세기라는 사건이 발생했다. Y2K의 자정을 넘기고 오래 지나지 않아, 미국 피트니스 역사는 전부 뒤섞이고 폭발하는 것처럼 보였다. 그로부터 지금 우리가 아는 '컬트 피트니스' 산업이 탄생했다. 2000년에는 미국 전역을 발레에서 파생된 피트니스 광풍으로 밀어 넣은 바 메소드Bar Method 스튜디오가 등장했다. 마찬가지로 같은 해 등장한 크로스핏은 발레와는 전혀 다른 인구 집단을 끌어들였지만, 크로스핏 '박스'는 발레와 마찬가지로 체육관과 대립하는, 부티크 바이브를 뿜어냈다. (전성기였던 2020년 초, 크로스핏 박스의 수는 1만 개 이상이었으며 연간 40억 달러를 창출했다. 그레그 글래스먼이 스스로 한심한 인종차별주의자라는 사실을 밝히면서 많은 스튜디오가 크로스핏이라는 브랜드명을 포기하기 이전의 일이다.[5] 이후에 더 자세히 이야기하겠다.) 2001년에는 북미에 이후 500여 군데 이상의 스튜디오를 운영하게 되는 퓨어 바Pure Barre가, 그다음 해에는 스튜디오 200개로 성장하게 될 코어파워 요가가 문을 열었다. 나이트클럽을 연상케 하는 조명과 시끄러운 음악, 펄펄 날아다니는 강사로 무장한 소울사이클은 2006년 등장했다. 바로 몇 달 뒤 로스앤젤레스의 피트니스 강사 트레이시 앤더슨 덕에 귀네스 팰트로가 출산 후 찐 살을 전부 감량하면서, 할리우드의 개인 트레이너들은 그 자체로 셀러브리티의 입지에 올랐다.

부티크 피트니스 스튜디오들은 이후 15년 동안 기하급수적으로 증가하고 서로 파생되면서 미국 사회에 단단히 뿌리내렸다. 국제 건강 라켓 스포츠 클럽 협회IHRSA에 따르면, 2018년 미국의 건강 및 피트니스 산업의 가치는 320억 달러에 달했다.[6] 이내 모든 종류의 운동 수업이 생겨났다. 사이클, 서킷 트레이닝, 러닝, 요가, 댄싱, 폴 댄싱, 복싱, 주짓수, 지상 기계식 서프보드 필라테스*를 비롯한 그 어떤 것이라도, 열정적인 공동체를 쉽게 찾을 수 있다. 소울사이클, 크로스핏, 수없이 많은 발레 바, 필라테스, 요가 숍은 말할 것도 없고, 우리에게는 배리스 부트캠프(HIIT라고도 알려진 고강도 인터벌 트레이닝), 오렌지시어리(배리스와 유사한데 더 경쟁적이다), 노벰버 프로젝트(아침 6시에 시작하는 무료 아웃도어 부트 캠프), 태린 투미의 더 클래스(비명 소리를 곁들인…… 요가를 만난 부트 캠프), 모델FIT(모든 모델이 하는 운동), 플레이트핏(진동하는 거대한 기구 위에서 진행하는 모델FIT), 인텐사티(이미 익숙할 것이다), 라이즈 네이션(소울사이클의 계단 오르기 버전), LIT 메소드(소울사이클의 노 젓기 버전), LEKFIT(소울사이클의 트램펄린 버전), 펠로톤(일종의 Zoom 소울사이클) 등 끝도 없이 이어지는 목록이 있다.

과거의 YMCA나 재저사이즈 수업과 달리 이런 내밀한 피트니스 스튜디오는—운동으로서—심오한 사상과 깊고 개인적인 경험을 제공하는 성스러운 공간으로 스스로를 브랜딩한다. 영감을 불어넣는 듯하면서도 속이 텅 빈 인용구로 장식된 이 공간에서, 당신은 완벽한 스쿼트 자세를 익히고 심박수를 낮출 뿐 아니라 퍼스널 멘토를 찾고, 가장 좋은 친구를 만나고, 전 애인과의 추억

---

* 로스앤젤레스의 샌드박스 피트니스라는 스튜디오에 실재하는 운동이다. 실제 모래로 뒤덮인 방에서, 회원들은 설치된 서프보드에 올라타 허공에 매달린 탄력 밴드를 활용해 거의 불가능한 근력운동 동작을 해내야 한다. 이 범상치 않은 고문법에 관해 말해준 건 2017년 잡지 기사를 위해 인터뷰했던 모델 빰치는 액션배우였다. "완전히 너덜너덜해져요." 그가 눈을 커다랗게 뜨며 말을 쏟아 냈다. "전 매일 아침 해요. 어맨다도 꼭 해 봐야 해요."

을 극복하고, 임금 인상을 요구하기 위한 당당한 태도를 갖추고, 소울 메이트를 '드러내고', 술을 끊고, 항암 치료를 이겨 내고, 당신이 비할 바 없이 강하며 필요한 것을 전부 얻도록 축복받았다고 자신에게 확실히 증명할 것이다.

"소울사이클은 사람들이 '몸을 위해 왔다가 전환점을 위해 남는다'라고 말합니다." 하버드 신학대학원의 연구자이자 『리추얼의 힘The Power of Ritual』의 저자 캐스퍼 터 카일Casper ter Kuile이 말했다. "좋은 운동이긴 하지만, 그건 시작에 불과하죠." 소울사이클 수업에서 피트니스광들은 해방감을 얻고, 자신에게 무엇이 중요한지 깨달으며, 일상을 사는 데서 오는 압박에서 벗어난 일종의 피난처를 찾는다. "심지어 교회보다도 더 안전하고 더 강력해요." 샌프란시스코 카스트로 지점의 한 골수 소울사이클러가 하버드 신학대학원에 이렇게 털어놓았다. 소울사이클에서 "난 집에 온 것 같아요."

스튜디오 피트니스 산업이 2010년대 초 갑작스럽게, 그리고 전례 없이 부상한 것은 우연이 아니다. 이 시기, 전통적인 종교와 의료 기관 모두에 대한 성인층의 신뢰도는 급격히 하락했다. 복합만성질환 자원 센터Multiple Chronic Conditions Resource Center가 2018년 실시한 설문조사의 그리 놀랍지 않은 결과에 따르면, 미국 밀레니얼 세대의 81퍼센트가 비싼 보험료를 비롯해 구조적인 인종 및 젠더 차별 등 수많은 요소로 인해 자신의 의료보건 경험에 만족하지 못한다고 답했다.[7] 미국에 공공체육 프로그램이 없다는 점은 차치하고라도 말이다. (예를 들어 일본 국민은 무상으로 방송되는 '라디오 건강체조'를 집에서 혼자, 혹은 아침에 공원에서 다른 사람들과 함께 따라 할 수 있다.)[8] 미국의 청년층은 별수 없이 자기 건강을 직접 챙겨야 한다는 느낌을 받는다.

젊은이들이 주류 의학을 포기하고 전통 신앙을 경멸하기 시작하면서 생겨난 신체적이고 영적인 공허를 채우기 위해, 컬트 피트니스는 폭발적으로 성장했다.[9] 2015년 '우리는 어떻게 뭉치는가How We Gather'라는 제목의 연구를 통해 터 카일은 밀레니얼들이 기존 종교 공동체를 넘어서 공동체와 초월성을 구하는 방식을 탐구했는데, 가장 중대하고 결정적인 역할을 하는 열 가지 공간에 스튜디오 피트니스 수업이 포함된다는 걸 밝혀냈다.[10] 최소한 특정 인구 집단에게는 그러했는데…… 왜냐하면 사람들이 열광적으로 피트니스를 갈망하기 시작하면서, 곧 더 특별한 것을 추구하게 되었기 때문이다.

고등학교 시절, 나는 매년 플래닛 피트니스 멤버십에 99달러를 냈다(물론, 거의 이용하지 않았다). 그러나 10년이 흐른 지금, 이제 운동 비용은 수업 한 번에 당시 1년 치 비용의 반 가까이 필요하다. (암묵적으로 요구되는 디자이너 브랜드 운동복은 제외하고 말이다. 100달러짜리 룰루레몬, 로즈쿼츠 원석이 들어 있는 80달러짜리 유리 물병. 후자는 네타포르테에서 내가 발견한 실제 상품이다.) 가정용 펠로톤 실내자전거를 사려면 2000달러가 들고, 앱을 사용하려면 월 이용료를 따로 내야 한다. 미국 전역에서 그렇게까지 엘리트주의적이지는 않은 피트니스 움직임이 일어나고 있는 것도 사실이다. 심지어 구프Goop*에 집착하는 전형적인 말리부 유형과 크게 다르지도 않다. 2014년, 로스앤젤레스 엘몬테의 '줌바 레이디스'에 관한 민족지학 연구는 나이도 체형도 제각각이지만 긴밀한 유대를 형성한 라틴계 여성들의 공동체를 기록했다.[11] 키치한 네온색 스판덱스로 완성되는 이들의 4달러짜리 "반다**가 플래시댄스를 만났을 때" 스타일의 운동 수업은 여성들의 훌륭한 안식처가 되기에 전혀 부족하지 않다. 그러나 이런 수업은《코스모폴리탄》의 헤드라인을 장식하는 트렌디한 운동 공간은 아니다.

'컬트 피트니스'가 주로 영합하는 대중―도시에 살며 금전적 여유가 있는 밀레니얼 세대―은 기존의 종교를 포기한 이들과 꽤 정확히 겹친다. 이들에게 영적인 공동체 지도자 역할을 하는 건 이제 웰니스 스타트업과 인플루언서들이다. 자신의 브랜드가 최우선인 사람을 그렇게까지 신뢰하는 건 항상 위험한 일이지만, 돌아갈 곳이 없다고 느끼는 소비자들은 위험을 감수할 만하다고 생각하게 된다.

2010년대부터, 미국에서 가장 빠르게 성장하는 기업들은 일반적으로 탐나는 제품이나 서비스와 더불어 개인적 변화, 소속감, 그리고 인생의 커다란 질문에 대한 답을 함께 제공하는 업체

* 역주: 귀네스 팰트로가 2008년 론칭한 웰니스 및 라이프스타일 브랜드.
** 역주: 주로 관악기로 연주하는 멕시코 음악 장르.

들이다. 점점 더 소외되는 이 세상에서 나는 누구인가? 주위 사람들과 어떻게 연결될 수 있는가? 가장 나다운 나를 어떻게 발견할 수 있고, 그렇게 되기 위해 어떤 과정을 거쳐야 하는가? 미국 구석구석에서 사람들은 이런 질문의 답을 찾고자 피트니스 스튜디오로 향하고 있다. "의미 만들기는 성장산업입니다." 터 카일이 말했다. 교회와 마찬가지로, 피트니스 브랜드들은 사회적 정체성이자 삶을 살아가는 방식이 되었다. 피트니스 '운동'은 관습과 의례, 사회적 기대, 그리고 결석이 초래하는 결과를 모두 포괄한다.[12] 사람들은 스튜디오에서 가장 가까운 친구와 배우자를 만나고, 진정한 골수 회원은 직장을 그만두고 직접 강사가 된다. "자전거 타고 싶지 않아요. 타고 싶은 적이 없어요. 머리 손질이 잘되면 그것만으로도 운동을 거를 충분한 핑계가 돼요. 지금 제가 일주일에 대여섯 번씩 자전거를 타는 이유는 우리가 서로 정말 힘이 되는 공동체를 구축했기 때문이에요." 2019년 《뉴욕》 매거진과의 인터뷰에서 한 열성 펠로톤 유저가 한 말이다. "단순한 자전거 그 이상이에요."[13]

운동 스튜디오는 어느 정도까지는 성스럽게 느껴지기까지 한다. 결론적으로, 피트니스 스튜디오는 종교적 확신이 없는 젊은 이들이 휴대전화를 내려놓고 타인과의 연결과 실물 공동체를 찾을 수 있는 유일한 물리적 공간이 되었다. "우리는 어두운 시대를 살고 있어요." 로스앤젤레스에서 에브리바디라는 '급진적으로 포용적인' 체육관을 운영하는 샘 라이펜스키가 말했다. "우리 모두 서로 분리되고 격리되었지요……. 기술이 우리 사이를 갈라놓았어요. 우리는 자신의 몸과 연결되지 않고…… 다른 사람과도 그래요. 그러니 수준에 상관없이 그런 기회를 제공하는 공간이 있다면, 모두 행복해하며 찾아가는 거죠."[14]

'의미 만들기'라는 지적 관념과 존재론적 고독에, 소셜미디어 피트니스 인플루언서(와 그들이 홍보하는 소위 동경할 만한 몸매 기준)의 부상과 스포츠 테크놀로지의 혁신(고성능 스포츠웨어, 스마트워치 같은 피트니스 트래커, 스트리밍 수업)이 더해졌으니 피트니스 사업이 신들린 수준으로 성장한 것도 무리는 아니다.

2010년 중반, 피트니스 산업의 강화된 사회적 역할을 묘사하는 간결한 명칭인 '컬트 운동'이라는 표현이 어느 순간 우리 어휘에 스며들었다. 캐스퍼 터 카일의 하버드 신학대학원 연구 참여자들은 그에게 솔직하게 "소울사이클은 제 컬트나 다름없어요"라고 이야기했고, 그들은 진심이었다.[15] 피트니스 브랜드들은 처음에는 자신들을 컬트에 비교하는 일에 어떻게 대응해야 할지 몰랐다. 2015년, 나는 소울사이클 브랜드 전략 및 PR 부문 부사장을 인터뷰하며 컬트 운동이라 불리는 소울사이클의 지위에 관해 물었다. 그는 신중하게 대답했다. "우리는 그 단어를 사용하지 않습니다. 대신 '공동체'라고 하지요." 사람들이 자신의 고용주를 사이언톨로지와 비슷한 부류로 여길 만한 여지를 주고 싶지 않다는 생각이 명백히 보이는 대답이었다.

하지만 해가 지나면서, 피트니스 스튜디오들은 회원들의 삶에서 자신들이 차지하는 교회와 가까운 역할을 사실상 받아들였다. 소울사이클 웹사이트에는 명시적으로 적혀 있다. "소울사이클은 단순한 운동 이상입니다. 소울사이클은 안식처입니다." 남들 앞에서 울거나, 세상을 떠난 소중한 이들을 칭송하거나, 잘못을 고백하거나, 운동을 시작하고 어떻게 삶이 바뀌었는지 간증하는 일은 스튜디오 안에서 흔히 일어나고 또 받아들여지는 일종의 관습이다. "이다음 호흡은 악령을 쫓을 만큼이었으면 좋겠어요"라는 말은 소울사이클 강사들이 수업 중 외치는 초자연적 캐치프레이즈 중 하나다.[16]

몇 년 전, 나는 떠오르는 실내 로잉 브랜드 LIT 메소드의 창립자 테일러와 저스틴 노리스Taylor&Justin Norris를 만나 이야기를 나누었다. 이 활력 넘치는 부부는 2014년 소울사이클만큼 성공을 거두겠다는 목표로 웨스트할리우드 스튜디오의 문을 활짝 열었다. (두 사람은 여전히 목표를 달성하기 위해 노력 중이다.) 그들의 사업과 '컬트'라는 단어가 한데 묶이는 것에 대해 어떻게 생각하냐고 물었더니, 두 사람은 합창하듯 대답했다. "너무 좋아요." "사람들이 인스타그램에서 저희를 볼트(Bolt, 번개) 컬트라고 불러요. 저희 로고가 번개 모양이거든요." 테일러가 TV 스타처럼 활짝 웃었다. "컬트라는 말에 부정적인 함의가 있다는 건 알지만, 저희는 긍정적으로 생각하고 있어요."

II

처음 컬트 운동을 조사하기 시작했을 때, 내 시스템1이 가동되도록 촉발했던 건 과도한 숭배의 언어—구호와 고함, 우우 은어와 열광적인 독백—였다. *컬트는 포르노와 같아서, 들으면 바로 알게 된다.* 소울사이클의 연극적으로 희망찬 격언("여러분은 이 산을 오를 수 있습니다! 여러분이 보스예요!" "몸을 바꾸고, 마음을 바꾸고, 삶을 바꾸세요!")은 자기계발 허풍 같은 의미 없는 헛소리처럼 들렸다. 〈미드소마〉의 한 장면처럼, 태린 투미의 더 클래스는 학생들에게 버피테스트나 팔굽혀펴기를 할 때 있는 힘껏 비명을 지르라고 권장하는 것으로 유명하다. 강사들은 뉴에이지 스타일로 학생들을 격려하며 속삭인다. "자신이 무엇을 느끼는지 깨달으세요" "고여 있는 것을 내보내고 새로운 불을 붙이세요". 인텐사티의 신나는 운율로 읊조리는 확언과 형이상학적인 요가 어휘의 조합은 오컬트 주문을 외우는 것처럼 들린다.

오글거림을 견디는 역치가 낮아 불신하는 마음을 오래 억누르지 못하는 사람들(예를 들자면 몬텔 집안 사람들)에게, 이런 광적인 구호와 환성은 종교적 극단주의와 피라미드 사기 집회의 이미지를 불러일으킨다. 외부인들은 또한 자신의 친구나 가족이 그런 행위에 순응할 수 있다는 사실을 아는 것만으로도 마음이 불편해진다.

업계 전반에 걸쳐 '컬트 운동 언어'가 의례적이고 소수만의 특별한 경향을 띠는 건 사업에 도움이 되기 때문이다. 로드된 만트라와 독백은 사람들이 너무나 강렬한 경험을 하도록 설계되어 있어서 결국 다시 되돌아오고 입소문을 내지 않을 수 없게 만든다. 피트니스 브랜드들이 고객의 재방문을 유도하기 위해 그룹 체중 측정이나 피트니스 트래커 같은 방식으로 회원 사이 압력을 십분 활용해 왔다는 점은 명백하다. 부모님이 애플워치를 샀을 때, 나는 두 분이 여름 내내 하루에 더 많은 걸음을 걷기 위해 무자비하게 경쟁하는 걸 목격했다. 그러나 연구에서 밝혀졌듯이, 경쟁만으로는 사람들을 잡아 둘 수 없다. 오직 기록만을 위해 운동하는 이들은 12개월 안에 떠날 가능성이 크다. 소속감과 자부심, 그리고 임파워링이 뒤따라야 회원들이 한 해가 지나고 다음 해가 와도 피트니스 맴버십을 갱신하게 만들 수 있다. 언어는 공동체와 동기부여라는 '중독적인' 콤보를 엮는 접착제다.

이 점을 기억하더라도, 지나치게 과장해서 받아들일 필요는 없다. 우우 운동 만트라는 마셜 애플화이트나 리치 디보스 같은 지도자가 현실을 가리는 데 사용한 기만적인 도그마와는 전혀 다르다. 확실히 말하건대, 내가 살펴본 '컬트 피트니스' 수사법 대부분은 흉악한 동기를 감추고 있지도 않았고, 무엇보다 내부 언어를 회원들의 바깥 삶과 분리하는 경계선이 있는 경우가 많았다. 전반적으로 의례 시간의 규칙이 지켜지는 것이다. '컬트 운동' 수업이 끝나면 회원들은 스튜디오를 빠져나가 원래 자신처럼 말할 권리가 있고, 대부분이 그렇게 한다. '컬트 피트니스' 언어를 쓰는 참가자들이 대체로 주의를 기울이고 있기 때문이다. 암웨이나 헤븐스 게이트와는 달리, 컬트 피트니스 추종자들은 자신들이 일종의 환상에 참여하고 있다는 사실을 안다. 말하자면 자신이 실제 '사업가'도, '챔피언'이나 '전사'도 아니라는 사실을 알고 있다는 뜻이다. 강사가 쓰는 언어의 출처가 고대 수도승이든, 자기계발 강사든, 올림픽 코치든, 군대든, 아니면 이 모든 것의 혼합이든, 결국은 환상을 만들어 내는 수단일 따름이다. 그가 쓰는 용어와 말투는 회원들을 초월적인 인식의 공간으로 데려가지만, 수업 시간 동안에만 유효한 일이다. 상황이 지나치다 싶으면 추종자들은 언제든 삶을 파괴하는 탈퇴 비용 없이 떠날 수 있다. BDSM 비유로 돌아가면, 피트니스 스튜디오는 회원들의 동의를 얻은 셈이다. 적어도 그게 원칙이다.

그러나 우리가 쭉 봐 왔듯, 의미를 미끼로 돈을 청구하는 매혹적인 지도자가 있는 곳에는 항상 일이 잘못될 가능성이 있다. 컬트 피트니스 언어가 온통 다른 세상의 말처럼 들리는 데는 이유가 있다. 수업이 회원들의 건강뿐 아니라 인생 전반에도 필수적이라는 인상을 주기 위해서다. 추종자들에게 자극적인 경험을 제공하는 것만큼이나, 그들을 강사에게 심리적으로 밀착시키는 것도 중요한 일이다. 마치 피트니스 수업이라는 구루가 회원들의 행복을 위한 궁극적 해답을 쥐고 있는 것처럼 느끼도록 말이다. 언어가 피트니스 강사, 셀러브리티, 테라피스트, 영적 지도자, 섹스 심벌, 그리고 친구 사이의 경계선을 흐릿하게 만들면, 의례 시간에 혼란이 생기기 시작한다. 그렇게 되면 강사가 휘두르는 힘은 착취의 영역으로 들어갈 수 있다. 당연히 "있잖아, 우리 브랜드의 영향력이 *지나치게* 커지고 있는 것 같아. 구호를 좀 차분하게 만들어야겠어"라고 생각하는 피트니스 업체는 없다. 결국은 그들도 '컬트 추종자'를 확보하기 위해 적극적으로 애쓰고 있기 때문이다. 바로 이 점이 중요하다. 각 브랜드는 언어가 이런 목표를 이룩하기 위한 핵심 요소라는 것을 알고 있으며, 망설이지 않는다.

소울사이클 스튜디오 벽을 뒤덮고 있는, 자체적인 십계명이라고 할 법한 주문들은 회원들을 하나의 '우리'로 묶는다. 2피트 크기로 이런 말이 붙어 있다. "우리는 영감을 열망한다. 우리는 의도를 마시고 기대를 내뱉는다. (…) 이 리듬은 우리가 가능하다고 믿었던 것보다 더 강력하게 우리를 추동한다. 우리 자신의 힘은 매번 우리를 놀라게 한다. 우리 자전거에 중독되고, 집착하고, 부자연스러울 정도로 애착을 가진 채." 당신이 실제로 하는 일이라곤 좋은 향기가 나는 크고 시끄러운 방에서 실내자전거를 타는 것뿐이지만, 당신을 둘러싼—말 그대로 벽에 쓰인—내러티브가 당신이 가진 줄도 몰랐던 힘을 건드릴 때, 마찬가지로 "중독되고, 집착하는" 사람들 곁에서 당신은 뭔가 더 큰 것의 일부가 된 듯한 느낌을 받는다. 여기에 한껏 기분을 들뜨게 만드는 엔도르핀이 추가되면, 당신은 선교사가 되어 모든 친구와 직장 동료에게 소문을 퍼뜨리고 싶은 기이한 도취 상태에 빠지게 된다.

"나는 배울 만큼 배웠고 의심 많은 사람이야. 하지만 누군가에게 내가 가치 있는 사람이라는 말을 듣고서 그 말에 눈물을 줄줄 흘리는 내 모습을 아무도 볼 수 없는 어두운 방에서 45분 동안 모든 걸 내려놓는 건 빌어먹게 기분 좋은 일이라니까." 중학교 동창 채니가 소울사이클에 대한 집착을 변호하며 말했다. 채니는 자신이 '종교적'이라고 생각하지 않는다. 사실 그는 내 질문에 담긴 뉘앙스에 콧방귀를 뀌었다. "소울사이클은 그냥 내가 되어야 하는 모습, 성공하려 애쓰는 냉정하고 분별력 있는 여성의 모습을 내려놓을 수 있는 공간일 뿐이야." 채니가 설명했다. "뭘 해야 하는지 일러 주는 컬트스러운 강사한테 너 자신을 맡기는 거지. 마치 포궁으로 퇴행하는 것 같아. '난 작고 겁에 질린 아기야' 이런 상태가 됐다가, 거기서 나오면 '그래, 나 120달러짜리 룰루레몬 샀다, 어쩔래, 꺼져' 이렇게 되는 거야."

공평하게 말하면, 섹슈얼 너드의 경우처럼, 으르렁거리며 기합을 외치는 모습을 보고 외부인들이 기겁하는 이유는 내부인들이 좋아서 어쩔 줄 모르는 이유와 부분적으로 같다. 바로 항복의 측면이 있다는 점인데, 연약하고 기분 좋은, 무형의 경험 덩어리에 자신을 빠뜨리기 위해 꼿꼿한 개인으로서의 경계를 내려놓는 것이다. 당연히 그저 살펴보기만 하는 사람에게는 이상하게 보일 수밖에 없다. ("소울사이클에서 '쿨'해 보이는 사람은 없어." 채니가 큭큭 웃었다.) 설령 잘못된 길로 빠질 잠재력이 있다고 해도, '컬트 피트니스'의 언어는 놀라운 치유의 수단이 된다.

애초에 퍼트리샤 모레노가 인텐사티를 창립한 이유도, 피트니스 산업의 언어를 신체 혐오적인 가부장제 언어에서 여신의 힘을 강조하는 언어로 바꾸기 위해서였다. 1990년대 후반, 그룹 피트니스 수업의 수사법은 당신이 먹어 치운 음식이라는 죄악을 씻고 '비키니 바디'라는 관념적 환상에 적합하도록 배와 허벅지를 다듬는 데 집중했다. 평생 식이장애와 다이어트약 오남용으로 고통받던 모레노는 이런 저주받은 내러티브를 고치기로 마음먹었다. 그리고 선수로서의 전문성을 긍정적인 확언에 접목해 학생들이 "신체적으로 건강한 만큼 정신적으로도 건강해질 수 있도록" 하겠다는 목표를 세웠다.

모레노는 운동 동작에 새로운 60가지 은유적 이름을 붙였다. 예를 들어, '펀치' '스쿼트' '런지'는 '스트롱' '그래티튜드(감사)' '커미트먼트(헌신)'가 되었다. 모레노는 매달 수업 테마를 고르고 이를 반영하는 주문을 만들어 낸다. 요가의 다르마에서 영감을 얻고, 매번 자신이 삶에서 겪었던 개인적인 고통에 관한 이야기로 수업을 시작한다. "그달의 주제가 힘이라면, 나는 내가 강해져야만 했던 때의 이야기를 해 주죠. 유산 경험 같은 거요." 모레노가 인터뷰 중 내게 설명했다. "그리고 '나는 힘든 일을 해낼 수 있다. 나는 전보다 나은 사람이다. 나는 움직이기 위해 태어났다. 나는 살아 있음이 기쁘다!'라는 주문을 외우는 거예요." 그는 말로 시를 짓듯 리드미컬한 만트라를 연달아 쏟아 냈다.

모레노의 학생들은 처음에는 '주문'이라는 아이디어에 어깨를 으쓱했다. 무자비한 맨해튼 주민들은 대화 테라피 세션에는 관심이 없었다. 그들은 혼쭐이 나기를 바랐다. 불룩 튀어나온 뱃살을 뺄 유일한 방법은 누군가 거기에 대고 고래고래 소리치는 게 아니던가? 나탈리아 역시 시들한 심정으로 뉴욕에서 개인 트레이닝을 받던 사람 중 하나였다. 몇 주 만에, 시간을 쪼개 참여한 인텐사티 수업 때마다 진심으로 "내 몸은 나의 사원이다. 나는 내 건강의 수호자다. 나는 움직임을 사랑한다. 모두 괜찮다"라고 외치고 있는 자신을 발견하기 전까지는 말이다. 그때쯤, 이미 그는 전향자였다.

소울사이클 역시 구체적인 동작-언어 조합을 만들어 은유적으로 회원들을 그들의 꿈을 향해 쏘아 올린다. 소울사이클의 '여정'은 매번 비슷한 코스를 따르다가, 머리가 쭈뼛해지는 강사의 열띤 설교로 클라이맥스인 격렬한 '언덕' 오디세이에 다다른다. 라이더들은 자전거의 저항 강도를 높이고 강사가 쉴 새 없이 쏟아 내는 격려를 들으며 상징적인 결승선에 도달하기 위해 전력을 다해 오른다. 소울사이클 강사들은 학생들이 신체적으로 완전히 나가떨어져 정서적인 측면을 더 쉽게 수용하게 되는 이 순간을 기다렸다가 핵심적인 메시지를 전달하도록 교육받는다.

'언덕' 독백으로 가장 널리 알려진 소울사이클 스타는 비욘세와 오프라 윈프리가 선택한 스피닝 강사 앤절라 마누엘데이비스 Angela Manuel-Davis다.[1] 로스앤젤레스에서 활동하는 자부심 넘치는 복음주의 기독교도인 마누엘데이비스는 자전거 위에서 창세기, 천사, 기적 등 명백하게 종교적인 언어를 쏟아 낸다. "열정[enthusiasm]이라는 단어는 '하나님 안에서'라는 뜻의 그리스어 단어 'enthous'에서 왔습니다."[2] 천국을 향해 양팔을 내뻗으며 그가 외친다. "주님의 감화. 주님의 감화. 여러분이 삶 속에 서 있는 자리와 처음 부름을 받고, 창조되고, 의도된 자리 사이 틈을 메울 수 있는…… 이런 기회가 여러분을 열정적으로 흥분하게 만들길 바라며…… 여러분 모두는 뜻 안에서, 뜻 위에서, 뜻을 위해서 창조되었습니다." 종교 연설의 수행적인 힘을 깊이 이해하고 있는 마누엘데이비스는 청중을 향해 이야기한다. "삶과 죽음은 말의 힘에 달려 있습니다. 여러분은 말로써 누군가의 위대함을 일깨울 힘을 지니고 있습니다……. 여러분의 삶에서 만나는 사람들뿐 아니라, 여러분 자신에게도 그렇습니다. 여러분은 여러분이 말하는 바로 그 사람입니다."[3]

상당히 하드코어한 복음주의 용어가 등장하지만, 마누엘데이비스는 내부자와 외부자를 분리하거나 자신의 이데올로기에 다른 이들이 순응하게 만들고자 이런 언어를 사용하는 건 아니라고 힘주어 말했다. "난 사람들이 원하는 걸 할 수 있는 여지를 주는 거예요." 그가 하버드 신학대학원 연구 팀에게 말했다. "개인의 신념과 정신의 문제죠." 그런 감정을 느끼지 못한다면 스튜디오를 나서며 마누엘데이비스의 신조를 마음에 새길 필요도, 돌아올 필요도 없지만, 아주 많은 이들이 그에게 돌아왔다. 마누엘데이비스의 수업은 몇 분 안에 마감되는 것으로 유명하다.* "운동하러 앤절라 수업에 가는 게 아니에요. 메시지를 들으러 가요." 한 회원이 고백했다. "앤절라는 당신을 꿰뚫어 보고…… 당신 영혼에 말을 걸어요."[5]

불가지론자 강사들의 수업에서도 마찬가지로, 부티크 피트니스 수업의 의례적 언어는 종교의식의 언어를 모방한다. 주제가 신이든 목표 추구든, 의례는 사람들이 더 위대한 것의 일부가 되었다고 느끼게 한다. 캐스퍼 터 카일이 말했듯, 의례는 '결합 조직 도구'다. 의례는 또한 개인이 걱정거리와 일상의 우선순위로 이루어진 자그마한 우주의 중심에서 잠시 벗어나도록 한다. 추종자들이 세속적인, 자아 중심적 개인에서 성스러운 집단의 일부로 변화하는 정신적 과정을 돕는 것이다. 그리고 이론적으로는 실생활로 다시 돌아오는 것 역시 의례를 통해 이루어져야 한다.

기독교인들이 매주 교회에서 다 같이 주기도문을 외우는 것과 똑같이, 인텐사티 강사와 회원은 모레노가 「전사의 선언Warrior Declaration」이라고 부르는 문구를 함께 읊으며 매 수업을 시작한다. "매일매일 진실한 방식으로, 나는 내 현실을 함께 창조한다. 위에서와 같이 아래에서도, 이것이 내가 아는 것이다." 성직자가 예배 전에 교구민들끼리 어울리도록 청하는 것처럼, 소울사이클 강사

---

* 2016년, 한 참가자가 마누엘데이비스 수업 중 부상당했고 그를 고소했다. 많은 추종자가 커다란 충격에 빠졌고, 마누엘데이비스는 2019년 소울사이클에서 사임하고 또 다른 전 소울사이클 아이돌 에이킨 애크먼Akin Akman과 함께 AARMY라는 자체 컬트 피트니스 스튜디오를 론칭했다.[4] 에이킨 애크먼의 충성스럽고 왁자지껄한 라이더 군단은 '에이킨의 군대Akin's Army'라고 알려져 있다.

들도 서로 친하게 지내라고 학생들을 격려한다. "수업을 시작할 때, 모두가 돌아다니며 인사하고, 이름을 말하고, 이야기를 나누어야 해요." 2012년부터 소울사이클과 함께해 온 로스앤젤레스의 '마스터 강사' 스파키가 설명했다. "여러분은 서로의 옆에서 땀 흘리게 됩니다. 그러니 서로 알아 가세요, 하고 말합니다. 그럼 사람들이 서로 연결될 기회가 생기죠. 연결이 바로 열쇠거든요."

노벰버 프로젝트의 부트 캠프 스타일 운동은 볼티모어에서든, 암스테르담에서든, 홍콩에서든 항상 똑같이 시작한다. 오전 6시 30분에 모인 참가자들은 '더 바운스the bounce'라는 집회 의식을 시작한다. 모두가 좁은 원에 모여, 스파르타식으로 쩌렁쩌렁 목소리를 높이며 같은 말을 외치는 것이다.

"안녕하세요!"

"안녕하세요!!!"

"다들 어때요?"

"빌어먹게 좋아요!"

"다들 어때요?!"

"빌어먹게 좋아요!!!"

그리고 다 함께 합창한다. "가 봅시다!!!!!" 수업이 끝나면, 참가자들은 언제나 단체 사진을 찍고, 모르는 이에게로 다가가 서로 소개한 뒤 똑같은 문장으로 마무리한다. "좋은 하루 보내세요."

부모님과 내가 인텐사티 대면 수업을 시도할 수 있었으면 이상적이었을 것이다. 그러나 2020년 4월에는 불가능한 일이었다.

그로부터 2주 전 캘리포니아에서 코로나19로 인한 격리조치가 시행되었고, 우리는 집에서 운동할 수밖에 없었다. 그러나 나는 언어와 그 힘에 대한 내 이론이 옳다면, 퍼트리샤의 주문이 화면을 통해 전해지더라도 나를 움직이리라고 생각했다. 물론 실제로 주문이 먹히리라고 생각하진 않았다. 이론상 운동은 내가 몹시 혐오하는 두 가지를 섞어 놓은 것이다. 심장 강화(웩)와 어색하게 뭔가를 외쳐야 하는 그룹 활동. 내가 사는 로스앤젤레스에는 매일 하나의 새로운 피트니스 브랜드가 등장하지만, 여태 나는 눈만 굴리고 있었다.

그러나 인텐사티 수업의 네 가지 주문을 접하자, 늘 비웃었던 멍청이들처럼 이리저리 뛰어다니며 울고 웃는 내가 있었다. 잠깐의 운동 수업을 마치고 어머니가 혼자 태양경배 자세를 취하러 자리를 떠나는 동안, 나는 즉시 퍼트리샤 모레노의 온라인 수업 일정을 알아보며 생각했다. *젠장, 전향하는 게 이런 기분인 건가?*

III

피트니스는 새로운 종교일 수도 아닐 수도 있지만, 강사들이 새로운 성직자인 것만은 확실하다. '컬트 운동' 제국은 퍼트리샤 모레노와 앤절라 마누엘데이비스 없이는 아무것도 아니다. 이들은 단순히 수업을 진행하는 것보다 훨씬 많은 역할을 한다. 강사들은 추종자들의 이름과 인스타그램 아이디, 개인적인 세부 사항을 모두 익힌다. 자신의 휴대전화 번호를 나눠 주고 이혼할지 말지, 직장을 그만둘지 말지 같은 심각한 문제를 상담해 주기도 한다. 내밀한 이야기와 직접 겪었던 어려움을 나누고, 추종자들도 이야기를 털어놓도록 격려한다. 추종자들은 가장 좋아하는 강사에게 뿌리 깊은 충성심을 기르고, 브랜드명이 아니라 강사의 이름으로 수업을 지칭하기 시작한다. "오늘 오후 4시랑 내일 오후 6시에 소울사이클 가"라고 말하는 게 아니라, "오늘 앤절라 수업 가고 내일 스파키 수업 가"라고 하는 것이다.

피트니스 브랜드는 "단일의 '컬트'라기 보다는 '컬트들'의 집합체예요". 낮에는 프로젝트 매니저, 밤에는 펠로톤 홍보대사인 크리스털 오키프Crystal O'Keefe가 말했다. 크리스털은 펠로톤을 주제로 팟캐스트와 '더 클립 아웃The Clip Out'이라는 블로그를 운영하며, 수천 명의 팔로워는 그를 '클립아웃 크리스털'이라고 부른다. "2016년 7월 15일. 내가 펠로톤을 받은 날이에요. 생생하게 기억이 나요." 크리스털이 마치 회고록을 시작하는 것처럼 감상적인 말투로 내게 썼다. "지금까지 거의 700번의 라이드를 완주했어요."

2013년 킥스타터에서 론칭한 펠로톤은 구독 기반의 피트니스 앱으로, 온갖 종류의 온라인 운동 수업을 제공한다(펠로톤에서는 수업을 '쇼'라고 칭한다). 댄스 에어로빅, 요가, 필라테스도 있고, 지금까지 가장 인기 있는 종목인 스피닝도 있다. 참가자 수천 명은 차고나 지하실에서 로그인한 뒤, 2000달러짜리 펠로톤 자체 생산 자전거를 타며 터치스크린 내장 모니터에서 스트리밍되는 쇼를 수강한다. 펠로톤 수업은 온라인으로 진행되므로, 물리적 제약이 있는 스튜디오에서와 달리 수천 명의 라이더가 동시에 같은 수업을 들을 수 있다. 2018년, 펠로톤 앱이 추수감사절 기념 〈터키 번 Turkey burn〉 쇼를 스트리밍했을 때는 무려 1만 9700명이 동시 접속했다.

최초의 크라우드 펀딩 캠페인 이후 5년이 지난 시점에, 펠로톤은 거의 10억 달러를 벌어들였으며 최초의 '피트니스 유니콘' 기업이 되었다. 예전에 함께 일했던 웰니스 에디터는 내게 단순하고 비독점적인 펠로톤의 온라인 모델이 틀림없이 부티크 피트니스의 미래가 될 거라고 단언했다. (포스트 코로나19 시대에는 더욱 그럴듯한 예측이다. 스튜디오들이 하룻밤 만에 온라인으로 전환하지 않으면 망해 버렸으니까.)

펠로톤 앱을 이용하는 라이더들은 자신만의 닉네임(발칙할수록 좋다. @ridesforchocolate, @will_spin_for_zin, @clever_username* 등 귀여운 펠로톤 닉네임 아이디어를 주제로 한 별개의 서브레딧들이 있을 정도다)을 고르고, 다른 모든 이들의 속력, 저항값, 순위를 볼 수 있다. 화면 한쪽 순위표에 나타나는 이런 통계치는 스피닝에 게임 같은 면모를 부여한다. 수업이 끝나면 라이더들은 온라인상에서 서로를 격려하고, 인기 만점 강사들과 원격 셀피를 찍고, #펠로패밀

---

* 역주: 차례대로 @초콜릿을위한라이드, @진판델_와인을_위해_스핀, @영리한_유저 네임.

리, #펠로톤맘, #원펠로톤 등의 해시태그를 잔뜩 붙여 소셜미디어에 자신의 기록을 게시한다. 그럼 인터넷 친구들은 좋아요를 누르고, 공유하고, 댓글을 단다. "계속 힘내!!!!!" "어떤 강사가 좋아?!?!"

클립아웃 크리스털이 좋아하는 강사는 여럿이다. 그는 펠로톤 강사 대여섯 명의 수업을 번갈아 수강하는데, 그들 각자를 애정을 담아 구체적으로 묘사했다. "투지 넘치고 명확한" 로빈은 "1달러 숍에서 열정을 살 수는 없습니다" 혹은 "저는 왕족과만 라이딩합니다. 왕관 똑바로 쓰십시오"라고 말하곤 한다. 좀 더 편안하게 "그렇게 어렵지 않아요" "최선을 다하면 됩니다" "미소가 지어지지 않는다면 너무 힘들게 라이딩하고 있는 거예요"라고 말하는 친절한 강사들도 있다. 크리스털은 또 수천 명의 열성 팬에게 JSS라고 불리는, 펠로톤 최고의 스타 강사 젠 셔먼Jenn Sherman 얘기도 해주었다. 페이스북에는 "JSS 부족"이라고 불리는 JSS의 팬 페이지도 있다. 탄탄한 회원층은 그의 말이라면 뭐든 들을 준비가 되어 있는 열광적인 지지자들로 이루어져 있다. '컬트'안의 '컬트' 안의 '컬트'인 셈이다.

홍 많은 베스트 프렌드 같은 카리스마를 자랑하는 셔먼은 (항상 친근하게 음을 틀려 가며) 자전거 위에서 자신만의 히트곡 모음을 부르고 힘겹게 경사를 오를 때면 욕설을 내뱉는다. "F로 시작하는 단어를 들을 때마다 더 힘이 난다니까요." 클립아웃 크리스털이 열렬히 말했다. 그는 강력한 발화 스타일이 아니었다면 펠로톤 강사들이 컬트 수준의 추종자층을 확보하지 못했으리라고 인정한다. 화면 안의 자그마한 세계를 구축하는 것은 바로 말이다. 말 덕분에 구루와 추종자 사이의 '관계'는 더욱 내밀해진다. 영화 〈허Her〉에서 호아킨 피닉스와 스칼릿 조핸슨의 목소리가 그랬듯 말이다.

펠로톤이나 소울사이클 같은 회사는 JSS 같은 대스타의 컬트적 신비로움이 무엇보다 중요하다는 걸 알고 있다. 따라서 고위급은 매혹적인 강사를 고용하고 그들이 독특한 바이브를 풍기며 독특한 언어를 쓰도록 훈련하는 데 전력을 기울인다. 회사 내의 또 다른 작은 컬트인 셈이다. 당연하게도 로스앤젤레스 피트니스계에서 좀 잘나간다고 아무나 스피닝을 가르칠 수 있는 건 아니다. 진정한 스타성, 불가사의한 매력이 필요하다. 그리고 각 회사는 이런 매력을 발견하기 위한 환상적인 고용 전략을 고안해 냈다. 소울사이클은 피트니스 트레이너가 아니라 연기자—댄서, 배우, 인플루언서—를 스카우트한다. 대중을 사로잡는 방법을 알고 그 역동을 한껏 즐기는 영리한 '인싸'를 찾는 것이다. 강사진은 소셜미디어 페르소나를 장착하고, 근무 시간 외에도 브랜드와 함께 살고 함께 호흡해야 한다. 심지어는 모르는 통화 상대에게도 마찬가지다. 처음 소울사이클 베테랑 스파키와 통화할 때, 나는 관습적으로 "안녕하세요, 어떻게 지내세요?"라고 운을 떼며 평범한 "잘 지내요" 혹은 "괜찮아요"라는 대답을 기대했다. 얼마나 어리석었는지. 스파키는, 그 이름이 암시하듯, 그렇게 호락호락하지 않았다. **"기가 막혀요, 베이브!"** 스파키가 엄청나게 빠른 속도로 쾌활하게 소리쳤다. 듣는 것만으로도 숨이 찼다. "어느 때보다 잘 지내고, 어느 때보다 바빠요. 너무 바빠서 이 인터뷰가 무엇에 대한 건지도 기억이 안 나요! 반가워요!! 근데 누구시라고요?!"

소울사이클의 인재발굴 팀은 브로드웨이 극장 뺨치는 치열한 오디션을 개최한다.[1] 1라운드에서 의욕에 가득 찬 지원자들은 30초 동안 자전거에 올라타 노래를 부르고 필요한 자질을 갖췄음을 증명해야 한다. 최종적으로 선발된 이들은 10주짜리 엄격한 트레이닝 프로그램에 참여해 '말하는 법'을 배운다. 그들은 독자적인 어휘들—파티 언덕(준비 운동), 탭백(힘차게 엉덩이를 뒤로 미는 시그니처 동작), 루스터(오전 5시 수업과 해당 수업을 수강하는 'A타입' 라이더를 부르는 말), 월요일 정오(매주 수강 신청이 열리는 시각을 칭하는 말)—을 전부 습득하고 어떻게 하면 혼을 담아 '진심'처럼 들리게 할 수 있는지 익힌다.

펠로톤의 독자적인 고용 프로세스는 더욱 치열할 수밖에 없는데, 온라인 비즈니스 모델 때문에 실질적으로 스무 명 언저리의 톱티어 강사만이 자리를 지킬 수 있기 때문이다. 엘리트 펠로톤 가족의 일원이 되기 위해, 지원자들은 마케팅 전문가에서 프로듀서에 이르기까지 온갖 사람들과 몇 시간에 걸쳐 몇 단계의 면접을 본 뒤, 수개월의 트레이닝을 거쳐 매번 쇼를 방송할 때마다 수천 명의 사람을 끌어당길 만한 매력이 있는지 확인받아야 한다.

로스앤젤레스에서 나고 자란, 라일락색 머리에 팔은 온통 무지개색 타투로 장식한 비건 스파키는 할아버지로부터 영감을 얻은 키치하고 고전적인 슬로건 레퍼토리로 열성적인 소울사이클 추종자들을 확보했다("할 만한 일은 잘 해낼 만한 일이다!" "시작하는 게 문제가 아니라, 어떻게 끝내느냐가 문제다, 빌어먹을!"). 그가 신입들이 강사로서 '자신의 목소리를 찾도록' 돕기 위해 소울사이클 트레이닝 프로그램을 이끈 지도 7년이 되었다. "지지층을 만드는 데 가장 중요한 건 진실하게 들려야 한다는 거예요. 텅 빈 말을 하면 사람들도 알아차리거든요." 스파키가 내게 말했다. 그는 한 열아홉 살 트레이너가 라이더들에게 어떤 지혜의 말을 해 줘야 하냐고 걱정했던 일을 회상했다. "그래서 나는, 어차피 암을 이겨 낸 여성이나 가족 전체를 짊어진 아버지 앞에서 인생의 지혜를 줄 수는 없다고 말했죠. '힘드신 거 알아요! 그래도 이겨 내실 거예요!'라고 말하면, 그들은 당신을 바라보면서 말하겠죠. '네가 뭘 아니, 꼬마야?' 그러니 그 대신, 젊고 유쾌한 자신의 모습 그대로 기쁨을 주면 돼요. '우리 파티 열어서 즐겁게 놀까요?'라고 물으면, 그들은 '좋아! 인생이 엉망이니, 그냥 빌어먹을 파티나 해야지'라고 대답할 거예요."

　　추종자들의 드라마틱한 티셔츠 문구("웨이트는 나의 종교" "내 관심사는 펠로톤 그리고 두 명을 동시에 좋아하는 것")부터 종교에 가까운 의식, 그리고 강사와 학생 간의 어마어마하게 친밀한 관계의 이미지가 합쳐지면 과도해 보이기 마련이다. 내가 인터뷰한 피트니스광 대부분은 이 점을 인정했다. 그러나 그들은 나쁜 점보다 좋은 점이 훨씬 많다고 확고히 말했다. 한번 피트니스 공동체에 엮이게 되면, 당신은 그 안에 남게 되어 있다. 그리고 친구들에게 그 모든 게 정말 멋지고 당신이 *정말로* '컬트'에 빠진 건 아니라고 증명하기 위해 당신의 공동체를 칭송하게 될 것이다. 적어도 당신을 그렇게 만든 문화보다는 나쁠 게 없는 컬트라고 말이다……

IV

미국에서, 사람들은 자기계발을 숭배하도록 길러진다. 생산성, 개인주의, 규범적 미의 기준을 만족시키려는 의지 등 전통적미국의 가치를 대표하는 피트니스는 특히 강력한 자기계발의 형태다. 컬트 피트니스의 언어("최고의 모습이 되라" "몸을 바꾸고, 마음을 바꾸고, 삶을 바꿔라")는 헌신, 복종, 변화 등의 종교적인 요소를 인내심이나 신체적 매력 같은 세속적인 이상과 결합하는 역할을한다. 현대 시민 대다수에게 비주류 종교 공동체를 진지하게 찾아 헤매는 일은 부담이 되지만, 자본주의 야망을 추구하는 사람과 함께 우우 언어를 좇는 것은 조금이나마 마음이 편해지는 일이다. 인텐사티부터 크로스핏에 이르는 집단을 통해, 우리는 우리에게 필요한 세속적 '컬트'를 만들어 냈다.

역사적으로 미국의 개신교주의와 운동이 더 노골적으로 결합

했던 시기도 있다.[1] 모든 사람이 일상적으로 운동하는 관습이 생겨나기 훨씬 전인 19세기, 운동에 열중하던 몇 안 되는 집단 중 하나는 오순절파 기독교였다. 이들은 피트니스가 명백한 종교적 정화 과정이라고 주장했다. 오순절파에게 나태와 탐식은 신에게 벌을 받아 마땅한 죄악이었고, 훈련과 단식을 통한 육신의 단련은 덕의 증거였다. 정크푸드를 먹으며 한가롭게 집에 머무는 것은 은유적인 죄악이 아니라 실제적인 죄였다. 이와 반대로, 오늘날 일부 교회는 현대의 체육관 문화가 하나님에 반하는 과도한 자기 긍정이라며 신랄히 비판한다. "크로스핏은 교회가 아닙니다. 오히려 병원이나 심지어 영안실에 가깝지요."[2] 버지니아의 한 주교가 2018년 블로그에 쓴 글이다. "악한 이들이 선해지는 게 아니라, 그들의 악함 그 자체로 사랑받는 곳입니다. 번아웃을 초래하지 않는 유일한 구원은 주님의 은총뿐입니다."

자신의 영적 이해가 '유일하게' 합당한 진실이라고 주장하는 사람과 생산적인 대화를 나누는 건 쉽지 않은 일이다. 게다가 미국의 피트니스 문화가 그 자체로 강력한 개신교의 무게를 지니고 있다는 것도 부정할 수 없는 사실이다.

피트니스 이야기를 할 때 우리가 일반적으로 사용하는 어휘를 살펴보기만 해도 된다. 씻어 내다, 디톡스, 정화하다, 순종, 단련, 완벽함. 명백히 성서적 의미를 내포하는 이런 용어들이 매일같이 되풀이될 때, 씻어 냄과 정화에 대한 언어는 청자들로 하여금 '완벽한 피트니스'가 가능하며, 충분히 노력하기만 하면 인생 전체가 '완벽'해지리라고 믿도록 조건을 형성한다. 이러한 인식은 수많은 시민이 존재론적으로 고립되었다고 느끼는 사회에서 마치 엡솜 솔트 목욕처럼 편안한 기분을 느끼도록 한다. 동시에 사람들은 권력을 남용할 우려가 있는 구루와 연루될 (그리고 그 상태에 머무를) 위험에 더 취약해진다.

우리가 몸으로 행하는 일과 인류의 가치를 뒤섞는 일이 기이하게도 암웨이적으로 들린다는 걸 깨달은 사람이 내가 처음은 아니다.[3] 2016년 창립된 코어파워 요가의 전 CMO 테스 로링Tess Roering의 약속, "한 시간이면 내적 평화와 납작한 배를 얻을 수 있습니다"[4] 같은 문장에서 이를 알아차릴 수 있다. 절대 그만두지 않고 더 열심히, 더 빠르게 운동하며 스스로 열렬히 믿는 동시에 프로그램에 헌신하면 납작한 배와 더불어 내적 평화를 얻을 수 있다는 피트니스 산업의 과격한 신념은 묘하게 번영주의 복음을 떠올리게 한다. 이런 암웨이적 분위기는 스튜디오마다 그 정도가 미묘하게 다르긴 하지만, 모든 플랫폼에 공통으로 울려 퍼지는 약속이 있다. 당신의 체질량 지수는 떨어질 것이며 근력은 향상할 테고, 그러니 당신 삶의 가치도 높아지겠지만, 그러기 위해서는 땀 흘려 값비싼 노동을 해야 한다는 것이다.

크로스핏의 사그라들 줄 모르는 다다익선 수사법에서는 신사고 사상이 메아리치는 걸 들을 수 있다. 크로스핏 트레이너들(혹은 내부에서 부르듯 '코치들')은 마치 훈련 교관 같은 전투적인 말투와 운동선수들의 어휘를 활용해 우렁찬 슬로건을 내뱉는다. "비스트 모드”“배짱 없이는 영광도 없다”“땀이냐 눈물이냐?”“실패의 무게는 그 바벨보다 훨씬 무겁습니다”“토해도 괜찮습니다…… 피흘려도 괜찮습니다. 관두는 건 안 됩니다”. 그들은 히어로 와드(그날의 히어로 운동. 전사한 군인과 법 집행관들의 이름을 딴 동작 시퀀스)[5] 같은 의식을 언급하며 군사훈련의 분위기를 조성한다.

크로스핏은 철저히 자유주의적인 분위기를 자랑한다. 이는 “루틴은 적이다”라거나 “남들이 지시해도 상관없다. 어차피 안 할 거니까”라는 발언으로 유명한 창립자 그레그 글래스먼의 개인적 성향에서 비롯한 것이다.[6] 크로스핏이 무법지대인 것은 우연이 아니다. 박스라는 무정부주의 세계에서, 추종자들은 너무나 열심히 운동한 나머지 토하고, 소변을 보고, 병원에 실려 가는 게 허용될 뿐 아니라 그렇게 하도록 격려받는다.

암 생존자이자 전 크로스피터 제이슨은 항암 치료가 끝나고 자신감을 북돋기 위해 동네 크로스핏 박스에 가입했으나, 만성 어깨 통증과 수술까지 해야 했던 심각한 무릎 부상으로 그만둘 수밖에 없었다. 2013년 그는 자신의 경험에 관해 미디엄Mediums* 에 다음과 같이 썼다.[7] “첫해는 기분이 날아갈 것 같았다……. 나는 리프팅 기록을 자랑하기 시작했고, 운동 횟수를 일주일에 세 번에서 네 번, 그리고 다섯 번으로 빠르게 늘렸다. 깨닫지도 못하는 사이에, 나는 그 망할 것을 전도하고 있었다.” 그러나 결국 다

---

* 역주: 2012년 설립된 온라인 출판 플랫폼.

칠 정도로 몸을 밀어붙이는 일이 불가피할 뿐 아니라 오히려 존경할 만하다고 회원들에게 조건형성하는 크로스핏의 통제 불가한 수사법은 제이슨을 덮쳤다. "문제는 크로스핏에서 부상이 적절하게 근육 잡힌 몸을 얻기 위한 대가이자 명예의 징표로 여겨진다는 거다." 제이슨이 폭로했다.* 그가 코치들에게 어깨와 무릎 통증에 관해 불만을 표시하자, 그들은 모두 제이슨의 잘못이라고 가스라이팅했다. 제이슨이 썼다. "한계점까지 자신을 밀어붙여야 한다. 하지만 정말 한계점에 부딪혀 대가를 치르면, 너무 멀리 가버린 멍청이가 된다." "배짱 없이는 영광도 없다"라는 말은 구호에 불과할 수도 있지만, 불만을 잠재우기 위한 크로스핏의 사고 중단 클리셰이기도 하다.

내가 이야기를 나눈 많은 피트니스광이 자신이 속한 집단은 '모두를 환영'하는 곳이기 때문에 정말로 컬트일 리는 없다고 주장했다. 소울사이클이나 크로스핏을 헤븐스 게이트나 사이언톨로지와 비교할 수 없다는 데 동의하더라도, 포용성이 그 이유는 아니다. 정말 그렇다면 왜 그 많은 에너지를 들여 완전히 독자적

---

* '과도하게 근육 잡힌 몸'이 주요 장기의 손상을 유발할 때도 있다. 전문가들은 크로스핏과 횡문근융해증 사이에 깊은 연관성이 있다는 사실에 주목한다.[8] 횡문근융해증은 근육을 과도하게 사용한 나머지 근육이 무너져 내리며 혈관으로 독성단백질을 흘려보내 신장 손상이나 신부전을 유발하는 회소질환이다. 크로스핏 코치들은 이 질환에 너무 익숙한 나머지 '엉클 랩도Rhabdo'라는 별명을 붙이기까지 했다.[9] 일부 박스에서는 신장투석기에 매달린 채 바닥에 신장을 흘리고 있는 아픈 피에로로 묘사된 엉클 랩도 그림을 볼 수 있다. (역시 기괴하기 생긴 토하는 피에로 퓨키는 더 널리 알려진 마스코트다.)[10] 나는 온라인에서 "랩도까지 고"라는 슬로건이 적힌 판매용 티셔츠를 발견하기도 했다.

인 언어를 만들어 냈겠는가? 말할 필요도 없이, 대다수 미국인은 1년에 수천 달러를 운동에 쓸 여력이 없다(수만 달러를 쓰는 사람이 있을지는 몰라도). BIPOC(흑인, 선주민 및 유색인종), 장애인, 그리고/혹은 4 사이즈 이상인 수백만 사람들은 말할 것도 없다. 이들은 자주 피트니스 스튜디오의 메시지에서 노골적으로, 혹은 은근하게 소외된다. 많은 하이엔드 피트니스 스튜디오는 MLM에서 볼 수 있는 백인 페미니스트 #걸보스 메시지를 채택한다. (소울사이클 강사 스파키가 나와 인터뷰하고 몇 달 뒤 '무독성' 스킨케어 MLM 아르본의 디스트리뷰터가 되어 #보스베이브 인스타그램 포스트를 잔뜩 올렸을 때 그렇게까지 놀랄 일이었나 싶다.)

번영 복음은 당신이 완전무결한 건강의 본보기가 되는 데 실패하면―(가난하거나 소외됐거나 앞길을 막는 구조적인 장해물을 무너뜨리지 못해서) 식스 팩과 내적 평화를 얻지 못하면―불행해지거나 요절해도 마땅하다고 말한다. 당신은 '발현^{manifest}'하는 데 실패한 것이다. 조금 다른 언어로 표현되긴 했지만, 결국은 리치 디보스의 메시지와 같은 의미다.

있는 힘껏 허공으로 주먹을 날리면서 "나는 비할 바 없이 강하다"라고 외치는 일이 지독히 감상적이라고 느낄 수도 있지만, 조악한 산스크리트어 말장난―"옴은 마음이 있는 자리다" "나마슬레이"* "내 차크라는 죽이게 정렬되어 있어"―으로 장식되었

---

* 역주: '나마스테'와 '죽여준다'는 뜻의 slay를 합친 합성어.

을 값비싼 애슬레저룩을 똑같이 입고 자신들을 '부족'이라고 칭하는 부유한 백인 여성으로 가득 찬 요가 스튜디오만큼 오싹한 건 없다. 엘리트주의 백인 대중을 위해 동양이나 선주민의 영적 실천의 언어를 상품화하면서 원래 주체를 지우고 배제하는 일이 그리 '컬트적'으로 보이지 않을 수도 있다.[11] 어쩌면 그저 흔한 일로 느껴질 것이다. 바로 그게 문제다.

크로스핏 본사는 수년간 회사가 흑인 회원들을 환영하지 않는다는 의혹을 전면 부인해 왔다.[12] 그러나 2020년 6월 블랙 라이브스 매터Black Lives Matter 시위 당시, 그레그 글래스먼은 인종차별적 이메일과 트윗을 잔뜩 쏘아 올렸다(예를 들어, 그는 공중보건의 위기로서 인종주의를 다룬 포스트에 답글로 "플로이드19다"*라고 썼다). 이로써 백인 크로스피터들은 마침내 흑인들이 수십 년 전부터 알고 있었던 사실을 깨닫기 시작했다. 크로스핏이 사실은 '모두를' 위한 공간이 아니라는 거였다. 그러나 언어적인 위험 신호는 그전부터 항상 존재했다. 히어로 와드를 통한 경찰 권력 미화는 사실상 자백이나 다름없었다. 사건 이후 체육관 수백 군데가 크로스핏을 퇴출하고, 주요 액티브웨어 브랜드들이 계약을 철회했으며, 글래스먼은 CEO 자리에서 물러났다.

글래스먼이 추락하고 몇 달 뒤, 이번에는 소울사이클의 스캔

---

* 역주: 조지 플로이드는 2020년 미국에서 경찰의 과잉 진압으로 사망한 흑인 남성이다. 해당 사건은 "흑인의 생명도 소중하다" 시위의 시발점이 되었다. 플로이드19는 플로이드의 이름에 코로나19를 합성한 말장난이다.

들이 터졌다. 2020년 말, 코로나19 락다운으로 여러 군데 스튜디오를 폐쇄하면서 소울사이클이 이미 하향세를 겪고 있을 때, 다수의 폭로가 인터넷을 뒤덮었다. 《복스Vox》의 취재에 따르면, 미국 전역의 소울사이클 스튜디오에는 용기를 북돋는 말 뒤에 오랫동안 해로운 면모가 숨겨져 있었다.[13] 개인숭배의 대상이 된 특정 '마스터' 강사들은 편애하는 고객과 그렇지 않은 고객 사이에 위계를 만들었고, 정규 시간 외 개인 라이딩을 지도했다. 일부 학생과는 자기도 했다는 의혹도 제기되었다.[14] ("여러분의 학생들은 여러분이 되고 싶어 하거나 여러분과 자고 싶어 해야 합니다." 강사들이 배우고 내재화해야 했다고 알려진 주문이다. 한 스타급 강사는 공개적으로 자신의 회원들을 '꼬마 창녀'라고 부르기도 했다.) 상위 강사 중 일부는 회원들과 '하급' 직원들을 말로써 괴롭혔고, 고등학교 여왕벌처럼 신격화를 한껏 즐기며 자신들을 둘러싼 스튜디오 드라마에 불을 붙였다.[15]

알려진 바에 따르면 소울사이클 본사는 사실을 알면서도, 가장 칭송받는 강사들이 회원이나 직원들을 편협하게 평가한다는 불만을 덮어 버리고 잘못된 행위를 묵인했다.[16] (이들이 '앤트 제미마Aunt Jemima'* '트윙크twink'**라는 단어를 썼으며 통통한 직원을 가리켜

---

* 역주: 시럽과 팬케이크 믹스를 생산하는 회사의 이름으로, 2021년 회사명이 '펄 밀링 컴퍼니'로 변경되기 전까지 쓰였다. 주류 사회에 편입하기 위해 백인에게 아첨하는 흑인 여성을 지칭하는 차별적 단어로 사용된다.

** 역주: 마르고 어린 이미지의 게이를 가리키는 말.

자기들과 어울리지 않는다고 말했다는 정도만 알아 두자.) 성적 괴롭힘에 대한 보고 역시 무시당했다고 추측된다. 사건이 터지자마자 나탈리아 페트르첼라가 내게 DM으로 보낸 기사의 헤드라인에 따르면, 소울사이클은 "[강사들을] 할리우드 스타처럼 대우했다." 한 내부자는, 고위급이 사람들이 강사에 대해 제기한 불만은 쓰레기통에 처넣고, 아무 일도 없었다는 듯 그 강사의 2400달러짜리 소호하우스 멤버십과 메르세데스 벤츠 리스에 돈을 댔다고 증언했다. 그렇게 놀라운 소식도 아니었다. "강사들을 신처럼 대우하면, 권력 남용은 *반드시* 따라온다." 나탈리아의 트윗이다. "이런 식의 태도가 지도자들이 오랫동안 '구루'로 칭송받아 온 요가에서도 처음으로 드러나게 된 것도 당연한 일이다. '컬트 추종자' 집단을 지닌 강사들에게는 시간문제인 일이다."

《유럽 사회심리학 저널European Journal of Social Psychology》에 실린 2020년 연구에서는 에너지 치유나 라이트워크 오라클 카드 같은 초자연적 기술에 대한 '영적 훈련'을 받은 사람들이 더 자아도취적 성향(재능에 대한 과도한 자신감, 성공과 사회적 인정에 대한 상당한 허기, 자신이 초능력으로 여기는 재능이 없는 사람에 대한 폄하 등)을 보일 가능성이 크다고 밝혔다. 비교 대상은 어떠한 영적 훈련도 받지 않은 일반인들과 명상이나 마음 챙김 등 상대적으로 덜 수행적인 분야를 공부한 학생들이었다. 연구에서는 다른 이들에게 공감과 자기 수용을 가르치는 이런 구루들의 자아가 외려 부풀어 오른다는 사실을 보여 준다. '마스터' 소울사이클 강사들 역시 비

숫한 반응을 보인다. 타고난 카리스마에 대한 기존의 자부심에
회사의 극단적인 트레이닝이 합쳐지면, 실내 사이클링을 가르치
려고 고용된 평범한 필멸의 존재보다는 3HO의 스와미에 가까운
신 콤플렉스가 완성된다.

이 글을 쓰고 있는 지금까지도, 소울사이클은 구체적인 고발
사항에 대응하거나 가해자로 지목된 이들을 해고하지 않았다. 그
리고 크로스핏의 충신들은 자기들이 사랑해 마지않는—히어로
와드와 비스트 모드를 비롯한—문화가 브랜드 이름에 상관없이
살아남는 데 일조했다. 진정으로 '성공한 컬트'의 특징은 창립자
가 죽거나 자리에서 내려온 이후에도 살아남는 힘이라고 말하는
이들도 있다. 이 말이 사실이라면 크로스핏과 소울사이클은, 사
이언톨로지와 암웨이 곁에서 나란히 승리한 셈이다. 적어도 지금
까지는.

'나마슬레이' '디톡싱' '더 열심히 빠르게 많이'처럼 개신교 자
본주의에 힘입은 눈가림 언어는 피트니스의 범위를 넘는 억압적
기준을 반영한다(그리고 영속시킨다). 월스트리트에서 할리우드,
실리콘밸리까지, 집단의 특수언어와 "극한까지 밀어붙여라"라는
메시지는 미국 산업 어디에나 있다. 그러나 이와 같은 언어가 쉽
게 퍼지며 문제를 일으킨다고 하더라도, 그 동기와 영향력은 짐
존스나 L. 론 허버드, 리치 디보스의 언어와는 극명하게 다르다.
이런 지도자들의 목표는 집단보다 큰 사회에 존재하는 문제적인
권력구조를 강화하는 것이 아니라, 오직 구루만의 직접적인 이익

을 위해 추종자들을 착취하는 것이었다. 전자가 이미 존재하는 구조를 지탱하기 위해 (심지어 자기도 모르는 사이에) 언어를 사용한다면, 후자는 현 체제를 유지하기 위해서가 아니라 이를 급습해 새로운 압제적 구조를 만들기 위해 언제나 의도적으로 언어를 활용한다. 단순히 말해서, 문제적인 일부 지도자들은 사실 더 넓은 시스템의 추종자일 뿐이다. 그러나 실제로 파괴적인 '컬티시' 리더들은 체계를 전복하고 그들에게 궁극적인 권력을 보장할 새로운 구조로 이를 대체하려는 자들이다.

V

피트니스 브랜드나 리더가 컬트 스펙트럼 끝자락에 있는 사이언톨로지에 가까워질 때쯤이면, 당신은 그 소리를 듣게 될 것이다. 컬트 영향력을 이루는 로드된 언어와 우리 vs 저들 프레임, 사고 중단 클리셰, 그리고 언어적 학대에 귀를 기울이면, 지도자들의 의도가 크고 분명하게 들릴 테니까 말이다. 한 가지 예로, 악명 높은 요가 구루 비크람 차우드리Bikram Choudhury의 발화를 분석해 보자⋯⋯.

성폭행으로 고소당하고 미국에서 도주하기 훨씬 전부터, 자기 이름을 딴 비크람 요가의 창시자 차우드리는 이미 극단적으로 자기중심적이고 남을 괴롭히는 것으로 악명 높았다. 1970년대 초, 콜카타에서 로스앤젤레스로 이주한 차우드리가 건설한 핫요가 제국은 2006년 전성기에는 전 세계 1650개 스튜디오를 거느렸다. 번성의 시기에 차우드리는 안티요기, 요가의 월터 화이트, 맥요가의 군주 등 그의 호전적인 개인숭배를 반영하는 다양한 별명을 얻고 누렸다.[1] 그는 수업 중에 악을 쓰고, 저주를 퍼붓고, 욕설을 내뱉음으로써 차분하고 명상적인 요가 마스터의 이미지를 깨부쉈다. 그가 고래고래 소리치며 내뱉는 불경스러운 말은 용기를 북돋는 펠로톤 스타일이 아니라, 후안무치한 여성혐오, 인종차별, 비만혐오였다.

"그 좆같이 뚱뚱한 배 집어넣어. 덜렁대는 꼴 보기 싫으니까."

"흑인 쌍년."

"닭대가리 같은 소리."

그가 공개적으로 입 밖에 낸 말들이다.

강사 트레이닝 방식도 유명했는데, 그는 자신을 따를 기회를 얻기 위해 각자 1만에서 1만 5000달러를 낸, 500명 이상의 비크람 강사 지망생으로 가득 찬 푹푹 찌는 강당에서 설교를 늘어놓았다. 그는 (항상 개인 에어컨을 갖춘) 높은 왕좌에 올라앉아 자신의 과대망상을 숨기려는 시도조차 없이 고래고래 소리치며 질문을 선창했다. "내 길을 가지 않으려면……" 차우드리가 외치면, "고속도로로 떠나라!"* 지망생들이 합창으로 대답하는 식이었다.

"최고의 음식은……?"

---

* 역주: My way or the Highway. 내가 하자는 대로 할 게 아니면 떠나라는 표현.

"안 먹은 음식!"

물론, 차우드리가 온통 사람들을 모욕하기만 했다면 아무도 곁에 붙어 있지 않았을 것이다. 해악을 끼치는 인물이 무릇 그렇듯, 중상모략과 고함에는 러브바밍의 유혹적인 언어가 뒤따랐다. 차우드리는 1분 안에 훌륭한 스승이 될 수 있는 당신의 잠재력을 발견하고, 쌍년이라고 부르고, 꿀 바른 듯한 목소리로 세레나데를 부를 수 있다. 당신은 그동안 푹푹 찌는 열기 속에서 불가능에 가까운 자세로 몸을 뒤틀고 있을 것이다.

그러나 차우드리의 헌신적인 추종자들은 그가 '몸만 큰 어린애' 같았다고 증언했다. 그의 자장가와 변덕스러운 기분, 심지어는 짜증마저도 '순수하게 사랑스러운' 면모를 심어 주었다는 거였다. 추종자들의 확증편향은 그들이 차우드리의 새빨간 거짓말(그는 열린 적도 없는 요가 대회에서 우승했다며 흡족해했다)과 허풍("난 한 달에 서른 시간도 안 자" "나는 당신이 만난 사람 중에 제일 똑똑해" "나는 당신 인생에 유일한 친구야")을 듣고도 정신적인 문제가 있다고 생각하는 대신 '어린아이 같다'고 여기게 했다. 그리고 매몰비용의 오류는 한 번만 더 트레이닝에 참여하면 차우드리가 경력을 만들어 주리라고 믿게 했다.

차우드리의 핫요가 워크숍에서 제자들은 기절하고, 탈수에 시달리고, 상기도 감염에 걸렸다고 알려져 있다. 그들 모두 친애하는 구루가 전지전능하다고 믿도록 조건형성되었기 때문에, 자신의 고통과 직감을 경시하게 된 것이다. 또, 차우드리는 여성 제자 최소 여섯 명을 그루밍하고 성폭행한 혐의로 기소되었다.[2] 2016년, 그는 강간 혐의에 또 다른 우리 vs 저들 인신공격과 과장법 그리고 가스라이팅으로 대응했다. 자기소개라도 하듯, 차우드리는 고소인들을 사이코패스니 쓰레기니 하며 비방하더니 이렇게 덧붙였다. "내가 왜 여자를 폭행해? 사람들이 내 정액 한 방울에 백만 달러라도 내는데." 그는 2016년 생존자들에게 지급해야 하는 징벌적 손해배상금 700만 달러가량을 내지 않고 미국을 탈출했다. 그리고 1년 뒤, 로스앤젤레스 법원은 체포영장을 발부했다. (지금 이 순간까지 그는 법정에 서지 않았으며 미국 밖에서 강사 트레이닝을 계속하고 있다.)

미국 내 차우드리의 제국이 붕괴하자마자, 또 다른 논쟁적인 요가 '컬트'가 그 자리를 꿰찼다. 바로 코어파워CorePower다. 비크람이 무너진 뒤, 덴버에 기반을 둔 코어파워 요가는 돌풍을 일으켰고 빠르게 미국 내 최대 요가 체인이 되었다. 비크람이 자랑스럽게 '요가의 맥도널드'를 자처했다면, 코어파워의 공동창립자인 (지금은 사망한) 테크 거물 트레버 타이스Trevor Tice는 코어파워가 '요가의 스타벅스'라고 말했다.

그 후 10년 동안, 코어파워는 강사진과 고객을 경제적으로 착취한 혐의로 다섯 건의 연방 소송에 직면해 합의금으로 300만 달러를 몰수당했다. 피라미드 사기와 비슷하게, 코어파워는 강사들에게 생활이 불가한 수준의 시급을 지급하며 1500달러 상당의 강사 트레이닝 프로그램 수강생을 모집해 오는 이들에게만 임금 인상과 승진을 약속했다. 코어파워 강사들은 수업을 마무리하는 휴식 자세 사바사나가 끝나면 트레이닝 수업을 홍보하도록 지시받았다. 수행자들이 푹 퍼진 채로 편안하게 누워 있는 동안, 강사들은 코어파워에서 '개인의 몫'(내밀한 삶을 폭로하는 것)이라고 부르는 이야기를 제공해 '영혼을 흔들어야'만 한다.

영혼을 흔든다는 말은 코어파워 내 로드된 언어의 대표작이다. 강사들의 실적은 실제로 얼마나 많은 '영혼'을 '흔들' 수 있는지에 따라 평가된다(얼마나 많은 학생을 강사 트레이닝 프로그램에 등록시키냐는 뜻이다). 개인의 몫을 나누고 나면, 회사는 강사들에게 회원 개인을 타깃으로 삼으라고 독촉한다. 회원의 실력과 헌신적인 태도를 칭찬하며 러브바밍 언어를 쏟아 내고, 스타벅스 커피를 사 주며 직접 강사가 되어 보는 건 어떠냐고 제안하라는 것이다.

"내 안의 뭔가 특별한 걸 발견한 것처럼 굴었다." 미네소타 출신 코어파워 학생 칼리가 2019년 《뉴욕타임스》에 털어놓았다. 어느 날 칼리가 수업을 마치고 나른한 상태에 빠져 있을 때, 그가 가장 좋아하는 강사가 활짝 미소 지으며 다가와 칼리에게 강사가 될 자질이 있는 것 같다고 이야기했다. 강사는 강사 트레이닝 과정의 가격은 말해 주지 않았다(회사는 강사들에게 그 부분은 '일단 열어 두라'고 지시한다). 그저 칭찬을 퍼붓고 스튜디오 안팎에서 칼리를 따라다녔을 뿐이다. "사실은 진짜가 아니었지만, 마치 우리가 우정을 나누고 있는 것 같았다." 칼리가 회상했다.

칼리가 마침내 1500달러라는 금액을 확인했을 때는, 이미 몇 주간 미래의 근사한 요가 커리어에 관해 잔뜩 환상을 품은 뒤였다. 이제 와서 그만둘 수는 없었다. 그래서 칼리는 수표를 발행하고 8주짜리 프로그램을 수강했다. 마지막에 가서야 그는 프로그램을 수강하는 것만으로는 강사 자격이 주어지지 않는다는 걸 알게 됐다. 사이언톨로지처럼, 코어파워는 칼리가 뒤로 되돌아가지 않으리라는 사실이 확실해진 뒤에야 추가로 500달러를 내고 '확장' 코스를 완료해야 한다고 알려 주었다. 칼리는 또 한 번 돈을 냈다. 그러나 그 이후에도 코어파워는 절대 그에게 일자리를 주지 않았다. 코어파워의 트레이닝 프로그램이 과잉 공급하는 인증 강사로 시장이 이미 포화했기 때문이다. MLM과 똑같다. 2016년 조사에 따르면, 코어파워에 고용된 강사 한 명당 어떤 형태든지 강사 트레이닝을 받고자 하는 회원이 두 명씩은 있었다. "평정을 유지하고 호흡하라고 배우지만, 동시에 이용당하는 거다." 칼리가 언론에 증언했다.

코어파워에서 가장 성공적인 무기가 된 표현은 '카르마를 돌려준다'로, 감정적으로 로드된 은유법이자 동시에 사고 중단 클리셰다. 힌두교의 카르마 요가는 영적 해방으로 향하는 세 가지 길 중 하나로, 아무것도 돌려받기를 기대하지 않으면서 자신을 내려놓고 베푸는 삶을 살도록 가르친다. 그러나 코어파워에서 '카르마를 돌려준다'라는 표현은 강사들이 무보수로 서로의 수업을 대신하고 스튜디오 밖에서도 수업 준비, 이메일 고객 서비스, 브랜드 마케팅 등의 필수 업무를 해내도록 강제하는 데 쓰였다.

끝없는 함의를 지닌 심오한 영적 표현을 이용해, 직원들의 죄책감과 충성심을 쉽게 촉발한 것이다. 누군가 부당한 정책에 의문을 제기할라치면, 코어파워는 그 입을 다물게 하고자 '카르마'라는 말을 가리키면 된다.

법정 문서에는 코어파워의 자체 변호사조차 카르마가 의미 없는 '영혼 흔들기'처럼 '형이상학적 계명'에 불과하다고 비방했다는 사실이 나타나 있다. 그러나 추종자들에게 이 말은 회사가 자신들을 등쳐 먹는다는 걸 알면서도 충성심을 유지할 수 있게 할 만큼 무거운 의미를 지녔다. 칼리는 코어파워 커리어라는 꿈을 뒤로하고 주 공인 간호사가 되었지만, 지역 코어파워 스튜디오에서 계속 요가 수업을 듣는다. 그리고 120달러의 월간 회원권을 위해(트레이닝 프로그램 기수강자 할인도 없다) 매주 한 번씩 다른 코어파워 스튜디오에서 청소부로 일한다. 부업으로는 미니애폴리스 외곽에 있는 작은 농장에서 '염소 요가'(이제 정말 별 게 다 있다)를 가르친다. 칼리의 약력에는 자랑스럽게 "코어파워 프로그램 수료 강사"라고 적혀 있다.

VI

완전히 건전할 수도, 아닐 수도 있는 컬트 피트니스 공동체에 들어갔다면, 곧장 자문해 볼 만한 질문들이 있다. 이 집단이 서로 다른 모든 사람을 진정으로 환영하는가? 아니면 (심지어 수업 밖에서도) 모두와 똑같이 옷을 입고 똑같이 말하라는 과도한 압력을 느끼는가? 운동에 마음 편하게, 시험 삼아 참여하는 일이 허용되는가? 아니면 집단만을 위해 시간과 믿음을 전부 쏟아붓고, 집단의 결정을 바탕으로 모든 결정을 내리는가? 당신의 몸이 필요로 할 때 강사가 쉬엄쉬엄 운동하라고, 혹은 아예 몇 주를 쉬거나 아예 다른 운동을 시도해 보자고 말하리라 믿는가? 아니면 그저 더 열심히, 더 빨리, 더 많이 운동하라고 말하겠는가? 수업을 빠지거나 그만둔다면, 그 비용은 무엇일까? 자존심? 돈? 관계? 당신의 세계 전체? 당신이 지급할 만한 비용인가?

지도자의 길을 따르든지 고속도로를 타라고 고함치는 요가 훈련생 500명으로 꽉 찬 창고(혹은 학생들을 '꼬마 창녀'라고 깎아내리는 스피닝 강사)와, 창피를 당하거나 더 끔찍한 일을 당할 위협 없이 회원권을 취소할 수 있는, 원하는 대로 차려입은 열여섯 명이 모여 "나는 비할 바 없이 강하다"라는 주문을 합창하는 스튜디오 사이의 차이를 알아보는 일이 내게는 더 쉬워졌다. 두 사업 모두 언어로 이익을 얻지만, 각자 힘을 부여하고 싶은 대상을 말 그대로 지목하고 있다. 하나는 구루고, 다른 하나는 사람들이다.

"컬트 피트니스의 진짜 의미는 자신이 성장하고 변화하도록 도와주는 뭔가에 사람들이 진심으로 감동하는 것이라고 생각해요." 인텐사티의 퍼트리샤 모레노가 결론지었다. 모레노의 목표는 의심할 여지 없이 학생들이 각자 주체적인 힘을 되찾는 길을 가르쳐 주는 것이다. 자신의 권력을 그들에게 휘두르려는 생각이 없으므로, 모레노는 인텐사티가 '진짜 컬트'가 아니라고 변호할 필요성을 느끼지 못한다. 내가 보기에는 이런 방어적 태도의 부재야말로 많은 점을 시사한다.

전반적으로, 신흥종교 전문가들은 컬트 피트니스의 폐해가 사이언톨로지 수준으로 쌓이리라고 우려하지는 않는다. "어떤 운동은 분명 '컬트적'이지만, 이 표현이 딱 적절하다고 생각하지는 않아요." 스탠퍼드의 인류학자 타냐 루어만이 말했다. 루어만이 피트니스광들에게서 찾아낸 주요한 '컬트' 증상은 규칙적으로 수업에 참여하면 인생 전반이 극적으로 나아지리라는 믿음이다. 일주일에 다섯 번 수업에 가고 만트라를 외우면, 눈앞의 세상이 다르게 펼쳐지리라는 믿음 말이다. 이 집단, 이 강사, 이런 의례가 실제보다 더 많은 것을 이룩할 힘을 가졌다는 확신, 즉 과도한 이상주의다.

이런 믿음을 착취하는 건 아주 쉬운 일이다. 그러나 컬트 피트니스 산업을 지나치게 과장되게 평가하기가 꺼려지는 이유는, 사람들이 결국 자신의 경험을 직접 통제하기 때문이다. 스피닝 클래스에서 당신은 자전거의 저항값을 직접 조정한다. 교실 앞의 (혹은 스크린 속의) '컬트적인 여성'을 무시하고 속도를 줄이고 싶으면, 그렇게 할 수 있다. 높은 권세에 기도하려면 주님의 감화를 찬송하면서 그렇게 하면 된다. 하지만 그냥 이리저리 뛰어다니며 파티나 하고 싶다면, 그렇게 하면 된다. 그러다가 6개월이 지났을 때 상황이 나빠지기 시작하거나 그저 다른 걸 시도해 보고 싶다면, 마음대로 하면 된다. 당신이 점수판에 지니는 애착이 그렇게 나 크다면, 서프보드 필라테스로 종목을 바꾸어도 사라지지 않을 테니 말이다.

결국, 피트니스 스튜디오가 당신의 삶에 뜬금없이 의미를 부여할 수는 없다. 한 번에 45분씩 만족감과 유대감을 가져다줄 수는 있겠지만, 그런 감정 없이도 당신은 당신이다. 당신은 필요한 것을 전부 얻도록 이미 축복받았다.

6부

팔로우를
위한
팔로우

I

미국 역사상 가장 논쟁적인 달 중 하나인 2020년 6월, 내 인스타그램 알고리즘은 길을 잃었다. 전 세계적 전염병 코로나19와 '블랙 라이브스 매터' 시위 관련 게시물을 올리는 와중에 지난해부터 팔로우해 온 뉴에이지 스와미, 신입을 모집하는 MLM 회원, 그리고 음모론자들의 업데이트를 확인하자니, 내 인터넷 화면만 봐서는 내가 사회정의 운동가인지, '플랜데믹'* 음모론자인지, 안티백서(백신 접종 거부자)인지, 마녀인지, 암웨이 디스트리뷰터인지, 아니면 그저 에센셜 오일에 심각하게 집착하는 사람인지 알수가 없다. 잠시나마 인스타그램의 눈을 속였다고 스스로 믿는데서 오는 우스꽝스러운 만족감이 느껴진다. 때로는 내가 아는

---

* 역주: 계획plan과 팬데믹pandemic을 합쳐 만든 신조어로, 세계적 유행병이 의도적으로 초래되었다는 의미.

유일한 신이라고 느껴지는, 전지전능하고 신비로운 (그리고 내게 없어서는 안 될) 그 눈 말이다.

상황이 이러니 두 시간 동안 소셜미디어를 탐방하다가 벤티노 마사로Bentinho Massaro라는 영적 구루의 프로필을 맞닥뜨렸다 한들 자업자득이다. 인스타그램 프로필에 '길의 통합자Synthesizer of Paths' '참된 과학자' '철학자' 그리고 '거울'이라고 자처하는 삼십 대 백인 남성 마사로는 자신이 다른 인간들보다, 심지어는 예수 그리스도보다도 높은 주파수에서 진동한다고 주장한다. 차가운 푸른빛의 눈, 시그니처인 타이트한 검정 티셔츠, 정체를 알 수 없는 유럽 억양의 자신감 넘치는 목소리로 무장한 그는 팔로워 4만 명을 보유하고 있으며, 틸 스완과 토니 로빈슨을 합쳐 놓은 것처럼 보인다. 그를 영화화한다면 틀림없이 헴스워스가 주연을 맡을 법하다. 전두엽 피질에서 열댓 가지 언어적 경계신호가 울린다. 나는 팔로우를 클릭한다.

조금 더 알아보니, 벤티노 마사로가 암스테르담에서 태어나 콜로라도 볼더로 이주했으며, 이후 값비싼 웰니스 휴양센터를 운영하러 오컬트의 메카인 애리조나 세도나로 이사했다는 사실이 곧 드러났다. 그런 와중에, 그는 각고의 노력을 기울여 웹상에서의 존재감을 키워 가고 있다. 실리콘밸리의 영리한 소셜미디어 전략과 세련된 웹 포트폴리오를 활용해, 그는 당신을…… 아니, 당신의 영혼을 사로잡고자 한다.

적게는 인스타그램을 팔로우하는 정도의 노력부터 많게는 한 시간에 600달러짜리 스카이프 통화를 통해, 당신은 마사로의 성스러운 지식을 조금이나마 접할 수 있다. 어떻게 심오한 인간관계를 맺는지부터 '휴먼 갓'이 되는 방법까지, 모든 질문에 대한 답이 거기 있다. 유튜브 비디오 속 마사로는 집에서의 만남이나 일대일 대화 같은 아늑한 분위기를 풍기며 카메라에 바짝 다가앉아 '내부의 블랙홀' '존재-에너지 진동' '마음의 환상을 통과하기' 같은 주제로 열변을 토한다. 인스타그램에서 맞닥뜨리게 되는 1분 길이 클립에서는 그저 강렬하게 렌즈를 바라보면서, 씩 웃고, 눈도 깜빡이지 않고, 간헐적으로 속삭인다. "사랑해요." 그는 이런 준사회적 응시를 "하나 됨-당신과 내가 분리되지 않는" 순간이라고 부른다. 지지자 수백 명은 그의 댓글 창을 찬사로 뒤덮는다. "마사로는 무한한 지성, 사랑/빛" "이런 의식의 파동을 나눠 줘서 고마워요, 벤" "**마스터**, 스승…… **당신은** 정말 놀라운 능력을 갖췄어요…… 우리를 이끌어 줘요".

마사로의 이데올로기는, 이렇게 말할 수 있다면, 절충적이다. 그는 고대 외계인을 믿으며, 생각만으로 날씨를 바꿀 수 있다고 주장하고, 자신이 아이를 원치 않는 이유는 이미 자녀 70억 명을 가졌기 때문이라고 선언한다. 이쯤 되면 자신이, 자신만이 인류를 천국의 '절대적 진실'로 이끌기 위한 '신의 시선'을 지녔다는 그의 주장이 익숙하게 들릴 것이다. 그는 자신의 가르침이 "고통을 멎게 하고 영원한 행복"으로 인도하리라고 단언한다. 지상의 그 누가 평생을 바치더라도 자신의 "의식 속에서 하루에 일어나는 일의 10퍼센트"에도 접근하지 못하리라고 맹세하기도 한다. 그의 궁극적인 목표가 무엇이냐고? 자신의 지지자들을 오프라인으로 데려가, 세도나에 널찍한 땅을 사들여서 계몽된 새로운 도시를 건설하는 것이다.

인생의 길과 진동, 주파수 증폭에 관한 강의 사이에서, 때로 마사로의 수사법은 음침한 색을 띤다. 그의 신비로운 어휘는 추종자들이 과학뿐 아니라 자신의 사고와 감정을 불신하도록 가스라이팅하는 사고 중단 클리셰로 가득하다. 한 강의에서 그는 다음과 같이 조언한다. "뭔가에 관해 생각하는 일은 대상의 실제 아름다움을 놓치는 가장 확실한 방법입니다……. 논리, 이성, 단계적 서술에 대한 숭배가 어디에서 왔는지 살피고, 이것들을 파괴하세요."[1] 또 다른 영상에서 그는 '씨발fuck you'이라는 표현을 듣고 존중받지 못하는 기분이 든다고 항의한 여성 제자에게 소리친다. "존중이니 뭐니 하는 씨발 것의 개념에 저 잘났다고 혼자 빠져 있지 않다면, 내 말에 얼마나 많은 사랑이 담겨 있는지 볼 수 있을 텐데요."

마사로는 언제나 언어폭력을 사용하는 일을 정당화하는 뒤틀린 방법을 찾아낸다. 한번은 페이스북에 다음과 같이 썼다. "깨어 있는 존재와 친구가 되는 것은 거의 불가능하다. 왜냐하면, A. 그의 최우선순위는 당신을 정화하고 진실로 이끄는 것이지, 친절을 베푸는 게 아니기 때문이다. (…) B. 그는 평범한 사람과 다르므로 일반적인 기준에 부합하거나 다른 사람처럼 관계를 맺을 수 없기 때문이다(편협한 마음은 이런 점을 좋아하지 않는다)." 그는 고함치고 욕설을 내뱉는 일이 신성한 호의의 표현이라고 주장한다. "나는 내 마음대로 여러분한테 소리 지를 수 있습니다." 그러고는 언어적 학대는 영적인 길을 가는 데 필수이며 여기에 의문을 제기하는 일은 하찮은 인간의 '편협하고 독선적인 마음'을 드러낼 뿐이라고 덧붙인다.

틸 스완과 마찬가지로 마사로의 영상은 자살에 관한 위험한 메시지를 퍼뜨린다. "죽음을 두려워하지 마세요. 오히려 기대하세요." 그가 한 영상에서 말했다. "죽음을 기다리는 일은 당신이 진정으로 살게 합니다…… 중요한 것에 눈을 뜨는 것이지요. 그렇지 않다면, 스스로 목숨을 끊으세요."

그가 세도나에서 주최한 영성 행사가 끔찍한 방향으로 흘러가 버린 2017년 12월까지는 이런 메시지가 크게 드러나지 않았다. 행사 참가자 100명은 12일짜리 뉴에이지 부트 캠프에서 독점적으로 마사로의 가장 심오한 가르침을 접하기로 되어 있었다. 그때쯤 온라인에서는 이미 마사로가 '컬트 지도자'라는 비판이 흘러나오고 있었다. 행사 전날, 세도나에서 활동하는 기자 비 스코필드Be Scofield는 마사로를 '테크 브로 구루tech bro guru'[2]라고 묘사하며, 그가 돌팔이 영성 컨소시엄을 건설하기 위해 그로스해커 마케팅을 사용한다고 폭로했다.[3] 마사로는 기상천외한 건강 조언으로 추종자들의 신체 건강을 위협하고(몇 주 동안 포도 주스만 마시라는 등. 마사로는 이를 '건조 단식'이라고 불렀다), 가족 및 친구들과 관계를 단절하도록 조종했으며("당신들 관계는 다 꺼지라 그래요. 아무 의미도 없으니까"), 자신이 전지전능한 신이라고 믿었다.

세도나 영성 행사 6일 차, 수년간 헌신적으로 마사로를 따랐던 브렌트 윌킨스라는 참가자가 집단을 떠났다. 그는 차에 올라타 근처에 있는 다리로 향했고, 뛰어내려 생을 마감했다.

윌킨스의 사망에 관한 성급한 뉴스가 퍼지면서, 사람들은 곧장 마사로를 짐 존스와 비교하기 시작했다. 인터넷에서는 "인스타그램 얼간이가 컬트 리더를 만났다"라거나 "스티브 잡스가 짐 존스를 만났다"라고 떠들어 댔다. 몇 달간 침묵하던 마사로가 마침내 페이스북에 게시한 답변에는 죽음이나 구체적인 의혹에 대한 언급 없이 비 스코필드가 오히려 '컬트'라고 명명되어 있었다. 이 최악의 사고 중단 클리셰 대결에서, 마사로는 스코필드가 "오늘날 지구상에서 가장 큰 컬트인 '평균 미국인 컬트Average American Cult'의 일부"라고 단언했다. 미국인들은 미디어에 세뇌당하고, 집 밖의 무엇이든 덮어놓고 두려워하며, 자신이 이해하지 못하면 누구에게든 총을 겨눌 준비가 되어 있다는 거였다.

윌킨스의 사망일 당시, 형사들이 의심스러운 자살 방조 메시지를 조사하러 마사로의 저택을 찾았다. 그러나 결국 마사로는 어떠한 혐의로도 기소되지 않았다. 악의적인 소셜미디어상의 소통이 상당히 복잡한 방식으로 우울증이나 불안, 그리고 자살을 초래하는 문화에서는 단독 책임을 물어 기소하기가 상당히 까다롭다.[4] 마사로만큼 악명 높은 인물이라 해도 말이다.

브렌트 윌킨스의 비극은 끝내 마사로 지지자 대부분의 믿음을 흔들지 못했다(사실 많은 이들이 사건을 알지도 못했다). 인스타그램을 넘어서까지 그를 '따를' 생각을 애초에 하지 않은 사람이 대부분이었기 때문이다. 그러나 사건 이후 몇 달간, 소수의 헌신적인 지지자들이 마사로를 떠났다. 구독취소를 클릭하고, 그의 어휘를 사용하기를 멈추고, 심지어 페이스북 '벤티노 마사로 회복 그룹'에 가입한 사람도 있었다. 고통스럽지만 그들은 자신들의 구루가 그저 자기의 컬트보다 훨씬 광범위한 컬트, 즉 소셜미디어 명성 컬트에 중독된 일개 인간이라는 사실을 깨달았다.[5] 한때 그들은 '영성의 록스타'가 인스타그램과 유튜브를 활용해 무한한 인식을 모두와 나눈다며 칭송했지만, 마사로의 모든 행동이 단지 사랑받으려는 욕망을 충족하기 위한 것이었다는 점이 명백해졌다. 그의 욕망은 스스로 온라인에 건설한 대체 우주 덕에 매일같이 더 깊어졌다.

"하지만 많은 사람이 인터넷에서 그렇게 하고 있잖아요." 브렌트 윌킨스가 사망하기 전 가깝게 지냈던 전 마사로 지지자 린 패리가 《가디언The Guardian》과의 인터뷰에서 말했다. "그들은 완벽한 페르소나를 만들어 내고…… 그럴 의도가 없더라도, 다른 사람들이 스스로 충분하지 못하다고 느끼게 만들죠……. 그건 브렌트 같은 사람들에겐, 아니 사실 우리 대부분에게 정신적으로 감당할 수 없는 무게예요."

II

벤티노 마사로의 행사가 잘못되기 20년 전인 1997년으로 거슬러 가 보자. 바로 최초의 소셜미디어 사이트가 문을 연 해다. 3월, 헤븐스 게이트의 집단 자살 사건이 전국을 엄청난 충격에 빠뜨렸고, 미국인들은 매일같이 어떻게, 오 어떻게, 누가 봐도 제정신이 아닌 마셜 애플화이트 같은 UFO광이 그런 비극을 초래할 수 있었는지 고민하고 또 고민했다. 밝은 색 폰트와 외계에 관한 횡설수설이 불협화음을 이루는 헤븐스 게이트의 웹사이트가 추종자들을 모집하고 급진화하는 데 주요한 역할을 했을지도 모른다는 의견이 제시되었을 때, 비평가들은 코웃음을 쳤다. 《뉴욕타임스》 기자가 헤븐스 게이트를 "인터넷의 악영향을 보여 주는 사례"[1]라고 평가하자, 《타임Time》의 기자가 의심스럽다는 듯 반박하기도 했다. "영적 포식자라고? 이제 그만 좀 하자. (…) 고작 웹 페이지 하나가 사람들을 (…) 자살 컬트로 끌어들인다고? (…) 정말로 39명이 사망하지 않았더라면 소리 내 웃을 법한 생각이다."[2]

1990년대 평균 상상력의 범위는 컬트가 실제 영향력을 미치려면 실물의 공간이 필요하다는 데까지였다. 숨어 있는 코뮌이나 고립된 저택 없이 어떻게 가족과 친구들로부터 분리되어, 개인성을 억압받고, 파괴적인 도그마로 사상을 전향해 실세계에서 해악을 초래할 수 있다는 말인가?

헤븐스 게이트 이후로, 가상세계와 현실세계는 서로 포개어졌다. 좋든 나쁘든 소셜미디어는 이미 역사상 가장 유동적인 사회에서 수백만 명이 유대감과 연결성을 구축하는 매개가 되었다. 기자 알랭 실뱅Alain Sylvain은 2020년 초 소셜미디어와 대중문화가 '현대의 캠프파이어'가 되었다고 썼다.[3] 1990년대 《타임》의 기자는 구도자들이 영적 욕망을 대부분 온라인에서 이루어지는 비종교적 잡탕 의식을 통해 만족하는 세계를 미처 상상하지 못했을 것이다. 이 세계에서 우리는 가장 가까운 친구를 비욘세 팬클럽이나 비공개 펠로톤 페이스북 그룹에서 찾는다. 개인의 윤리와 정체성은 그가 팔로우하는 인플루언서, 클릭하는 타깃 광고, 그리고 리포스팅하는 인터넷 밈으로 구성된다.

헤븐스 게이트 이후 20년, 열성적인 비주류 집단이 실생활에서 모임을 소집하는 경우는 극히 드물다. 대신 그들은 도덕률, 문화, 공동체의 온라인 시스템을 구축한다(그리고 때로는 급진화한다). 고립된 코뮌도 교회도 '파티'도 체육관도 필요 없다. 언어만 있으면 된다. 서로 만날 수 있는 물리적 공간 대신, 추종자들은 컬트 은어 주위로 모여든다.

2012년 여름 처음 인스타그램 앱을 다운받았을 때, 인스타그램이 계정 등록자들을 친구나 계정이 아니라 '팔로워'라고 부른다는 흥미로운 사실이 곧장 눈에 띄었다. "컬트 플랫폼 같아." 친구에게 이렇게 말했던 기억이 난다. "모든 사람한테 각자 작은 컬트를 만들어 보라고 격려하는 거 아냐?"

당시에는 '인플루언서'라는 용어를 알지도 못했으니(구글 검색

데이터에 따르면, 이 단어는 2016년부터 널리 알려졌다)[4], 곧 '영적 인플루언서'들이 새로운 종교 지도자 집단이 되리라는 사실도 예측할 수 없었다. 인스타그램 론칭 후 10년도 되지 않은 지금, 벤티노 마사로나 틸 스완처럼 인터넷 이전에는 형이상학에 관심조차 없었을(이로부터 수익을 창출하는 일은 더더욱 없었을) 점성술사, 자조론 현자, 전체론적 건강 가이드 수천 명이 앱과 알고리즘을 활용해 복음을 전파하고 있다. 이런 디지털 구루들은 타로 이미지, 우주에 대한 새 지식, 주파수 영역이나 은하계적 관점에 관한 추상적 논의를 통해 다시금 뉴에이지 사상에 심취하는 현대 미국인들의 욕구를 만족한다. 이들의 활발한 인스타 피드는 뷰티 분야나 라이프스타일 인플루언서만큼이나 눈요깃거리가 되지만, 그 약속은 훨씬 거창하다. 인스타그램 신비주의자는 비즈니스 모델이 아니라 영적인 임무를 위해 움직인다. 단순한 후원 콘텐츠나 상품이 아니라 초월적인 지혜를 파는 것이다. 더블 클릭으로 구독만 하면 당신은 더 높은 진동과 평행우주, 심지어는 사후세계까지도 알게 된다.

"이렇게 자문해 보기도 했습니다. 만약 부처나 예수가 지금 살아 있다면, 페이스북 계정이 있었을까?" 벤티노 마사로가 2019년 인터뷰에서 묻더니 신적 존재와 특히 잘 어울리는 건 인스타그램이라고 덧붙였다. "사진에는 에너지가 있거든요."[5] 그가 얼음같이 파란 눈을 반짝이며 기자에게 말했다.

브렌트 윌킨스의 자살은 온라인 구루의 뒤틀린 '현실'에 너무 깊이 빠진 구도자에게 닥칠 수 있는 비극적 운명의 드물고 구체적인 예였다. 그러나 대다수 사람에게 마사로는 그저 스크롤 한 번으로 넘겨 버릴 계정일 뿐이다. 1970년대 컬트와는 달리, 우리는 집에서 한 발짝도 나가지 않고 카리스마 넘치는 인물에게 사로잡힐 수 있다. 현대 컬트의 진입 장벽은 '팔로우'를 가볍게 톡 건드리는 것뿐이다.

모든 영적 인플루언서가 위험한 건 아니다. 오히려 이들 대부분은 내가 보기에 상당히 긍정적인 경험을 제공한다. 비록 잠깐 스크롤하는 순간만이라도 영감과 확신, 위안을 주기 때문이다. 2018년, 〈코스모폴리탄닷컴〉을 위해 당시 확산 중이던 '인스타그램 마녀' 현상을 조사한 적이 있다. 조사 끝에 나는 밀레니얼 여성과 논바이너리의 다양한 연합을 발견할 수 있었다. 이들은 점점 늘어나는 헌신적인 디지털 추종자들과 식물성 팅크* 제조법 및 점성학적 통찰력을 적극적으로 나누었다. 온라인 마녀들의 공동체는 기존의 수많은 종교 공간에서 환영받지 못하는 LGBTQ+와 BIPOC 인구를 위한 천국처럼 보였다. 마녀들은 어떻게든 자신들의 기술을 활용했을 것이다. 인스타그램은 단지 기술을 나누고 실생활에서 쓸 수 있도록 하는 플랫폼을 제공한 것이다. 내가 만난 모든 사람이 무엇보다 다른 이를 돕는 데서 진정한 보람을 느

---

* 역주: 동식물에서 얻은 화학물질에 에탄올이나 희석 에탄올을 더해 유효 성분을 침출한 액제.

끼는 것 같았다. 그 누구도 사고 중단 클리셰나 돌고 도는 완곡어법을 사용하지 않았다. 이제 우리도 알아볼 수 있는, 최악의 컬트 언어를 구성하는 여타의 고의적인 거짓 전략도 쓰지 않았다.

그러나 영향력에 목마른 이들은 필연적으로 인간의 가장 기만적이고 자아도취적인 성향에 불을 붙이는 소셜미디어라는 기계에 도달할 수밖에 없다. 기자 오스카 슈워츠Oscar Schwartz는《가디언》에, 알고리즘에 있어서는 "진정한 구루와 사악한 구루 사이에 거의 차이가 없다"라고 썼다. 여러 애플리케이션이 영적 인플루언서들을 신성시하는 이유는 다른 콘텐츠 크리에이터들과 똑같다. 그들의 게시물이 트렌디하며 엄청나게 주목받기 때문이다. 이들은 '좋아요'와 광고 수익을 위해 자존감을 북돋는 붕 뜬 웰니스 문구로 가득 찬, 리그램할 만한 명언스타그램quotegram을 주고받는다.[6] 현대를 살아가는 스트레스와 권태를 가라앉힐 방법을 찾고 있는 이들은 애플 페이를 매개로 이런 영적 인플루언서들의 수익원이 된다.

실제 신념보다 중요한 것은 개인 브랜드의 성공이므로, 이런 구루들은 시대가 원하는 무엇에든 자신을 맞출 준비가 되어 있다. CBD 보조제가 돌풍을 일으키면, 이들은 갑자기 관련 포스트로 피드를 도배하며 자신의 사상에 늘 대마초가 중요한 역할을 했다는 듯이 행동한다. 음모론류의 콘텐츠가 인기를 끄는 듯하면, 이들은 자신들이 함부로 사용하는 불안정한 수사법을 제대로 이해하지도 못한 채 대세를 따른다.

인스타그램에서 벤티노 마사로 구역을 몇 분만 뒤져 보면, 비슷한 계정을 끝도 없이 찾을 수 있다. 한쪽에는 '대안적 치유 요법' 기회주의자들이 전문적인 의료 자원봉사자로 둔갑해 있을 것이다. 예를 들어······ 조 디스펜자 '박사'처럼. 평범한 외모의 백인 중년 남성 디스펜자는 웬일인지 그를 뉴에이지 현자로 섬기는 팔로워를 100만 명 이상이나 거느리고 있다. 디스펜자를 흠모하는 지지자 군단은 그 덕분에 꿈의 직장부터 배우자, 암의 소멸까지 모든 걸 발현할 수 있었다고 주장한다. 디스펜자는 검색엔진최적화를 비롯한 다른 웹 마케팅 전략을 빈틈없이 활용해 자조 워크숍부터 행사, 강연, 기업 컨설팅, 명상 가이드, CD, 기념품, "당신도 초자연적이 될 수 있다"나 "꿈을 이룬 사람들의 뇌" 같은 제목의 책까지, 어마어마하게 다양한 상품으로 수백만 달러를 벌어들였다. 궁극의 '과학적' 영성 권위자를 자처하는 디스펜자의 인스타그램 프로필에는 '후성유전학, 양자역학, 뇌과학 연구자'라고 쓰여 있다. 또, 그는 럿거스대학교에서 생화학을 공부한 이력과 '신경학, 신경과학, 뇌 기능 및 화학, 세포 생물학, 기억 형성, 노화 및 장수' 분야에서의 '대학원 훈련과 평생교육'—무슨 뜻인지는 모르겠지만—을 자랑스레 떠벌린다. L. 론 허버드를 모방하듯, 디스펜자는 학문적으로 들리는 언어를 초자연적 개념과 결합한다. 한 예로, 그가 내린 양자장의 정의를 살펴보자. "공간과 시간을 넘어서 존재하는 에너지와 정보의 비가시적인 장 혹은 지식과 의식의 장이라고 부를 수도 있다. 여기에 물리적이거나 물질적인

것은 존재하지 않는다. 감각으로 인지할 수 있는 모든 것을 넘어
서는 장이다."

말할 필요도 없이 추종자 대부분은 뇌과학이나 양자역학 분야
배경지식이 없고, 따라서 이런 난해한 용어를 들으면—시스템1
사고 프로세스를 통해—디스펜자가 옳을 수밖에 없다고 결론 내
린다. "그는 대체로 이런 분야의 학문적 이해가 적거나 전혀 없는
사람들을 대상으로 하지만, 사실 그가 쓰는 단어는 양자장을 설
명하기에 전혀 적합하지 않다." 공인된 심리치료사이자 디지털
웰니스 사기꾼 고발자 아자데 가파리[Azadeh Ghafari]가 자신의 인스
타그램 계정 @the.wellness.therapist에 썼다. "물리적이거나 물질적
인 것은 존재하지 않는다'라고 말하는 것은 명백한 거짓일 뿐 아
니라 진공 상태 혹은 양자 진공이라고 불리는 개념에 대한 최신
지식이 전혀 없다는 사실을 보여 준다." 가파리는 일종의 리트머
스 테스트를 제안한다. "뭐든지 팔아서 $$를 버는 뉴에이지 구루
가 '양자' 어쩌고 하는 단어를 내뱉으면, 기본 물리 방정식을 풀어
보게 해라(내가 DM으로 몇 개 보내 줄 수 있다). 그가 방정식을 풀지
못하면, 그냥 지나쳐라." 사기를 치는 것도, 팩트 체크를 하는 것
도 인터넷이다.

사실 조금만 조사해 보면 디스펜자가 럿거스대학교를 졸업한
적도, 박사학위도 없다는 사실을 알 수 있다. 그가 가진 학위는 에
버그린스테이트칼리지의 일반 학사와 조지아의 라이프대학교라
는 곳에서 받은 척추 지압 자격증뿐이다. 그러나 구글에서 디스

펜자의 이력을 검색하면, 유난히 웹에 최적화된 그에 대해 다음과 같은 결과를 제일 먼저 제공할 것이다. "조 디스펜자 박사는 저명한 뇌과학자다." 오십 대 백인 남성으로서, 우리의 문화가 뇌과학자에게 기대하는 말과 외모를 갖춘 그는 문제없이 신뢰의 대상이 된다.*

구루의 영역에서 그리 멀지 않은 곳에는, 인스타 '센 언니' 브랜딩에 반체제적인 색채를 더하는 이십 대 여성들을 찾을 수 있다. 금발에 푸른 눈을 가진 헤더 호프먼@activationvibration은 늘 브라렛을 착용하고 얼굴 전용 보석 장식과 화려한 셉텀피어싱을 자랑한다. 흠잡을 데 없는 화장을 하고 필터를 세 번은 끼운 그의 사진은 무지개 같은 빛 번짐 효과와 보석 무늬 연꽃으로 장식되어 있으며, 적당히 심오하게 들릴 만큼 모호한 그날의 한마디가 달린다(예를 들어, "당신 자신에게서 나오는 과즙을 받으면, 외부에서 더는 찾지 않아도 된다"). 그의 길고 복잡한 캡션은 정말이지 암호 같은 뉴에이지 방언으로 쓰여서, 내부인들이 좋아요를 누르고 댓글을 다는 동안 외부인들은 대체 헤더의 진짜 신념("강력한 코드 통합" "양자 전환" "다차원 시간 공간" "신적인 정렬" "DNA 업그레이드" "에너지

---

* 디스펜자의 팔로워 대부분이 그가 각고의 노력을 들여 구축한 인터넷 페르소나를 통해 그를 접하기 때문에, 그가 람타라는 논쟁적인 뉴에이지 집단과 연관되었다는 사실을 알아낼 만큼 자세히 들여다보는 사람은 드물다. 람타는 1980년대 후반 자칭 초감각적 지각의 마스터(이자 자부심 넘치는 트럼프 지지자) J. Z. 나이트J. Z. Knight가 만든 집단이다. 나이트는 큐어넌식의 온갖 수사법을 사용하고 (모든 게이 남성이 가톨릭 사제였다는 등) 편협한 허위사실을 유포한 것으로 알려졌다.[7] 그러나 (소수의 A급 유명 인사를 포함하는) 람타의 지지자들은 듣고 싶은 이야기만 듣고 나머지 사실은 무시한다.

매트릭스, 그리드, 그리고 주파수")이 뭔지 알아내려고 계속해서 스크롤할 수밖에 없다.

한 영상에서 헤더는 초록색 비키니를 입고 바닥에 쪼그려 앉아 몸통을 비틀며 티베트 싱잉볼을 연주한다. 그리고 달콤한 소프라노 톤을 택해 자신이 '빛의 언어'라고 명명한 일종의 글로솔라리아로 말하기 시작한다. 댓글 창은 "여신이야" "최면에 걸릴 것 같아" "헤더 당신이 다음 레벨 빛의 코드예요!" 같은 말로 넘친다. 또 다른 영상에는 만다라 태피스트리 앞에 앉아 코로나19가 정부의 공포 프로파간다 때문에 발생했으며 자신을 보호하는 일은 '신적 질서'를 더럽히지 않기 위해서 '공포의 매트릭스 그리드'를 '비활성화' 하는 것이라고 설명하는 모습으로 등장한다. 헤더는 다른 사람 모두가 '프로그램'의 희생양이 되어 버렸기 때문에 자신에게만 허용된 영적 '왕국'과 '근원'(신)에 접근할 수 있는 능력을 통해 인간의 이러한 문제를 치유하기 위해 환생한 존재다. 헤더의 지식에 접근하기 위해서는, 144.44달러를 내고 '세포 활성화 과정-당신의 DNA를 업그레이드하라' 같은 온라인 코스에 등록하기만 하면 된다. 가장 특별한 지혜에 다가가기 위해서는 일대일 멘토링 세션 8회에 4444달러를 내면 된다.

영향력 스펙트럼에서 사이언톨로지 쪽으로 슬금슬금 움직이는 이 인물들은 당신을 구슬려 전자책을 사게 하고, 그다음은 명상음악 플레이리스트를, 또 온라인 최면 강좌 수강권을 사게 만든다. 이 단계에 이르면, 당신의 영적 여정은 워크숍이나 캠프에 등록하지 않고는 의미가 없어진다. 당신이 자아실현을 추구하는 이 여정은 그들에게는 수익성 좋고, 확장성 있으며, 불로소득을 창출하는 황금알 낳는 거위다.

가파리는 온라인 구루가 '절대주의적 언어'를 너무 많이 사용하는 것이 가장 강력한 뉴에이지 사기 경고 신호라고 지적한다. 이는 "우리의 과거나 내면의 트라우마를 보편적이고 지나치게 단순화된 방식으로 이야기하는 사람을 뜻한다". 그는 설명한다. "'우리는 모두 어린 시절 트라우마를 겪습니다. 우리가 x, y, z를 해야 하는 이유입니다'라거나, '우리는 모두 우주에서 비롯되어 양자장에 떠다닐 뿐입니다, *어쩌고저쩌고*' 하는 말이다." 구루의 메시지에 수와 양을 나타내는 수식어가 부재하다면 그가 정신 건강 권위자로서 이야기할 자격이 없다는 신호일 가능성이 크다. 그는 또한 실제로 사람들을 돕는 것보다 최대한 많은 팔로워를 설득해 자신의 예언 기념품에 투자하게 만드는 것에 더 큰 관심을 보일 것이다.

"뉴에이지 전체론적 심리학 및 웰니스는 트라우마 인지 치료가 아니라 사이비 과학과 마케팅이다." 가파리의 결론이다. 벤티노 마사로나 헤더 호프먼 같은 대안적 웰니스 구루는 거대 제약 회사들의 횡포에 얼굴이 파랗게 질릴 정도로 격노한다. 그러나 가파리는 그들이 "훨씬 더 기만적인 형태의 자본주의를 조장한다"라고 말한다. 그들이 파는 건 알약이 아니다. 그들은 실제로 갖고 있지도 않은 깨달음의 열쇠를 팔려는 것이다.

얼핏 보면 신비주의 인스타 사기꾼이 그렇게 큰 위협으로 느껴지지 않을 수도 있다. 저런 사람들을 진심으로 믿을 정도면 심각하게 뭘 모르는 거 아닌가? 하지만 연구자들은 뉴에이지 수사법에 가장 이끌리는 건 생각보다 최신 유행에 민감한 사람들이라는 사실을 밝혀냈다. 과학도서 저자이자 스켑틱 소사이어티의 창립자 마이클 셔머Michael Shermer는 책에서 지능과 '이상한 생각'을 믿는 일 사이의 관계를 다루었다.[8] 셔머가 언급한 연구에서 밝혀진 내용에 따르면, 교육 수준이 가장 낮은 미국인 피실험자들은 귀신 들린 집이나 악마 빙의, UFO 착륙설 등 특정한 초자연적 신앙을 구독할 확률이 가장 높았다. 그러나 질병을 치료하는 마음의 힘 같은 뉴에이지 사상을 믿을 확률이 가장 높은 피실험자 집단은 가장 높은 수준의 교육을 받은 이들이었다. 심리학자 스튜어트 바이스Stuart Vyse는 뉴에이지 운동으로 인해 "예전에는 미신에 면역되었다고 여겨지던 인구 집단, 즉 높은 지능과 사회경제적 지위, 교육 수준을 갖춘 이들 사이에 [초자연적] 사상이 널리 퍼지게 되었다"라는 사실에 주목했다.[9] 따라서 그가 말하듯, '이상한' 것을 믿는 사람이 신앙이 없는 이들보다 덜 똑똑하다는 아주 오래된 믿음은 어쩌면 틀릴 수도 있다.

임의로 만들어 낸 '양자장'이나 'DNA 업그레이드'의 형이상학적 의미는 객관적으로 유령이나 외계인 출현만큼 비합리적이다. 이런 현상이 소셜미디어를 속속들이 아는 젊은 대학 졸업자 인구 집단과 연관되기 때문에 더 그럴듯하게 보이는 것뿐이다.

똑똑한 사람들이라고 컬트적인 사상을 믿지 못하는 게 아니다. 셔머는 오히려 똑똑한 사람들이 "똑똑하지 않은 이유로 도달하게 된 신념을 방어하는 데" 뛰어나다고 말한다. 심지어 회의론자와 과학자를 비롯한 대다수 사람이 뭔가를 믿게 되는 이유는 경험적 증거가 아니다. 예를 들어 돈이 곧 행복이라거나, 고양이가 개보다 낫다거나, 소쿠리를 닦는 데 효과적인 방법은 단 하나뿐이라는 결론을 내기 위해 책상에 앉아 산더미 같은 과학적 연구를 읽고 찬반을 따져 보는 사람은 없다. 셔머는 이렇게 설명한다. "오히려 유전적 소인, 부모의 선호도, 형제자매의 영향, 또래 압력, 교육 경험, 그리고 인생에 대한 인상 등의 변수가 다양한 사회문화적 영향과 맞물려 개인의 선호와 감정적 성향을 형성하고, 특정 믿음을 선택하도록 이끈다."

이 말인즉슨, 똑똑하고 시대의 유행에 예민하다고 해서 온라인 컬트의 영향으로부터 안전한 건 아니라는 뜻이다. 조 디스펜자나 벤티노 마사로 같은 그늘진 소셜미디어 인사가, 마치 사실도 의견에 불과하다는 듯, 실제 과학보다 '빛의 언어'나 SF 물리학을 앞세우는 세계를 공고히 하는 것이 큰 틀에서 별일이 아니라고 생각할 수는 있다. 그러나 이들은 훨씬 더 위험한 집단이 등장할 여지를 만든다.

큐어넌의 부상은 바로 '주류' 의학과 리더십에 대한 이런 편집증적인 거부반응에서 비롯되었다. '위대한 깨달음' '승천' '5G' 등 큐어넌의 수사법은 뉴에이지 '대안적 웰니스' 분야와 상당 부분

겹치며, 그 교집합은 매일 더 커지고 있다. 격렬한 우익 음모론자와 겉보기에 진보적인 히피 사이 교차점은 처음에는 예상할 수 없었던 일이다. 그러나 끝없이 고조되는 미국 내 긴장은 무장해제된 많은 시민(대부분 백인 중산층 전 기독교인으로, 과거 헤븐스 게이트에 합류한 이들과 비슷한 인구 집단이다)을 반정부, 반언론, 반의학적 태도로 이끌었다.

큐어넌이 생겨나기 전인 2010년 초, 당시 빠르게 확산하던 정치-영성 움직임을 묘사하기 위해 '컨스피리추얼리티'(음모론을 뜻하는 conspiracy와 영성이라는 뜻의 spirituality의 합성어)라는 용어가 등장했다.[10] 이 움직임을 정의하는 두 가지 핵심 원칙은 다음과 같다. "첫 번째 원칙은 음모론에 전통을 두고 두 번째는 뉴에이지에서 비롯되었다. 1) 비밀 집단이 은밀하게 정치 및 사회질서를 통제하거나 통제하려고 하고 있다. 2) 인류는 인식의 '패러다임 전환'을 겪고 있다." (2011년 《현대 종교 저널Journal of Contemporary Religion》에서 내린 정의다.)

2020년 미국을 강타한 코로나19 팬데믹은 컨스피리추얼리티의 불꽃에 기름을 들이부었다.

안티백서와 플랜데믹 음모론자들은 의심의 여지 없이 컨스피리추얼리티 분류에 포함된다. 상대적으로 눈에는 덜 띄지만 큐어넌과 연관된 수많은 웰니스 마니아들도 마찬가지다. 에센셜 오일 MLM에 가입하거나, 왜곡된 방식으로 서구화된 요가 수업에 참여해 '나마슬레이' 티셔츠를 입거나, '전체론적 셀프 케어' 인스타그램 계정을 운영하는 사람들 말이다.[11] 어느 날 밤 유튜브에서 '천연 치유법'을 검색했다가 "모든 의사는 세뇌당했다"라고 주장하는 컨스피리추얼리티 영역에 발을 들이고, 빠져나갈 구멍을 찾지 못한 이들도 마찬가지다. 곤란하게도, 모든 컨스피리추얼리티 신봉자가 자신들의 신념이 큐어넌과 관련이 있다는 사실을 깨닫거나 인정하는 것은 아니다. 사실 이들 중 일부는 '큐어넌'이나 '음모론자' 혹은 '안티백서'라는 용어 자체가 모욕적인 음해라고 생각한다. 외부인들이 이런 명칭을 언급하면 할수록, 내부자들은 점점 더 완강해진다. 결국, 양쪽이 서로 세뇌당했다고 여기는 것이다.

크게 보면 큐어넌은 2017년 정보국 내부자로 추정되는 Q라는 인물을 중심으로 형성된 비주류 온라인 음모론 집단이다. 그 사상의 시초는 이렇다. 얼굴 없는 인물 Q가 부패한 좌파 지도자들('딥 스테이트' 혹은 '글로벌 엘리트')이 전 세계 어린이들을 성적으로 학대하고 있다는 '증거'가 있다고 주장했다. (Q에 따르면, 도널드 트럼프는 '부당하게' 탄핵당하기 전까지만 해도 이들을 막으려고 쉼 없이 노력했다.) 이 힘센 자유주의 약탈자 도당에 맞서 싸우는 일은 익명의 지도자가 인터넷 여기저기 흩뿌려 둔 비밀 단서('Q 방울' 혹은 '부스러기')의 의미를 찾아 헤매는 Q의 충신들('Q 애국자' 혹은 '제빵사')의 도움 없이는 불가능했다. Q를 믿는다는 것은 주류 정부를 거부하고, 언론을 맹렬히 비난하고, 의문을 제기하는 모든 이와 겨룬다는 의미였다. 이는 모두 진행 중인 '패러다임 전환'에 필수적이다. 큐어넌은 임박한 '각성' 혹은 종말을 언급하며, "이제 당신이 뉴스다"라거나 "쇼를 즐겨라"라는 집회 구호를 만들어 냈다.

2020년 9월 데일리 코스/시빅스 여론조사에서는 응답한 공화당원의 반 이상이 큐어넌 이론을 부분적으로, 혹은 대부분 믿는 것으로 드러났다······.[12] 적어도 그들이 아는 이론은. 큐어넌 토끼굴에 더 깊이 굴러떨어지면, 대다수 신봉자는 (적어도 처음에는) 알지도 못하는 사탄 공황식의 명백한 파시스트 신조를 발견하게 된다. 제프리 앱스타인이 톰 행크스와 공모하여 미성년자 무리를 성추행했다거나, 힐러리 클린턴이 생명 연장을 위해 어린이의 피를 마신다거나, 로스차일드 가문이 수 세기 동안 사탄 숭배 집단을 운영해 왔다는 믿음 말이다.

그러나 큐어넌은 전형적인 극우 극단주의자보다 훨씬 큰 집단을 포괄하며 빠르게 성장했다. 살짝만 좌측으로 돌아보면 힐러리 클린턴의 사탄 숭배 따위보다는 훨씬 그럴듯하게, 거대 제약회사들이 사악한 서구 의약품을 미국인과 그 자녀들에게 강제하고 있다며 편집증적 주장을 펴는, 겉보기엔 입맛에 맞는 컨스피리추얼리스트 종파들을 볼 수 있다. 이런 신념을 가진 이들은 조금 남다른 로드된 어휘를 활용한다. 때로 (성폭행과 백신을 동일시하는) '강제 삽입'이나 (임신중지권 운동에서 약탈해 온 안티백신/안티마스크 슬로건인) '나의 몸, 나의 선택' 등 페미니스트 정치 용어가 등장하는 것이다. 사람들이 이미 관심을 보이는 내용만 제공하기 위해 키워드를 추적하는 소셜미디어 알고리즘 덕에, 맞춤형 큐어넌 파생물의 거대한 거미줄이 만들어질 수 있었다.

이런 식으로 언어를 물질과 에너지 삼아, 큐어넌은 모든 종류의 21세기 컬트 추종자를 단번에 빨아들이는 블랙홀이 되었다. '딥 스테이트' '주류 언론' '패러다임 전환' 등 큐어넌의 핵심 은어가 광범위하고 추상적인 데는 너무 많은 것을 밝히지 않으면서 추종자들을 끌어들이고 서로 엮으려는 의도도 있다. 사이언톨로지가 신입 신도들을 잃지 않으려 기이한 상급 단계 언어를 감추는 것과도 비슷하다. 별자리 운세 비슷하게 포괄적인 게시 글은 구성원들 각자가 특별히 자기만 메시지를 듣고 있다고—유일하게 이 공동체가 세상의 고통에 대한 답을 지닌 것처럼—확신하게 만드는 동시에, 통합된 신념 체계는 사실 존재하지 않는다는 사실을 감춘다.

사람들을 조종하는 대부분 컬트처럼, 큐어넌의 마력은 깨달음을 얻은 반체제 집단 구성원에게만 허용된 특별한 선견지명에 대한 약속에서 온다. 이 약속이 매력적인 것은 (이제는 모두에게 익숙할) 내부자 전용 두문자어와 키보드 특수문자와 부호, '우리 vs 저들' 프레임, 그리고 로드된 언어 덕이다. 큐어넌 어휘에서 'CBTS'는 폭풍 전야calm before the storm를, '진실 구도자truth seeker'는 추종자들을 의미하며, 무지몽매한 외부인들은 '쉬플sheeple'*이나 '엘리트

---

* 역주: 양을 뜻하는 sheep과 사람들을 뜻하는 people의 합성어로, 쉽게 설득당하고 대세를 좇는 경향이 있는 사람을 가리키는 신조어.

층의 하수인'이라고 불린다. 반아동인신매매 활동가들로부터 훔쳐 온 큐어넌 용어 #Savethechildren(세이브더칠드런)은 결백한 인상을 주어 정체를 숨기고 새 추종자를 유혹하는 데 쓰인다. '5D 의식'은 격동의 시기에 내부자들이 얻을 수 있는 깨달음의 수준을 가리키고, '승천'은 불안이나 인지 부조화 증상을 얼버무리는 로드된 은어이며 '모든 시각에서 바라보다'라는 말은 증거와 환상을 동일시하는 많은 완곡어법 중 하나다.

큐어넌의 어휘는 끝이 없으며, 다양한 '방언'으로 파생되고 끝없이 변화한다.[13] 이는 신념 체계에 추가되는 내용을 반영하기 위해서이기도 하지만…… 소셜미디어 알고리즘이 큐어넌의 언어를 찾아내고, 주목하고, 해당 언어를 사용하는 계정을 차단하거나 섀도밴하지 못하도록 하기 위함이다. 새로운 암호 단어와 해시태그, 그리고 그 사용규칙이 줄곧 소개된다. (때로는 그 자신도 지지자들을 거느린 인플루언서인) 큐어넌 추종자들은 업데이트를 환영하며 대부분 일시적으로만 유지되는 인스타그램 스토리―"이 메시지는 24시간 내 자동으로 삭제될 것입니다"의 소셜미디어 버전―에 이를 게시한다. 그러면 이들을 팔로우하는 팔로워들은 한층 더 배타적인 경험을 하고 있다는 인상을 받게 된다. 거칠게 말해, 큐어넌은 컬트 속의 컬트 속의 컬트 속의 컬트다. 이 궁극적인 컬트 인셉션을 가능하게 만든 건 소셜미디어다.

자신이 믿는 하위 분파에 따라, 큐어넌 구성원들은 '쉬플'이나 '5D' 등 광범위한 개념을 그 '울림'에 따라 마음대로 정의할 수 있다. 어쨌거나 그들에게 '진실은 주관적'이다. 이런 언어를 해석하는 특정한 방식이 실제 세계에서 상당한 폭력을 초래했으며* 큐어넌이 현재 미국 내 가장 위협적인 테러 집단이 되었다는 사실은 그들에게 중요하지 않다. 큐어넌 역시 수 세기를 거슬러 올라가는 무분별한 종말론 컬트 집단 중 하나일 뿐이라는 사실도 마찬가지로 중요하지 않다. 새로운 인물들과 소셜미디어라는 매개체가 등장했지만, 바탕을 이루는 종말론적 예측과 은밀하게 모든 걸 통제하는 어두운 힘이라는 아이디어는 진부하기 짝이 없다.

이 모든 사실에도 불구하고, 큐어넌을 비롯해 컨스피리추얼리티의 '공유된 이해 문화'에 젖어 있는 사람들은 무슨 일이 있어도 이 문화가 계속 굴러가도록 할 것이다. 어떤 질문이나 이의를 제기해도, "계획을 믿어라" "이 모든 것보다 각성이 위대하다" "언론은 프로파간다" "네가 조사해 봐라" 등의 믿음직스러운 사고 중단 클리셰로 편리하게 묵살하면 된다. 이는 설명할 수 없는 대상을 설명하는 판타지 세계를 드러내면서 확증편향과 집착의 온라인 토끼굴에 빠지는 과정일 뿐이다.

이런 이야기가 디스토피아 비디오게임처럼 들린다면, 그게 바로 '재미'와 관련된 부분이다.[15] 처음 등장한 Q가 한 말은 어찌

---

* 2018년 이후, 큐어넌 지지자들은 살인을 저지르고, 폭탄을 제작하고, 교회를 파괴하고, 화물열차를 탈선하게 만들고, 맹렬한 속도로 경찰차에 쫓기면서 Q에 관한 독백을 라이브로 스트리밍하고, 치명적인 친트럼프 집단을 조직했다(이외에도 끔찍한 범죄가 한둘이 아니다).[14]

나 음모론적인지 텔레비전 영화 대본처럼 들렸다. "돈을 좇아라" "너무 많은 이야기를 했군" "어떤 것은 최후의 순간까지 극비에 부쳐져야 한다". 큐어넌을 "유독 흡입력 강한 대체현실 게임"이라고 묘사한 이도 있었다. 이 게임에서 온라인 유저들은 제빵사라는 상상 속 역할을 맡아 새로운 빵 부스러기라는 퍼즐을 굶주린 듯 고대한다. UCLA 심리치료사 조지프 M. 피에르Joseph M. Pierre에 따르면, 이 같은 가상 보물찾기는 보상이 예측 불가한 간격으로 주어지는 변동비율계획variable-ratio schedule 조건형성을 유발한다. 온라인 게임이나 도박, 심지어 소셜미디어상에서 다음 '좋아요'를 받기까지의 불규칙한 도취 상태—끝없이 피드를 업데이트하게 만드는 바로 그 감정—처럼, 큐어넌의 몰입형 경험은 중독과 비슷한 강박 행동을 초래한다. 《사이콜로지투데이》에 실린 큐어넌에 대한 인지적 분석에서, 피에르는 "환상과 현실의 융합은 큐어넌에 내재한 특성만큼 위험하지는 않다"라고 말했다.[16]

피에르의 글에 따르면, 일반적으로 음모론적 믿음을 추동하는 심리적 특성에는 특별해지려는 욕망과 더불어 특히 위태로운 시기에 강화되는 확실성, 통제, 위기의 종결에 대한 욕구가 있다. 반전과 선악 이분법으로 무장하고 해결되지 않은 문제에 쉬운 답을 제기하는 음모론은 우리의 눈길을 끈다. "음모론은 모든 일이 이유가 있어서 일어난다는 일종의 안도감을 제공하고, 그 지지자들에게 나머지 '쉬플'들은 보지 못하는 비밀에 접근할 수 있는 특별한 존재라는 기분이 들게 할 수 있다." 피에르가 설명했다.

큐어넌의 위험성을 깨달은 트위터나 인스타그램 등의 플랫폼이 강력한 단속을 시작하자, 지지자들은 삭제되지 않고 소통하기 위해 더 창의적인 언어를 발달시켰다. 큐어넌의 메시지가 예쁜 명언스타그램의 형태로 돌아다니기 시작한 것도 바로 그래서다. 사용자의 인스타그램 피드에 무해하게 자리 잡은 "진정하고 발현하라Keep calm and manifest"류의 자조론적 밈에 세련된 그래픽 디자인의 큐어넌 격언들이 섞여 들어간다. 이런 형태는 곧 '파스텔 큐어넌'이라고 알려졌다.

어여쁜 폰트와 아무 데나 갖다 붙일 수 있는 구문으로 이루어진 명언스타그램은 그 자체로 일종의 로드된 언어이며, 유저들의 심금을 울려 별생각 없이 '좋아요'를 누르고 리포스트하게 만들도록 고안되었다. 2013년 한 영리한 온라인 트롤이 발각되지 않고 포토샵으로 테일러 스위프트 이미지에 히틀러 인용구—잘 알려지지 않은 『나의 투쟁』 발췌문("불규칙적으로 사는 것은 예방할 수 있는 유일한 조치이다" "자신을 다른 이와 비교하지 마라. 그건 자신을 모욕하는 일이다")—를 덧입힌 사건도 명언스타그램 덕에 가능했다. 해당 밈을 만든 이는 자신이 핀터레스트에 업로드한 이미지를 스위프트 팬들이 여기저기 퍼다 나르는 것을 우쭐해서 지켜보았다. 그의 목표는 쉽게 휘둘리는 어린 스위프티들의 극단적인 헌신과 테일러와 관계된 것이라면 묻지도 따지지도 않고 즉각 공유하는 열의를 증명하는 것이었다.

소셜미디어 훨씬 전부터 존재했던 명언스타그램에는 종교적인 힘이 있다. 네모 모양의 짤막한 격언에 대한 우리의 사랑은 교회에 다니는 이모네 화장실에 놓인 십자수 성경 구절에서도 찾아볼 수 있다. 하지만 사실 명언스타그램의 역사는 그보다 더 거슬러 올라가는데(맞출 수 있겠는가?), 바로 사람들의 관심이 종교적인 이미지(스테인드글라스, 최후의 만찬 프레스코화)에서 텍스트로 옮겨 간 종교개혁 시기다. "사람들이 이미지의 불명확성을 점점 더 불편하게 느끼기 시작했다." 더럼대학교에서 디지털 신학을 연구하는 마리카 로즈^{Marika Rose} 박사가 《그라치아^{Grazia}》 매거진에 썼다. "따라서 성경을 중시하는 개신교는 훨씬 텍스트 기반의 종교가 되었다." 그 이래, 우리 문화는 작은 과자 크기의 성경 구절을 보며 인도와 복음을 구했고, 글로 적힌 인용구를 읽으면 그 내용을 이룰 수 있다고 믿어 왔다. 그러나 인터넷상의 정확한 출처를 알 수 없는 미스터리한 글귀는 구도자들을 훨씬 위험한 길로 이끄는 진입로 역할을 할 수 있다.

구체적인 조직 구조도, 단독 지도자도, 추종자를 결합하는 독트린도, 알려진 탈퇴 비용도 없는 큐어넌을 헤븐스 게이트나 존스타운 컬트와 같은 부류라고 볼 수는 없다. 그렇다고 해도 큐어넌에 깊이 빠진 추종자가 집단에서 단번에 빠져나올 수 있는 건 아니다. '각성'과 '연구'의 세계에 완전히 잠겨 버린 사람들에게 토끼굴에서 빠져나오는 일은 상당한 심리적 상실을 일으킬 수 있다. "시간을 할애할 만한 대상, 중요한 것에 연결되었다는 느낌, 그리고 자존감과 불확실한 시기에도 통제권이 있다는 감각"을 상실하기 때문이라고 피에르는 설명한다. 그런 신념에서 벗어난 사람들이 앞장서서 큐어넌을 비난한다 해도, 이런 실존적 여파는 가장 강경한 지지자들을 통제하기에 충분하다.

모든 사람이 큐어넌 수준의 인터넷 컬트에 이르게 되진 않지만, 페이스북에서 텀블러Tumblr까지 온라인 플랫폼들은 많은 사람들에게 삶이 중요하고 다른 이들과 연결되어 있다는 느낌을 준다. 내 생각에, 제 아무리 셀러브리티들과 컨스피리추얼리스트들이 자신만의 온라인 컬트 추종자 집단을 만든다 해도, 우리 수백만 명이 속한—심지어 (그리고 특히) 조 디스펜자 박사나 도널드 트럼프 같은 인물까지도—궁극적인 유사 교회는 소셜미디어 그 자체다.

어떻게 보면 우리가 '덜 종교적'이 되어 간다고 주장하는 것 자체가 어불성설이다. 사상적 이단을 만들고 사람들이 이미 믿는 것을 과장할 뿐인 추천 콘텐츠로 피드를 도배하는 게 소셜미디어의 명백한 역할인 상황에서 말이다. 각자가 개인의 온라인 정체성을 큐레이팅해 게시물을 올리면, 애플리케이션은 메타데이터로 이 페르소나를 포착하고 거부할 수 없는 타깃 광고와 맞춤형 피드를 통해 강화한다. 알고리즘만큼 우리의 심리적 충동을 이용해 먹는 '컬트 지도자'는 없다. 알고리즘이 우리를 토끼굴로 내려보냄으로써, 우리는 적극적으로 검색하지 않는 이상 동의하지 않는 수사법 자체를 마주치지도 않는다. 우리가 선택하는 방식은—입는 옷부터 영적·정치적 신념까지—이처럼 우리 자신의 기묘한 디지털 버전의 직접적인 결과다. 태라 이저벨라 버턴은 저서『이상한 의례』에서 다음과 같이 썼다. "미국은 세속적인 게 아니라 그저 영적으로 자기중심적인 것이다." 소셜미디어를 중심으로 돌아가는 사회에서, 우리는 모두 컬트 지도자이자 동시에 추종자가 되었다.

III

소울사이클부터 인스타그램까지의 집단을 모두 컬트라고 명명하고 따라서 악하다고 비판하는 건 쉬운 일이다. 그러나 나는 우리 모두가 뭔가를 믿는 일이나 어딘가에 참여하는 일을 거부한다고 세상이 나아지리라고 생각하지 않는다. 과도한 경계심은 인간으로 사는 삶의 가장 매혹적인 부분을 망쳐 버릴 수 있다. 잠시나마 경계를 내려놓고 다 함께 주문을 외우거나 합창할 수조차 없는 세상에서는 살고 싶지 않다. 모두가 다른 선택을 너무 두려워한 나머지 연결이나 의미를 조금도 믿지 않는다면, 얼마나 외로울까?

저명한 과학자들의 성격과 색다른 믿음을 받아들이는 수용성을 연구한 결과, 과도한 냉소주의는 실제로 새로운 발견을 저해한다는 사실이 밝혀졌다. 과학 분야 저술가 마이클 셔머는 고생물학자 스티븐 제이 굴드나 천문학자 칼 세이건 같은 상징적인 지성인들의 뇌는 성실성과 경험에의 개방성 모두에서 높은 점수를 보였다고 밝혔다. 즉, 때로는 추후 사실로 판명될 독특한 주장을 받아들일 만큼 유연하지만 그렇다고 마주치는 모든 기이한 이론에 빠져들 정도로 순진하지는 않다는 것이다. "예를 들어 세이건은 외계 지성을 찾는 일에 열려 있었지만, 당시에 이런 생각은 대체로 이단으로 여겨졌습니다." 셔머가 말했다. "하지만 그렇다고 UFO나 외계인이 실제로 지구에 착륙했다는, 더 논쟁적인 주장을 받아들이기에는 너무 성실했지요." 간단히 말해, 때로 뭔가가 너무 엉뚱해서 사실이 아닌 것처럼 들릴 때는, 그건 우리를 정말로 즐겁게 해 주는 엉뚱함이라는 뜻이다.

컬트에 빠지는 사람들이 "길을 잃었다"라고 말하는 이들도 있다. 그러나 모든 인간은 어느 정도 길을 잃었다. 삶은 한 사람도 빠짐없이 모두에게 무질서하고 혼란스럽다. 사람들이 위태로운 컬트 시나리오에 빠지는 까닭에 대한 더 사려 깊은 시각은, 이들이 적극적으로 발견되기를 추구하며—유전자와 삶의 경험과 그 외 인간 성격을 형성하는 복잡하고 다양한 요소들 때문에—평균적인 사람보다 특이한 공간에 다다르는 일에 열려 있다는 것이다. 사실 확인과 교차 점검, 그리고 영적 만족감이 예상치 못한 곳에서 올 수 있다는 생각을 수용하는 태도가 적절히 배합되기만 하면, 우리는 안전할 수 있다.

나는 또한 대다수 인간이 속한 일상적인 '컬트'에 당연히, 변호할 여지 없이 악의적인 측면이 있다고 단정하는 건 도움이 안 된다고 생각한다. 소울사이클은 사이언톨로지가 아니다. 인스타그램 인플루언서들도 짐 존스가 아니다. 그리고 우리가 배웠듯이, 심기를 건드리는 모든 집단을 비난하기 위해 아무 때나 '컬트 지도자'를 갖다 붙이는 일은 문제가 되는 위험성의 정체에 관한 혼란을 일으킬 수 있다. 이는 실제로 해를 끼칠 수 있는 일이다. FBI가 웨이코가 '또 하나의 존스타운'이 되리라는 믿음에 사로잡힌 나머지 피할 수 있었던 재앙을 자초했던 다윗교 본부 사건을 보면 알 수 있다. 오늘날 FBI와 대치하다가 죽는 것을 궁극적인 순교로 여기는 무정부주의적 우익 온라인 집단들은 웨이코에서 왜곡된 영감을 얻는다. 이런 사건들이 컬트 공동체들의 미묘한 차이를 간과하면 과장과 혼돈의 문화를 영속시킬 뿐이라는 증거가 된다.

사실 현대의 운동은 대부분 우리에게 무엇을 믿고, 어디에 속하고, 어떤 언어로 자신을 표현할지 선택할 충분한 여지를 남긴다. 이런 공동체들이 사용하는 수사법과 그 언어가 어떻게 좋거나 나쁜 영향을 끼치는지에 주목하면, 우리가 어떤 선택을 하든 더 명확한 눈으로 그 공동체에 참여할 수 있게 된다.

아버지의 시나논 이야기—매일 샌프란시스코에 있는 금지된 고등학교로 도망쳤던 일, 미생물 연구실에서의 실험—를 들으며 자라난 덕에, 나는 즐거운 기분과 낙관주의가 위험한 영향에 더 취약하게 만드는 만큼이나 진정으로 어두운 상황에서 누군가를 구해 낼 수 있다는 사실을 배웠다. 적당히 신중한 질문을 던지고, 자신의 논리적 사고나 (다 이유가 있는) 감정적 직감을 포기하지 않도록 주의하는 것만으로도, 우리는 고립된 코뮌에서든 억압적인 스타트업 직장에서든 사기꾼 인스타그램 구루 앞에서든 정신을 바짝 차릴 수 있다.

그리고 무엇보다도, 항상 눈을 반짝이며 경계를 늦추지 않는 것이 중요하다. 당신에게 여기 은유와 환상이 이만큼 숨어 있다고 알려 주고, 당신의 정체성이 웬 스와미나 편협한 이데올로기로부터가 아니라 당신이 받은 영향과 경험, 그리고 당신을 구성하는 언어의 넓은 집합체에서 비롯한다는 사실을 일러 주는 그 직감을 놓지 말아야 한다. 이 직감이 있는 한 당신은 특정 컬트 그룹에 참여하면서도 저녁이 되어 집에 돌아가거나 앱을 끄고, 집단의 언어라는 유니폼을 벗어 던지고, 당신 자신처럼 다시 말하기 시작하며, 당신 자신을 잃지 않았다는 걸 기억할 수 있을 것이다.

이 책을 쓰기 시작했을 때, 사실 컬트를 조사하는 일을 끝마치고 나면 내가 반사회적 인간혐오자가 되어 있지는 않을지 조금 걱정했었다. 그러나 그 어느 때보다 우리 일상에 스며든 '컬티시' 방언에 예민한 상태기는 해도, 덕분에 공감하는 마음이 훨씬 커졌다. 내가 샴발라 같은 조합으로 이주하거나 인스타그램 컨스피리추얼리스트에게 충성을 바칠 가능성은 희박하지만, 그럴 가능성이 있는 사람들에 대해 냉혹한 판단을 내리는 걸 유보할 수 있는 새로운 능력이 생긴 것이다. 이제는 누군가의 유별난 믿음, 경험, 충성심이 그의 어리석음의 신호가 아니라 내가 알던 것보다 인간의 심리가 (좋든 나쁘든) 더 신비주의적이고 공동체주의적으로 형성된다는 사실에서 비롯된다는 걸 알기 때문이다.

같은 것을 추구하는 타인 곁에서 뭔가를 믿고, 느끼고자 하는 마음은 우리 DNA에 새겨져 있다. 나는 그럴 수 있는 건강한 방법이 있다고 확신한다. 마음 한편에서는 동시에 여러 '컬트'에 속하는 게 바로 그 방법이라는 생각이 든다. 하나의 코뮌에 속한 삶에서 여러 집단을 가로지르며 사는 방식으로 건너온 우리의 존스타운 생존자 로라 존스턴 콜처럼 말이다. 그럼 우리는 자유롭게 합창하고, 해시태그를 달고, 발현과 축복에 관한 이야기를 하고, 심지어는 글로솔라리아로 말하고…… '컬티시'도 구사하는 와중에 현실에 발붙이고 있게 될 텐데.

그러니 다시 한번 해 보자. 함께 갑시다. 날 따라오세요. 인생은 혼자 살기에는 너무나 기이하니까.

감사의 말

수많은 너그러운 분들 덕에 이 책이 출간될 수 있었다. 첫째로, 정보원이 되어 준 많은 분께 특급 감사를 드린다(설령 책에 실리지 않았더라도 여러분의 인터뷰는 너무나 값졌다). 여러분의 시간과 전문 지식, 고민, 그리고 쉽지 않은 이야기를 나눠 준 데 어떠한 말로도 감사의 마음을 충분히 전할 수 없을 것 같다. 내게 이 책이 유독 특별했던 점은 덕분에 수년 동안 대화가 없던 가족과 친구들과 다시 연락이 닿았다는 것이다. 이상하게 보편적인 컬트라는 주제 덕에 우리가 다시 만날 수 있었다.

훌륭한 편집자 캐런 리날디와 리베카 래스킨. 끊임없이 믿어주고 투자해 주어 감사하다. 그리고 놀랄 만큼 열정적인 하퍼 웨이브 팀, 옐레나 네스빗, 소피아 로리엘로, 그리고 페니 마크라스.

정말로 인간 너머 차원의 존재인 나의 매니저 레이철 보겔. 당신이 내 친구이자 대리인이라니 난 정말 운이 좋다. 항상 응원해주는 올리비아 블라우슈타인에게도 감사하다. 나의 책 론칭 구루 댄 블랭크, "그냥 좀 도와준" 것에 감사하다.

영감을 주고 늘 지지해 주는 가족들 덕에 모든 게 가능했다. 부모님과 동생 브랜던. 호기심과 의심을 물려주셔서 감사하다. 엄마, 제목 정하는 걸 도와주셔서 특히 감사해요. 브랜던, 미리 읽고 트집 잡아 줘서 고맙다. 그리고 아빠, 몰입감 넘치는 컬트 이야기를 해 주셔서 감사해요. 늘 그랬듯 아빠의 회고록을 손꼽아 기다리고 있어요.

다정하게 용기를 북돋아 주는 친구들, 멘토들, 그리고 창의력 넘치는 조력자들. 특히 라첼리 앨코비, 아이사 메디나, 어맨다 코어, 코어 벡, 카미유 페리, 킬리 와이스, 아자데 가파리, 조이 솔로웨이, 그리고 레이철 위건드. 래 매, 2018년 초 파이오니어 묘지에서 나눴던 오싹한 대화가 책으로 나왔다는 거 믿어져? 대박이야.

나의 활발하고 멋진 인스타그램 '팔로워' 공동체. 여러분 덕에 인터넷이 살 만한 공간으로 느껴진다.

끝내주는 프로필 사진을 찍어 준 케이티 노이호프와 근사한 드레스를 협찬해 준 라코사 클로딩, 사전트 PR에도 감사한다.

나의 오른팔, 케이틀린 매클린톡. 이 책은 당신의 헌신, 신뢰, 그리고 마르지 않는 열정이 없었다면 나오지 못했을 것이다.

나의 충실한 개와 고양이 조수들. 피들, 클레어, 그리고 특히 내 친구 데이비드. 너 없이 이번 해를 견디지 못했을 거야, 내 북실이.

그리고 마지막으로, 케이시 콜브. 나의 소울 메이트, 베스트 프렌드, 듀엣 파트너, 최초 독자, 격려 동료, 그리고 1인 팬클럽. CK 컬트가 있다면, 생각할 필요도 없이 당장 가입할 거야.

미주

1부
따라 해 봅시다

I

1 Steven Hassan, "The Disturbing Mainstream Connections of Yogi Bhajan", *Huffington Post*, 2011년 5월 25일, http://huffpost.com/entry/the-disturbing-mainstream_b_667026.
2 Chloe Metzger, "People Are Freaking Out Over This Shady Hidden Message on Lululemon Bags", *Marie Claire*, 2017년 10월 11일, https://www.marieclaire.com/beauty/a28684/lululemon-tote-bag-sunscreen/.

II

1 SBG-TV, "Can't Look Away from a Car Crash? Here's Why (and How to Stop)", WTOV9, 2019년 5월 1일, https://wtov9.com/features/drive-safe/cant-look-away-from-a-car-crash-heres-why-and-how-to-stop.

III

1 Alain Sylvain, "Why Buying Into Pop Culture and Joining a Cult Is Basically the Same Thing", Quartz, 2020년 3월 10일, https://qz.com/1811751/the-psychology-behind-why-were-so-obsessed-with-pop-culture/.
2 Neil Howe, "Millennials and the Loneliness Epidemic", *Forbes*, 2019년 5월 3일, https://www.forbes.com/sites/neilhowe/2019/05/03/millennials-and-the-loneliness-epidemic/?sh=74c901d57676.
3 M. Shermer, S. J. Gould, *Why People Believe Weird Things* (New York: A. W. H. Freeman/OwlBook, 2007).
4 Jacques Launay and Eiluned Pearce, "Choir Singing Improves Health, Happiness—and Is the Perfect Icebreaker", The Conversation, 2015년 10월 28일, https://theconversation.com/choir-singing-improves-health-happiness-and-is-the-perfect-icebreaker-47619.
5 Jason R. Keeler 외, "The Neurochemistry and Social Flow of Singing: Bonding and Oxytocin", *Frontiers in Human Neuroscience* 9 (2015년 9월 23일): 518, DOI: 10.3389/fnhum.2015.00518.
6 Brandon Ambrosino, "Do Humans Have a 'Religion Instinct'?", BBC, 2019년 5월 29일, https://www.bbc.com/future/article/20190529-do-humans-have-a-religion-instinct.
7 Roy F. Baumeister, Mark R. Leary, "The Need to Belong: Desire for Interpersonal

Attachmentsas a Fundamental Human Motivation", *Psychological Bulletin* 117, no. 3 (1995): 497—529, http://persweb.wabash.edu/facstaff/hortonr/articles%20for%20class/baumeister%20and%20leary.pdf.

8 "In U.S., Decline of Christianity Continues at Rapid Pace", Pew Research Center's Religion & Public Life Project, 2020년 6월 9일, https://www.pewforum.org/2019/10/17/in-u-s-decline-of-christianity-continues-at-rapid-pace/.

9 "'Nones' on the Rise", Pew Research Center's Religion & Public Life Project, 2020년 5월 30일, 2020,https://www.pewforum.org/2012/10/09/nones-on-the-rise/.

10 Angie Thurston, Casper ter Kuile, "How We Gather", Harvard Divinity School, https://caspertk.files.wordpress.com/2015/04/how-we-gather1.pdf.

11 Tara Isabella Burton, *Strange Rites: New Religions for a Godless World* (New York: PublicAffairs,Hachette Book Group, 2020).

12 Holland Lee Hendrix, "Jews and the Roman Empire", PBS, 1998년 4월, https://www.pbs.org/wgbh/pages/frontline/shows/religion/portrait/jews.html.

13 Jonathan Evans, "U.S. Adults Are More Religious Than Western Europeans", *Fact Tank* (blog), Pew ResearchCenter, 2020년 5월 31일, https://www.pewresearch.org/fact-tank/2018/09/05/u-s-adults-are-more-religious-than-western-europeans/.

14 David Ludden, "Why Do People Believe in God?", *Psychology Today*, 2018년 8월 21일, https://www.psychologytoday.com/us/blog/talking-apes/201808/why-do-people-believe-in-god.

IV

1 Alain Sylvain, "Why Buying Into Pop Culture and Joining a Cult Is Basically the Same Thing", Quartz, 2020년 3월 10일, https://qz.com/1811751/the-psychology-behind-why-were-so-obsessed-with-pop-culture/.

2 Elizabeth Dunn, "5 19th-Century Utopian Communities in the United States", History.com, 2013년 1월 22일, https://www.history.com/news/5-19th-century-utopian-communities-in-the-united-states.

3 Ernest Mathijs, Jamie Sexton, *Cult Cinema: An Introduction* (Hoboken, New Jersey: Wiley-Blackwell,2011), 234.

4 John Marr, "A Brief History of the Brutal and Bizarre World of Fraternity Hazing", Gizmodo, 2015년 9월 20일, https://gizmodo.com/a-brief-history-of-the-brutal-and-bizarre-world-of-frat-1733672835.

5 Rebecca Moore, "The Brainwashing Myth", The Conversation, 2018년 7월 18일, https://theconversation.com/the-brainwashing-myth-99272.

6 Laura Elizabeth Woollett, "The C-Word: What Are We Saying When We Talk About Cults?", *Guardian*, 2018년 11월 18일. https://www.theguardian.com/culture/2018/nov/19/the-c-word-what-are-we-saying-when-we-talk-about-cults.

7 Jane Borden, "What Is It About California and Cults?", *Vanity Fair*, 2020년 9월 3일. https://www.vanityfair.com/hollywood/2020/09/california-cults-nxivm-the-vow.

8 Eileen Barker, "One Person's Cult Is Another's True Religion", *Guardian*, 2009년 5월 29일,

https://www.theguardian.com/commentisfree/belief/2009/may/29/cults-new-religious-movements.

9 Joe Posner, Ezra Klein, "Cults", *Explained*, Netflix.

10 Tara Isabella Burton, "The Waco Tragedy, Explained", Vox, April 19, 2018, https://www.vox.com/2018/4/19/17246732/waco-tragedy-explained-david-koresh-mount-carmel-branch-davidian-cult-25-year-anniversary.

11 Woollett, "The C-Word."

V

1 Tara Isabella Burton, "What Is a Cult?", *Aeon*, 2017년 6월 7일, https://aeon.co/essays/theres-no-sharp-distinction-between-cult-and-regular-religion.

2 Gary Eberle, *Dangerous Words: Talking About God in an Age of Fundamentalism* (Boston: Trumpeter, 2007).

2부
축하합니다, 인간 너머의 차원으로 진화하도록 선택되셨습니다

I

1 James D. Richardson, "The Phrase 'Drank the Kool-Aid' Is Completely Offensive. We Should Stop Saying It Immediately", *Washington Post*, 2014년 11월 18일, https://www.washingtonpost.com/posteverything/wp/2014/11/18/the-phrase-drank-the-koolaid-is-completely-offensive-we-should-stop-saying-it-immediately/.

2 Lesley Kennedy, "Inside Jonestown: How Jim Jones Trapped Followers and Forced 'Suicides'", History.com, A&E Television Networks, 2018년 11월 13일, https://www.history.com/news/jonestown-jim-jones-mass-murder-suicide.

3 Jennie Rothenberg Gritz, "Drinking the Kool-Aid: A Survivor Remembers Jim Jones", *The Atlantic*, 2011년 11월 18일, https://www.theatlantic.com/national/archive/2011/11/drinking-the-kool-aid-a-survivor-remembers-jim-jones/248723/.

4 Federal Bureau of Investigation, "Q042 Transcript", The Jonestown Institute, San Diego State University Department of Religious Studies, 2013년 6월 16일, https://jonestown.sdsu.edu/?page_id=29081.

5 Lauren Effron, Monica Delarosa, "40 Years After Jonestown Massacre, Ex-Members Describe Jim Jones as a 'Real Monster,' " ABC News, 2018년 9월 26일, https://abcnews.go.com/US/40-years-jonestown-massacre-members-describe-jim-jones/story?id=57933856.

6 Eliza Thompson, "3 Experts Explain Why Some People Are Attracted to Serial Killers", *Cosmopolitan*, 2018년 2월 14일, https://www.cosmopolitan.com/entertainment/tv/a17804534/sexual-attraction-to-serial-killers/.

7 Melissa Dittmann, "Lessons from Jonestown", *Monitor on Psychology* 34, no. 10 (2003년 11월): 36, https://www.apa.org/monitor/nov03/jonestown.

8 David M. Matthews, "Jim Jones' Followers Enthralled by His Skills as a Speaker", CNN, http://edition.cnn.com/2008/US/11/13/jonestown.jim.jones/.

9 Sikivu Hutchinson, "No More White Saviors: Jonestown and Peoples Temple in the Black Feminist Imagination", The Jonestown Institute, San Diego State University Department of Religious Studies, 2014년 10월 5일 (2020년 5월 30일 업데이트됨), https://jonestown.sdsu.edu/?page_id=61499.

10 Sikivu Hutchinson, "Why Did So Many Black Women Die? Jonestown at 35", Religion Dispatches, 2013년 12월 12일, https://religiondispatches.org/why-did-so-many-black-women-die-jonestown-at-35/.

11 Effron, Delarosa, "40 Years After Jonestown Massacre, Ex-Members Describe Jim Jones as a 'Real Monster.' "

12 Fielding M. McGehee III, "Q932 Summary", The Jonestown Institute, San Diego State University Department of Religious Studies, 2016년 6월 16일, https://jonestown.sdsu.edu/?page_id=28323.

13 Joseph L. Flatley, "Laura Johnston Kohl and the Politics of Peoples Temple", The Jonestown Institute, San Diego State University Department of Religious Studies, 2017년 10월 25일, https://jonestown.sdsu.edu/?page_id=70639.

14 "What Are White Nights? How Many of Them Were There?", The Jonestown Institute, San Diego State University Department of Religious Studies, 2013년 6월 15일(2013년 10월 6일 업데이트됨), https://jonestown.sdsu.edu/?page_id=35371.

15 Michael Bellefountaine, "Christine Miller: A Voice of Independence", The Jonestown Institute, San Diego State University Department of Religious Studies, 2013년 6월 25일, https://jonestown.sdsu.edu/?page_id=32381.

16 Alternative Considerations of Jonestown & Peoples Temple authors, "The Death Tape", The Jonestown Institute, San Diego State University Department of Religious Studies, 2013년 6월 25일, https://jonestown.sdsu.edu/?page_id=29084.

II

1 Lauren Effron, Monica Delarosa, "40 Years After Jonestown Massacre, Ex-Members Describe Jim Jones as a 'Real Monster,' " ABC News, 2018년 9월 26일, https://abcnews.go.com/US/40-years-jonestown-massacre-members-describe-jim-jones/story?id=57933856.

2 u/Apatamoose, "Is there a list anywhere tying the —ody names of the Heaven's Gate members with their legal names?", Reddit, 2018년 2월 26일, https://www.reddit.com/r/Heavensgate/comments/80fmt5/is_there_a_list_anywhere_tying_the_ody_names_of/.

3 Frank Lyford, "About My New Book", Facilitating You, http://facilitatingu.com/book/.

4 Margeaux Sippell and Tony Maglio, "'Heaven's Gate' Docuseries: Why Does Frank Lyford's Voice Sound Like That?" TheWrap, 2020년 12월 3일, https://www.thewrap.com/heavens-gate-docuseries-hbo-max-frank-lyford-voice.

5 Heavens Gate Remastered, "Heaven's Gate Class Exit Videos", YouTube, 2016년 4월 9일, https://www.youtube.com/watch?v=U2D4wUF1EKQ.

III

1 "Woman Who Convinced Friend to Commit Suicide Released from Jail", *CBS This Morning* YouTube, 2020년 1월 24일, https://www.youtube.com/watch?v=aPX57hWAKo8.

2 Rebecca Moore, "The Brainwashing Myth", The Conversation, 2016년 6월 18일, https://theconversation.com/the-brainwashing-myth-99272.

3 Laura Elizabeth Woollett, "What I Learned About the Jonestown Cult by Spending Time with Survivors", Refinery29, 2019년 2월 26일, https://www.refinery29.com/en-gb/jonestown-massacre-book.

4 Cas Mudde, "The Problem with Populism", *Guardian*, 2015년 2월 17일, https://www.theguardian.com/commentisfree/2015/feb/17/problem-populism-syriza-podemos-dark-side-europe.

5 Caroline Howe, "Exclusive: Fake Enemies, Loaded Language, Grandiosity, Belittling Critics: Cults Expert Claims Donald Trump's Tactics Are Taken Straight from Playbook of Sun Myung Moon, David Koresh and Jim Jones", Daily Mail, 2019년 10월 9일, https://www.dailymail.co.uk/news/article-7552231/Trumps-tactics-taken-playbook-cult-leaders-like-Jim-Jones-David-Koresh-says-author.html.

6 Steven Hassan, *The Cult of Trump* (New York: Simon & Schuster, 2019).

7 George Packer, "The Left Needs a Language Potent Enough to Counter Trump", *The Atlantic*, 2019년 8월 6일, https://www.theatlantic.com/ideas/archive/2019/08/language-trump-era/595570/.

8 Robert J. Lifton, *Thought Reform and the Psychology of Totalism: A Study of "Brainwashing" in China* (New York: W. W. Norton & Company, 1961).

9 Alla V. Tovares, "Reframing the Frame: Peoples Temple and the Power of Words", The Jonestown Institute, San Diego State University Department of Religious Studies, 2016년 6월 25일, https://jonestown.sdsu.edu/?page_id=31454.

10 Lesley Kennedy, "Inside Jonestown: How Jim Jones Trapped Followers and Forced 'Suicides,'" History.com, 2020년 2월 20일, https://www.history.com/news/jonestown-jim-jones-mass-murder-suicide.

IV

1 Jessica Bennett, "What Do We Hear When Women Speak?", *New York Times*, 2019년 11월 20일, https://www.nytimes.com/2019/11/20/us/politics/women-voices-authority.html.

2 Rebecca Moore, "Godwin's Law and Jones' Corollary: The Problem of Using Extremes to Make Predictions", *Nova Religio* 22, no. 2(2018): 145—54.

3 Jennings Brown, *The Gateway*, Gizmodo, 2018년 5월 21일, https://www.stitcher.com/podcast/the-gateway-teal-swan.

4 Maureen O'Connor, "I Think About This a Lot: The Beauty Habits of This Possible Cult Leader", *The Cut*, 2018년 8월 26일, https://www.thecut.com/2018/08/i-think-about-this-a-lot-teal-swan-beauty-habits.html.

V

1 Eileen Barker, "Charismatization: The Social Production of an 'Ethos Propitious to the Mobilisation of Sentiments,'", *Secularization, Rationalism, and Sectarianism: Essays in Honour of Bryan R. Wilson*, eds. Eileen Barker, James A. Beckford, Karel Dobbelaere (Oxford, UK: Clarendon Press, 1993), 181—201.

2 Steven Hassan, *Combatting Cult Mind Control* (Rochester, Vermont: Park Street Press, 1988).

3 Sikivu Hutchinson, "No More White Saviors: Jonestown and Peoples Temple in the Black Feminist Imagination", The Jonestown Institute, San Diego State University Department of Religious Studies, 2014년 10월 5일 (2020년 5월 30일 업데이트됨), https://jonestown.sdsu.edu/?page_id=61499.

4 Elizabeth Kolbert, "Why Facts Don't Change Our Minds", *The New Yorker*, 2017년 2월 27일, https://www.newyorker.com/magazine/2017/02/27/why-facts-dont-change-our-minds.

5 M. Shermer, J. S. Gould, *Why People Believe Weird Things* (New York: A. W. H. Freeman/Owl Book, 2007).

3부
당신도 방언을 할 수 있습니다

I

1 Molly Horan, "This Actress Auditioned To Be Tom Cruise's Girlfriend —But Never Wanted The Part", Refinery29, 2016년 8월 1일, https://www.refinery29.com/en-us/2016/08/118620/tom-cruise-girlfriend-audition-cathy-schenkelberg.

2 David S. Touretzky, "Inside the Mark Super VII", Secrets of Scientology: The E-Meter, Carnegie Mellon University School of Computer Science, https://www.cs.cmu.edu/~dst/Secrets/E-Meter/Mark-VII/.

II

1 Steve Mango, "Inside the Scientology Celebrity Centre: An Ex-Parishioner Reveals All", YouTube, 2014년 1월 26일, https://www.youtube.com/watch?v=LfKqOUMrCw8&t=.

2 Margery Wakefield, "The Sea Org—'For the Next Billion Years…'", *Understanding Scientology: The Demon Cult* (Lulu, 2009).

3 Margery Wakefield, "Declaration of Margery Wakefield", Operation Clambake, 1993년 6월 26일, https://www.xenu.net/archive/go/legal/wakefiel.htm.

4 "The Eight Dynamics", Scientology.org, https://www.scientology.org/what-is-scientology/basic-principles-of-scientology/eight-dynamics.html.

III

1 Gary Eberle, *Dangerous Words: Talking About God in an Age of Fundamentalism* (Boston:

Trumpeter, 2007).

2   Nicole Woolsey Biggart, *Charismatic Capitalism: Direct Selling Organizations in America* (Chicago:University of Chicago Press, 1993).

3   "How a Dream Becomes a Nightmare", *The Dream*, Stitcher, 2018년 10월 22일, https://www.stitcher.com/podcast/stitcher/the-dream/e/56830345.

IV

1   Paul Wagner, "Chogyam Trungpa: Poetry, Crazy Wisdom, and Radical Shambhala", Gaia, 2020년 1월 21일, https://www.gaia.com/article/chogyam-trungpa-poetry-crazy-wisdom-and-radical-shambhala.

2   "Written Works of L. Ron Hubbard", Wikipedia, 2020년 8월 17일, copycat "cult leaders", https://en.wikipedia.org/wiki/Written_works_of_L._Ron_Hubbard.

3   Scientology Glossary: UVWXYZ, Scientology Critical Information Directory, https://www.xenu-directory.net/glossary/glossary_uvwxyz.htm.

4   Kenzie Bryant, "How NXIVM Used the Strange Power of Patents to Build Its 'Sex Cult'", *Vanity Fair*, 2018년 6월 27일, https://www.vanityfair.com/style/2018/06/keith-raniere-nxivm-patents-luciferian; Gina Tron, "ESP, DOS, Proctors, and More: NXIVM Terminology, Explained", Oxygen, 2020년 8월 27일, https://www.oxygen.com/true-crime-buzz/what-does-nxivm-terminology-like-dos-esp-mean.

5   Margery Wakefield, *Understanding Scientology: The Demon Cult* (독립출판, Lulu, 2009).

6   Margery Wakefield, "The Language of Scientology—ARC, SPS, PTPS and BTS", 1993년 6월 23일, https://www.xenu.net/archive/go/legal/wakefiel.htm.

7   Wakefield, *Understanding Scientology*.

8   Clerk, "Bypassed Charge; Bypassed Charge Assessment", 1975년 1월 1일, http://www.carolineletkeman.org/c/archives/1439.

9   Mike Rinder, "The Horrors of Wordclearing", *Something Can Be Done About It*, 2016년 7월 27일, https://www.mikerindersblog.org/the-horrors-of-wordclearing/.

V

1   Christopher Dana Lynn 외, "Salivary Alpha-Amylase and Cortisol Among Pentecostals on a Worship and Nonworship Day", *American Journal of Human Biology* 22, no 6 (2010년 11월-12월): 819—22, DOI: 10.1002/ajhb.21088.

2   Junling Gao 외, "The Neurophysiological Correlates of Religious Chanting", *Scientific Reports* 9, no. 4262 (2019년 3월 12일), DOI: 10.1038/s41598-019-40200-w.

3   Edward B. Fiske, "Speaking in Tongues Is Viewed by Psychologist as 'Learned'", *New York Times*, 1974년 1월 21일, https://www.nytimes.com/1974/01/21/archives/speaking-in-tongues-is-viewed-by-psychologist-as-learned-some.html.

4   Dirk Hanson, "Speaking in Tongues: Glossolalia and Stress Reduction", Dana Foundation, 2013년 10월 23일, https://www.dana.org/article/speaking-in-tongues-glossolalia-and-stress-reduction/.

5   "True Story: My Family Was in a Cult", *Yes and Yes*, https://www.yesandyes.org/2010/11/

true-story-my-family-was-in-cu.html.

6   Flor Edwards, "I Grew Up in the Children of God, a Doomsday Cult. Here's How I Finally Got Out", *Huffington Post*, 2018년 12월 6일, https://www.huffpost.com/entry/children-of-god-cult_n_5bfee4a3e4b0e254c926f325.

VI

1   Russell Rodgers, "Longevity Supplication for Sakyong Mipham Rinpoche", *Shambhala Times*, 2009년 4월 3일, https://shambhalatimes.org/2009/04/03/the-longevity-supplication-for-sakyong-mipham-rinpoche/.

2   Andy Newman, "The 'King' of Shambhala Buddhism Is Undone by Abuse Report", *New York Times*, 2018년 7월 11일, https://www.nytimes.com/2018/07/11/nyregion/shambhala-sexual-misconduct.html.

4부
#보스베이브가 되고 싶나요?

I

1   Eric Worre, "The Hottest Recruiting Scripts in MLM", Network Marketing Pro, https://networkmarketingpro.com/pdf/the_hottest_recruiting_scripts_in_mlm_by_eric_worre_networkmarketingpro.com.pdf.

2   Charisse Jones, "LuLaRoe Was Little More Than a Scam, a Washington State Lawsuit Claims", *USA Today*, 2019년 1월 28일, https://www.usatoday.com/story/money/2019/01/28/lularoe-pyramid-scheme-duped-consumers-washington-suit-says/2700412002/.

3   "How Tupperware Works", How-StuffWorks, 2011년 7월 25일, https://people.howstuffworks.com/tupperware2.htm.

4   Lisette Voytko, "FTC Warns 16 Multi-Level Marketing Companies About Coronavirus Fraud", *Forbes*, 2020년 6월 9일, https://www.forbes.com/sites/lisettevoytko/2020/06/09/ftc-warns-16-multi-level-marketing-companies-about-coronavirus-fraud/?sh=12d56c827b9d.

5   Lawrence Specker, "It Wasn't Easy, But Mobile Now Has a 21st Century Confetti Policy", *Mobile Real-Time News*, 2018년 8월 7일, https://www.al.com/news/mobile/2018/08/it_wasnt_easy_but_mobile_now_h.html.

6   Christopher Jarvis, "The Rise and Fall of Albania's Pyramid Schemes", *Finance & Development* 37, no. 1 (2000년 3월), https://www.imf.org/external/pubs/ft/fandd/2000/03/jarvis.htm; Antony Sguazzin, "How a 'Giant Ponzi Scheme' Destroyed a Nation's Economy", *Bloomberg*, 2019년 2월 27일, https://www.bloomberg.com/news/articles/2019-02-28/how-a-giant-ponzi-scheme-destroyed-a-nation-s-economy.

7   "Your Gifting Circle Is a Pyramid Scheme", Money After Graduation, 2015년 8월 24일, https://www.moneyaftergraduation.com/gifting-circle-is-a-pyramid-scheme/.

8 "Do You Party?", *The Dream*, 2018년 10월 15일, https://www.stitcher.com/podcast/
   stitcher/the-dream/e/56722353.

9 Nicole Woolsey Biggart, *Charismatic Capitalism: Direct Selling Organizations in America*
   (Chicago: University of Chicago Press, 1993).

10 Chuck Holmes, "Top 50 MLM Quotes of All Time", OnlineMLMCommunity.com, 2013
   년 10월 10일, https://onlinemlmcommunity.com/my-top-50-favorite-mlm-quotes/.

11 Alley Pascoe, "5 Women Reveal the Moment They Realised They Were in a Pyramid
   Scheme", *Marie Claire*, 2019년 11월 19일, https://www.marieclaire.com.au/multi-level-
   marketing-pyramid-schemes-women-survivors.

II

1 "Leave a Message", *The Dream*, podcast, 2018년 11월, https://open.spotify.com/
   episode/14QU34m1rYlF9xliSWlM5l.

2 Amelia Theodorakis, "Why Would 'You Keep Nose to the Grindstone' Anyway?", Your
   Life Choices, 2016년 12월 8일, https://www.yourlifechoices.com.au/fun/entertainment/
   keep-your-nose-to-the-grindstone.

3 "The Rise of Big Business," in *1912: Competing Visions for America*, eHISTORY, Ohio State
   University, https://ehistory.osu.edu/exhibitions/1912/trusts/RiseBigBusiness.

4 Michael G. Pratt, "The Good, the Bad, and the Ambivalent: Managing Identification
   Among Amway Distributors", *Administrative Science Quarterly* 45, no. 3 (2000년 9월):
   456—93, DOI: 10.2307/2667106.

5 Nathalie Luca, "Multi-Level Marketing: At the Crossroads of Economy and Religion", The
   Economics of Religion: Anthropological Approaches, vol. 31, eds. Lionel Obadia and Donald C.
   Wood (Bingley, UK: Emerald Group Publishing Limited, 2011).

6 C. Groß, "Spiritual Cleansing: A Case Study on How Spirituality Can Be Mis/used by a
   Company", *Management Revu* 21, no. 1 (2010): 60—81, DOI: 10.5771/0935-9915-2010-
   1-60.

III

1 Steve Keohane, "Sun Myung Moon's Unification Church", *Bible Probe*, 2007년 4월,
   https://www.bibleprobe.com/moonies.htm.

2 "The Husband Unawareness Plan", F.A.C.E.S (Families Against Cult-like Exploitation in
   Sales), https://marykayvictims.com/predatory-tactics/the-husband-unawareness-plan/.

3 "Amway Speaks: Memorable Quotes", Cult Education Institute, https://culteducation.
   com/group/815-amway/1674-amway-speaks-memorable-quotess.html.

4 James V. Grimaldi, Mark Maremont, "Donald Trump Made Millions from Multilevel
   Marketing Firm", *Wall Street Journal*, 2015년 8월 13일, https://www.wsj.com/articles/
   trump-made-millions-from-multilevel-marketing-firm-1439481128.

5 Lisette Voytko, "Judge Rules Trump Can Be Sued for Marketing Scheme Fraud", *Forbes*,
   2019년 7월 25일, https://www.forbes.com/sites/lisettevoytko/2019/07/25/judge-rules-
   trump-can-be-sued-for-marketing-scheme-fraud/?sh=7448b2516395.

IV

1   Joseph Paul Forgas, "Why Are Some People More Gullible Than Others?", The Conversation, 2017년 3월 30일, https://theconversation.com/why-are-some-people-more-gullible-than-others-72412; Daniel Kahneman, "The Sveriges Riksbank Prize in Economic Sciences in Memory of Alfred Nobel 2002", NobelPrize.org, https://www.nobelprize.org/prizes/economic-sciences/2002/kahneman/biographical/.

2   Elizabeth Kolbert, "Why Facts Don't Change Our Minds", The New Yorker, 2017년 2월 27일, https://www.newyorker.com/magazine/2017/02/27/why-facts-dont-change-our-minds.

3   "Trust: The Development of Trust", Marriage and Family Encyclopedia, JRank, https://family.jrank.org/pages/1713/Trust-Development-Trust.html.

4   Joseph P. Forgas, "On Being Happy and Gullible: Mood Effects on Skepticism and the Detection of Deception", Journal of Experimental Social Psychology 44, no. 5 (2008년 9월): 1362—67, DOI: 10.1016/j.jesp.2008.04.010.

V

1   Molly Young, "Garbage Language: Why Do Corporations Speak the Way They Do?", Vulture, 2020년 2월 20일, https://www.vulture.com/2020/02/spread-of-corporate-speak.html.

2   Tomas Chamorro-Premuzic, "1 in 5 Business Leaders May Have Psychopathic Tendencies—Here's Why, According to a Psychology Professor", CNBC, 2019년 4월 8일, https://www.cnbc.com/2019/04/08/the-science-behind-why-so-many-successful-millionaires-are-psychopaths-and-why-it-doesnt-have-to-be-a-bad-thing.html.

3   Jodi Kantor and David Streitfeld, "Inside Amazon: Wrestling Big Ideas in a Bruising Workplace", New York Times, 2015년 8월 15일, https://www.nytimes.com/2015/08/16/technology/inside-amazon-wrestling-big-ideas-in-a-bruising-workplace.html.

VI

1   Staff, "The Troubled World of William Penn Patrick", Los Angeles Times, 1967년 8월 16일.

2   The Dream, Stitcher, 2018년 10월 22일, https://www.stitcher.com/podcast/stitcher/the-dream

5부
당신의 삶을 바꾸고…… 몰라보게 근사해질 시간입니다

I

1   "Love, Sweat and Tears: Intensati Kicks Your Ass and Cleanses Your Soul", Cosmopolitan, 2016년 7월 16일 https://www.cosmopolitan.com/health-fitness/advice/a4579/patricia-moreno-finds-thinner-peace/.

2   David Nield, "Working Out in a Group Could Be Better for You Than Exercising Alone",

Science Alert, 2017년 11월 5일, https://www.sciencealert.com/working-out-in-groups-better-than-exercising-alone.

3 "Group Exercise 'Boosts Happiness,' " BBC News, 2009년 9월 15일, http://news.bbc.co.uk/2/hi/health/8257716.stm.

4 "Yoga: How Did It Conquer the World and What's Changed?", BBC, 2017년 6월 22일, https://www.bbc.com/news/world-40354525.

5 "CrossFit: CEO Greg Glassman Steps Down After Racist Tweet", *Diario AS*, 2020년 10월 6일, https://en.as.com/en/2020/06/10/other_sports/1591791315_063019.html.

6 Jenny Weller, "Why the Fitness Industry Is Growing", Glofox, 2019년 11월 15일, https://www.glofox.com/blog/fitness-industry/.

7 "How Millennials are Redefining Healthcare Today: Are You Behind?" Multiple Chronic Conditions Resource Center, 2018, https://www.multiplechronicconditions.org/assets/pdf/Aging%20in%20America/How_Millennials_are_Redefining_Healthcare%20(1).pdf.

8 "The Japanese Morning Exercise Routine—ajio-Taiso—JAPANKURU." *Japankuru Let's share our Japanese Stories!*, 2020년 3월 29일, https://www.japankuru.com/en/culture/e2263.html.

9 " 'Nones' on the Rise", Pew Research Center, 2012년 10월 9일, https://www.pewforum.org/2012/10/09/nones-on-the-rise/.

10 Tom Layman, "CrossFit as Church? Examining How We Gather", Harvard Divinity School, 2015년 11월 4일, https://hds.harvard.edu/news/2015/11/04/crossfit-church-examining-how-we-gather#.

11 Carribean Fragoza, "All the Zumba Ladies: Reclaiming Bodies and Space through Serious Booty-Shaking." KCET, 2017년 1월 1일, https://www.kcet.org/history-society/all-the-zumba-ladies-reclaiming-bodies-and-space-through-serious-booty-shaking.

12 Meaghen Brown, "Fitness Isn't a Lifestyle Anymore. Sometimes It's a Cult", *Wired*, 2016년 6월 30일, https://www.wired.com/2016/06/fitness-isnt-lifestyle-anymore-sometimes-cult/.

13 Amy Larocca, "Riding the Unicorn: Peloton Accidentally Built a Fitness Cult. A Business Is a Little More Complicated", *The Cut*, 2019년 10월 17일, https://www.thecut.com/2019/10/peloton-is-spinning-faster-than-ever.html.

14 Zan Romanoff, "The Consumerist Church of Fitness Classes", *The Atlantic*, 2017년 12월 4일, https://www.theatlantic.com/health/archive/2017/12/my-body-is-a-temple/547346/.

15 Casper ter Kuile, Angie Thurston, "How We Gather (Part 2): SoulCycle as Soul Sanctuary", *On Being* (blog), 2016년 6월 9일, https://onbeing.org/blog/how-we-gather-part-2-soulcycle-as-soul-sanctuary/.

16 Alex Morris, "The Carefully Cultivated Soul of SoulCycle." *The Cut*, 2013년 1월 7일. https://www.thecut.com/2013/01/evolution-of-soulcycle.html.

II

1 "Soul Cycle Instructor and Motivational Coach Angela Davis Reminds You That You Are More Than Enough!", Facebook Watch, SuperSoul, 2018년 4월 23일, https://www.

facebook.com/watch/?v=1612129545501226.

2 OWN, "Enthusiasm: With Angela Davis: 21 Days of Motivation & Movement", YouTube, 2016년 8월 8일, https://www.youtube.com/watch?v=bhVfjuwptJY&ab_channel=OWN.

3 OWN, "Angela Davis: Finding Your Purpose: SuperSoul Sessions", YouTube, 2017년 5월 10일, https://www.youtube.com/watch?v=DnwdpC0Omk4&ab_channel=OWN.

4 Chris Gardner, "Celebrity Soul-Cycle Instructor Angela Davis Joins Akin Akman as Co-Founder of AARMY Fitness Studio", *Hollywood Reporter*, 2019년 11월 21일, https://www.hollywoodreporter.com/rambling-reporter/celebrity-soulcycle-instructor-angela-davis-joins-akin-akman-as-founder-aarmy-fitness-studio-1256636.

5 Erin Magner, "How to Create a Powerful, Purposeful Life, According to LA's Most Inspiring Fitness Instructor", Well+Good, 2016년 7월 14일, https://www.wellandgood.com/how-to-create-a-powerful-purposeful-life-angela-davis-soulcycle/.

III

1 Victoria Hoff, "Inside the Ultra-Competitive 'Auditions' to Become a Cycling Instructor", The Thirty, 2013년 3월 8일, https://thethirty.whowhatwear.com/how-to-become-a-spin-instructor/slide2.

IV

1 R. Marie Griffith, *Born Again Bodies: Flesh and Spirit in American Christianity* (Berkeley, California: University of California Press, 2004).

2 Connor Gwin, "My Church Is Not CrossFit", Mockingbird, 2018년 9월 12일, https://mbird.com/2018/09/my-church-is-not-crossfit/.

3 Zan Romanoff, "The Consumerist Church of Fitness Classes", *The Atlantic*, 2017년 12월 4일, https://www.theatlantic.com/health/archive/2017/12/my-body-is-a-temple/547346/.

4 Alice Hines, "Inside CorePower Yoga Teacher Training", *New York Times*, 2019년 4월 6일, https://www.nytimes.com/2019/04/06/style/corepower-yoga-teacher-training.html.

5 Robbie Wild Hudson, "Hero CrossFit Workouts to Honour Fallen American Soldiers", *Boxrox Competitive Fitness Magazine*, 2020년 2월 17일, https://www.boxrox.com/hero-crossfit-workouts-to-honour-fallen-american-soldiers/.

6 Elizabeth Nolan Brown, "CrossFit Founder Greg Glassman: 'I Don't Mind Being Told What to Do. I Just Won't Do It'", *Reason*, 2017년 8월 28일, https://reason.com/2017/08/28/crossfits-conscious-capitalism/.

7 Jason Kessler, "Why I Quit CrossFit", Medium, 2013년 7월 15일, https://medium.com/this-happened-to-me/why-i-quit-crossfit-f4882edd1e21.

8 Janet Morrison 외, "The Benefits and Risks of CrossFit: A Systematic Review", *Workplace Health and Safety* 65, no. 12 (2017년 3월 31일): 612—18, DOI: 10.1177/2165079916685568.

9 Eric Robertson, "CrossFit's Dirty Little Secret", Medium, 2013년 9월 20일, https://medium.com/@ericrobertson/crossfits-dirty-little-secret-97bcce70356d.

10 Mark Hay, "Some CrossFit Gyms Feature Pictures of These Puking, Bleeding Clowns",

Vice, 2018년 6월 21일, https://www.vice.com/en/article/yweqg7/these-puking-bleeding-clowns-are-a-forgotten-part-of-crossfits-past.

11 Rina Deshpande, "Yoga in America Often Exploits My Culture—but You May Not Even Realize It", *SELF*, 2017년 10월 27일, https://www.self.com/story/yoga-indian-cultural-appropriation.

12 Gene Demby, "Who's Really Left Out of the CrossFit Circle", Code Switch, NPR, 2013년 11월 15일, https://www.npr.org/sections/codeswitch/2013/09/15/222574436/whos-really-left-out-of-the-crossfit-circle.

13 Alex Abad-Santos, "How SoulCycle Lost Its Soul." Vox, 2020년 12월 23일, https://www.vox.com/the-goods/22195549/soulcycle-decline-reopening-bullying-bike-explained.

14 Matt Turner, "SoulCycle's Top Instructors Had Sex with Clients, 'Fat-Shamed' Coworkers, and Used Homophobic and Racist Language, Insiders Say", *Business Insider*, 2020년 11월 22일, https://www.businessinsider.com/soulcycle-instructors-mistreated-staff-slept-with-riders-2020-11.

15 Bridget Read, "The Cult of SoulCycle Is Even Darker Than You Thought." *The Cut*, 2020년 12월 23일, https://www.thecut.com/2020/12/the-cult-of-soulcycle-is-even-darker-than-you-thought.html.

16 Katie Warren, "SoulCycle's top instructors had sex with clients, 'fat-shamed' coworkers, and used homophobic and racist language, but the company treated them like Hollywood stars anyway, insiders say.", *Business Insider*, 2020년 11월 17일, https://www.businessinsider.com/soulcycle-instructors-celebrities-misbehavior-2020-11.

V

1 Lisa Swan, "The Untold Truth of Bikram Yoga", The List, 2017년 3월 20일, https://www.thelist.com/50233/untold-truth-bikram-yoga/.

2 Jenavieve Hatch, "Bikram Yoga Creator Loses It When Asked About Sexual Assault Allegations", *Huffington Post*, 2016년 10월 28일, https://www.huffpost.com/entry/bikram-choudhury-loses-it-when-asked-about-sexual-assault-allegations_n_58139871e4b0390e69d0014a.

6부
팔로우를 위한 팔로우

I

1 Be Scofield, "Tech Bro Guru: Inside the Sedona Cult of Bentinho Massaro", *The Guru Magazine*, 2018년 12월 26일, https://gurumag.com/tech-bro-guru-inside-the-sedona-cult-of-bentinho-massaro/.

2 "Tech Bro Guru: Inside the Sedona Cult of Bentinho Massaro", Integral World, 2018년 12월 26일, http://www.integralworld.net/scofield8.html.

3 Jesse Hyde, "When Spirituality Goes Viral", *Playboy*, 2019년 2월 18일, https://www.

playboy.com/read/spirituality-goes-viral.

4 David D. Luxton, Jennifer D. June, Jonathan M. Fairall, "Social Media and Suicide: A Public Health Perspective", *American Journal of Public Health* (2012년 5월), https://www.ncbi.nlm.nih.gov/pmc/articles/PMC3477910/.

5 Oscar Schwartz, "My Journey into the Dark, Hypnotic World of a Millennial Guru", *Guardian*, 2020년 1월 9일, https://www.theguardian.com/world/2020/jan/09/strange-hypnotic-world-millennial-guru-bentinho-massaro-youtube.

II

1 Mark Dery, "Technology Makes Us Escapist; The Cult of the Mind", *New York Times Megazine*, 1997년 9월 28일, https://www.nytimes.com/1997/09/28/magazine/technology-makes-us-escapist-the-cult-of-the-mind.html.

2 Josh Quittner, "Life and Death on the Web", *Time*, 1997년 4월 7일, http://content.time.com/time/magazine/article/0,9171,986141,00.html.

3 Alain Sylvain, "Why Buying Into Pop Culture and Joining a Cult Is Basically the Same Thing", Quartz, 2020년 3월 10일, https://qz.com/1811751/the-psychology-behind-why-were-so-obsessed-with-pop-culture/.

4 Jane Solomon, "What Is An 'Influencer' And How Has This Word Changed?" Dictionary.com, 2021년 1월 6일, https://www.dictionary.com/e/influencer/#:~:text=The%20word%20influencer%20has%20been,wasn't%20a%20job%20title.

5 Jesse Hyde, "When Spirituality Goes Viral", *Playboy*, 2019년 2월 18일, https://www.playboy.com/read/spirituality-goes-viral.

6 Sophie Wilkinson, "Could Inspirational Quotes Be Instagram's Biggest Invisible Cult?", *Grazia*, 2015년 9월 30일, https://graziadaily.co.uk/life/real-life/inspirational-quotes-instagrams-biggest-invisible-cult/.

7 Lisa Pemberton, "Behind the Gates at Ramtha's School", *Olympian*, 2013년 7월 15일, https://www.theolympian.com/news/local/article25225543.html.

8 M. Shermer, J. S. Gould, *Why People Believe Weird Things* (New York: A. W. H. Freeman/Owl Book, 2007).

9 Stuart A Vyse, *Believing in Magic: the Psychology of Superstition* (New York: Oxford University Press, 1997).

10 Charlotte Ward, David Voas, "The Emergence of Conspirituality." Taylor & Francis, Journal of Contemporary Religion, 2011년 1월 7일, https://www.tandfonline.com /doi/abs/10.1080/13537903.2011.539846?journalCode=cjcr20&.

11 Anusha Wijeyakumar "We Need to Talk about the Rise of White Supremacy in Yoga." InStyle, 2020년 10월 6일, https://www.instyle.com/beauty/health-fitness/yoga-racism-white-supremacy.

12 Tommy Beer, "Majority of Republicans Believe the QAnon Conspiracy Theory Is Partly or Mostly True, Survey Finds", *Forbes*, 2020년 9월 2일, https://www.forbes.com/sites/tommybeer/2020/09/02/majority-of-republicans-believe-the-qanon-conspiracy-theory-is-partly-or-mostly-true-survey-finds/?sh=3d8d165b5231.

13 "Conspirituality-To-QAnon(CS-to-Q)Keywords and Phrases", Conspirituality.net, https://conspirituality.net/keywords-and-phrases/

14 "QAnon: a Timeline of Violence Linked to the Conspiracy Theory." *Guardian*. 2020년 10월 16일, https://www.theguardian.com/us-news/2020/oct/15/qanon-violence-crimes-timeline.

15 Alyssa Rosenberg, "I Understand the Temptation to Dismiss QAnon. Here's Why We Can't", *Washington Post*, 2019년 8월 7일, https://www.washingtonpost.com/opinions/2019/08/07/qanon-isnt-just-conspiracy-theory-its-highly-effective-game/.

16 Joe Pierre, "The Psychological Needs That QAnon Feeds", *Psychology Today*, 2020년 8월 12일, https://www.psychologytoday.com/us/blog/psych-unseen/202008/the-psychological-needs-qanon-feeds.

컬티시

광신의 언어학

1판 1쇄 발행 2023년 2월 1일

1판 5쇄 발행 2024년 5월 27일

지은이 어맨다 몬텔

옮긴이 김다봄 이민경

펴낸이 김영곤

펴낸곳 (주)북이십일 아르테

책임편집 최윤지 **편집** 김지영

교정 송연승

디자인 핑구르르

기획위원 장미희

출판마케팅영업본부 본부장 한충희

마케팅 남정한 한경화 김신우 강효원

영업 최명열 김다운 김도연 권채영

해외기획 최연순 소은선

제작 이영민 권경민

출판등록 2000년 5월 6일 제406-2003-061호

주소 (10881) 경기도 파주시 회동길 201(문발동)

대표전화 031-955-2100

팩스 031-955-2151

이메일 book21@book21.co.kr

ISBN 978-89-509-9153-1(03300)

(주)북이십일 경계를 허무는 콘텐츠 리더

인스타그램 instagram.com/21_arte

instagram.com/jiinpill21

페이스북 facebook.com/21arte

facebook.com/jiinpill21

포스트 post.naver.com/staubin

post.naver.com/21c_editors

홈페이지 http://www.book21.com/

컬트 언어에 관한 매혹적이고 열광적인 이야기.

—《커커스리뷰Kirkus Reviews》

어맨다 몬텔은 '컬티시 각본'의 세계를 안내하는

매력적이고 박식한 가이드다. 이 흥미로운 저작은 읽을 만한 가치가 있다.

—《퍼블리셔스위클리Publishers Weekly》

때론 오싹하고, 종종 재미있고, 모든 부분에서

통찰력과 설득력이 있다.

—《리파이너리29Refinery29》

우리 모두는 강압에 취약하다. 어맨다 몬텔의 경이로운 책은

이 소름 끼치는 사실을 분명하게 보여 준다.

—《비치매거진Bitch Magazine》

엄청나게 흡입력 있고 놀랍도록 시의적절하며 능란하고 자신감 있다.

『컬티시』는 그것이 다루는 컬트 집단만큼이나 흥미롭다.

— 앤드리아 바츠Andrea Bartz,

　『우리는 여기에 없었다We Were Never Here』작가